大学生军事理论教程

主　编　李宝山　何湘丽　王立国
副主编　葛宏翔　庞　宇　何福全
　　　　陈永侠　吴伟波　吴仲元
参　编　刘美中　刘志国　赵永志
　　　　钟木生　赵春辉　龙和平
　　　　魏　佳　黄　敏　李小奇
　　　　洪　憋　朱艳民

中国财富出版社

图书在版编目(CIP)数据

大学生军事理论教程/李宝山,何湘丽,王立国主编.—北京:中国财富出版社,2017.3
(北方阳光系列丛书)
ISBN 978-7-5047-6418-8

Ⅰ.①大… Ⅱ.①李…②何…③王… Ⅲ.①军事理论—高等学校—教材 Ⅳ.①E0

中国版本图书馆 CIP 数据核字(2017)第 048969 号

策划编辑 寇俊玲　　**责任编辑** 赵 翠
责任印制 石 雷　　**责任校对** 杨小静 张营营　　**责任发行** 王新业

出版发行	中国财富出版社		
社　　址	北京市丰台区南四环西路 188 号 5 区 20 楼	**邮政编码**	100070
电　　话	010-52227588 转 2048/2028(发行部)		010-52227588 转 307(总编室)
	010-68589540(读者服务部)		010-52227588 转 305(质检部)
网　　址	http://www.cfpress.com.cn		
经　　销	新华书店		
印　　刷	中国农业出版社印刷厂		
书　　号	ISBN 978-7-5047-6418-8/E·0020		
开　　本	787mm×1092mm 1/16	**版　　次**	2017 年 8 月第 1 版
印　　张	14.75	**印　　次**	2017 年 8 月第 1 次印刷
字　　数	323 千字	**定　　价**	36.00 元

前 言

在高等学校开设军事理论课，组织在校学生进行军事训练，是我国法律赋予高等学校的神圣职责，是全面贯彻落实党的教育方针、推进大学生素质教育、培养大学生国防意识的客观需要，也是为我国国防和军队建设培养、造就大批高素质后备人才的重要举措。

本教材坚持军事理论科学、军事高技术知识及军事技能训练这一体系的完整性，根据新的《普通高等学校军事课教学大纲》和重庆地区军事课程教学实践和经验，在严格把握课程目标和课程体系的基础上，从思想性、理论性、教育性入手，并针对在校大学生年龄、文化结构和身心状况，紧密围绕大学生的生活、学习、成长等情况编写而成。本教材具有较高的知识性、可读性和实用性，是普通高等学校开展国防教育的实用教材。

本教材在编写过程中，主要立足于军事理论课教学及研究成果，广泛吸收、参考了有关同行专家的著作和最新研究成果，在此，深表感谢。由于时间仓促，疏漏之处在所难免，敬请各位专家、读者批评指正，以便进一步完善。

编 者

2017 年 3 月

目　录

第一章　中国国防

作为一个民族、一个国家，最重要的就是两件大事，一个是发展问题，另一个是安全问题。国防是人类社会发展与安全需要的产物，是关系国家和民族生死存亡、荣辱兴衰的根本大计。正所谓“国无防不立，民无防不安”。

第一节　国防概述

一、国防的含义

国防是一种历史现象，它伴随着国家的产生而产生，随着国家的发展而发展，亦随着国家的消亡而消亡。

(一) 国防的概念

国防是指国家为防备和抵抗侵略，制止武装颠覆，保卫国家的主权统一、领土完整和安全，而进行的军事活动，以及与军事有关的政治、经济、外交、科技、教育等方面的活动。

维护国家安全利益是国防的根本职能；捍卫国家主权、领土完整和防止外来侵略、颠覆，是国防的主要任务。21 世纪，人类社会的一切活动都是建立在社会化大生产、大经济的基础上的，社会诸方面已经成为一个紧密相关的有机整体，而国防又是这个有机整体中不可分割的重要组成部分。因此，要树立一个大国防观，将国防建设放入整个国家乃至人类发展的大环境中进行思考和筹划。

(二) 国防的内涵

1. 国防的主体

国防的主体，即国防活动的实施者，通常为国家。每个国家从诞生之日起，都要防备和抵御各种外来侵略，以保障国家安全，维系国家生存和发展。国防是国家的防务，是全民族的防务，与国家各个部门、各种组织及全体公民息息相关。在我国，加强国防建设，进行国防斗争，是一切国家机关和武装力量，各政党和社会团体，各企事业单位以及全体公民的共同责任。

国防的基本内容包括国防建设和国防斗争两个方面。国防建设是国家为提高防卫能力而进行的各方面的建设，国防斗争是国家为维护自身安全而进行的各方面的斗争。例如，运用军事手段进行的实战方式的斗争，运用政治、经济、外交等手段进行的斗争，以及与盟友的联合协调行动等。

2. 国防的目的

国防的目的是维护国家利益。国家利益主要包括以下三个方面的内容。

（1）安全利益：是指国家的主权、领土和国民得到可靠的保护，不受其他国家的武力侵犯或武力威胁，以确保国家的安全和稳定。

（2）经济利益：是指本国的经济权益和人民的财产必须受到保护、不被他国侵犯，有利于加强本国的经济地位，保证国家经济发展不受损害。

（3）政治利益：是指维护本国的政治制度、意识形态和社会价值观念，并提高本国在国际上的政治地位，实现国家的政治目标等。

3. 国防的手段

国防的手段是指为达到国防目的而采取的方法和措施。我国国防的手段包括军事手段以及与军事有关的政治、经济、外交、科技、教育等方面的手段。

（1）军事手段。是国防的主要手段。现代国防的根本职能是捍卫国家利益，防备和抵御外来的各种形式和不同程度的侵犯；防备和平息内部和外部的敌对势力相互勾结所发动的武装暴乱。应对武装入侵和武装暴乱最根本和最有效的手段莫过于采取军事手段。

（2）政治手段。作为国防手段之一，指的是“与军事有关的”政治活动，而不是政治本身的全部含义。政治与国防关系密切，一方面，国防直接保卫的国家主权是政治的第一需要；国防直接保卫的国家领土，是政治的物质前提；国防直接保卫的国家安全利益与发展利益，是政治的根本追求；同时，国家政权、政治制度也要靠国防力量来捍卫。另一方面，政治对国防起着决定性的支配作用。这是因为：国家的政治需要，决定国防的根本性质和基本类型；国家的政治指导思想和路线，决定国防的方向、方针和原则；国家的政治制度，决定国防的根本体制；国家的政治素质，制约国防的客观效应。

（3）经济手段。经济是国防的基础，社会经济制度决定国防活动的性质，社会经济状况决定国防建设的水平。国防经济活动是指为了国防而进行的生产、分配、交换消费及其管理的经济实践活动，其目的是保持一定的军事实力和潜力，从而有效地保障国家安全。现代条件下，无论是国防建设还是国防斗争，都要广泛采用经济手段，这些手段主要有国防经济活动、经济动员、经济战、经济制裁等。

（4）外交手段。主要是指国家与国家之间为了国防目的而开展的外交活动。由于这种外交主要涉及军事领域，所以又称军事外交。它既有通常意义上外交的一般特征，又具有区别于其他外交工作的特殊规律，是集外交与军事于一体的活动，它的范围很广，领域很多，活动的内容也十分丰富。国防外交主要涉及国家与国家之间、军事集团与军事集团之间的军事政治关系、军队关系、军事战略关系、军事科技关系和军事经济关系等。

除上述诸手段外，与军事有关的科技、教育等，也是国防的重要手段。

4. 国防的对象

国防的对象是指国防所要防备、抵抗和制止的行为。它是关系国家在什么状况下可以使用国防力量的重要问题。根据《中华人民共和国国防法》（以下简称《国防法》）的界定，国防的对象，一是“侵略”，二是“武装颠覆”。

（1）侵略。国防要防备和抵抗的是“侵略”，而不仅仅是“武装侵略”。《国防法》对国防对象的这一法律界定，既有国际法依据，又符合国防的实际需要，与国家安全所面临的威胁相一致，不仅表述合理恰当，而且意义深远。一是与国际约章相衔接。1974 年联合国通过的《关于侵略定义的决议》，对“侵略”做出了非常详尽的定义，列出了 7 种侵略行为。凡属于《关于侵略定义的决议》中所指的侵略，均属于运用国防力量防备和抵抗的对象。二是与我国的根本大法《中华人民共和国宪法》（以下简称《宪法》）的提法一致。我国《宪法》第二十九条规定的武装力量的任务，第五十五条规定的公民的国防义务，都采用了“抵抗侵略”的提法。三是与国防活动的客观实际相适应。当今世界武装侵略和非武装侵略并存是事实。如果以法律的形式规定国防只是防备和抵抗“武装侵略”，在今后的国防建设和斗争中，就会束缚自己的手脚。

（2）武装颠覆。国防要制止的是“武装颠覆”。颠覆是指推翻现政府的一种叛逆行为，包括武装暴力颠覆和非武装暴力颠覆两种形式。一般情况下，对于非武装暴力颠覆，由国家公安、安全部门调查和处理，不需要动用国防力量。武装暴力颠覆活动，如武装叛乱、武装暴乱，才必须动用国防力量解决。《国防法》明确把“制止武装颠覆”作为国防的一项重要职能，具有重要意义。一是各种武装颠覆活动，包括分裂国家的“独立”、武装叛乱及企图推翻社会主义制度的武装暴乱，已构成对我国安全的主要威胁之一。二是从我国当前面临的国际国内环境看，武装颠覆并非纯粹来自内部，或主要不是来自内部。各种形式的“独立”、武装叛乱和暴乱，一般都有国外势力插手，具有内外勾结的特点。应对这一类的“武装颠覆”，应该是国防的职能，也就是说，在特殊情况下，国防还具有对内的职能。三是从前苏联分裂成多个国家及南斯拉夫分裂后民族间战争不断、人民生灵涂炭、国民经济严重倒退的情况看，它的灾难性后果不亚于国家间的战争，理应将防止和制止这种现象作为国防的职能。

二、国家安全与国防

（一）国家主权

国家主权这个概念是由西方一些学者最先提出来的，他们从不同的角度提出了一个共同的思想，即国家是社会个人和社会团体为共存而相互契约的结果；契约是社会个人自然权利相互让渡后的结合，这种结合的最高表现是人民主权；国家主权是人民主权的外观形式，是人民自然权利的集中表现，是社会个人自然权利的集合体，也是全体国民的生存权和发展权的集合体，换言之，全体国民的生存权与发展权相互依存并作为不可分割的两部分统一于国家主权的概念之中。

国家主权是一个国家独立自主地处理自己对内对外事务的最高权利。在国际法中，国家主权是国家的自然权利，这种权利表现在四个方面：一是独立权；二是平等权；三是自保权；四是对内最高管辖权。独立权和平等权，是国家主权的国际存在并发挥相应作用的必要前提，是国家主权在国际关系中的最基本的体现；自保权，是国家在国际关系中的安全保证；对内最高管辖权，是国家主权的国内体现。这几种权利共同构成了国家主权的完整性。

（二）国家安全

国家安全的最高目标是保卫国家主权，而保卫国家主权的最高表现则是保卫国家的生存权和发展权，现代国家的生存与发展不仅仅是国家内部的活动，更是与世界紧密联系的一体化活动，从这个意义上看，国家安全应当主要是一个以维护发展权为核心的世界性的概念，对国家安全的关注，应当从传统的维护本土安全，转变为维护已走向世界的政治和经济利益安全；对国家安全系数评估基点，不应主要建立在本土安全而应建立在由本土辐射于世界的国家利益安全之上，即利益发展走到哪里，安全观及其实现手段就应辐射到哪里。

（三）国防职能

国防作为国家的防务，其根本职能就是保卫国家的安全。国防是随着国家的产生而出现的，同时又服务于国家，以维护国家的安全利益为根本职能。国防通过为国家和民族提供安全保障，达到服务国家利益的目的。国防除担负防御外敌入侵与颠覆，保卫国家主权和领土完整等职能外，还担负维护国家安定团结、保障经济建设顺利进行等职能。

第二节　中国国防历史

在中华民族五千年历史发展过程中，其国防有丽日经天、万国归附、威震欧亚的光荣，也有积贫积弱、有国无防、山河破碎的残局。

一、中国古代国防

我国古代国防是指从公元前21世纪我国第一个奴隶制王朝——夏朝的建立开始，

到1840年第一次鸦片战争爆发为止。历经4000多年、20多个朝代的兴衰更迭，呈现出兴衰交替和曲折发展的历程。从整个历史来看，古代前期，即从春秋战国到秦汉和盛唐，国防日趋发展，不断强盛，以至发展到鼎盛。夏王朝的建立标志着中国最初的国防的产生。秦始皇统一中国后，国防才真正担负起巩固政权和抗击外敌入侵的双重任务。为巩固国防，秦王朝采取了一系列综合治理措施，如设郡而治，筑路通邮，实施军屯等。盛唐时期，非常重视国防建设，注重讲武，苦练精兵，改良兵器，执行"怀柔四方，华夷一体"的防务政策，使唐朝北部边疆出现了数十年无兵灾战祸的太平盛世。从唐至清，国防大都由兴而盛，由盛及衰，其间固然不乏极盛之前的短暂衰落，衰败之后的一时复兴，但终其一朝，由盛及衰的基本趋势和规律是没有改变的。

中国古代国防建设主要是兵制建设和国防工程建设。①古代的兵制建设。兵制就是古代的军事制度，包括武装力量体制、军事领导体制、兵役制度等方面的内容。在武装力量体制上，分为京师兵、郡县兵和边兵，京师兵类似现在的野战部队或战略机动部队（兵称正卒），由皇帝直接指挥调遣；郡县兵类似现在的地方部队，部署在各郡县，维护地方政权（兵称更卒）；边兵主要部署在边境地区，类似现在的海、边防守备部队（兵称戍卒）。在军事领导体制上，秦朝设立了专门管理军事的机构，最高军事长官是太尉，从隋朝开始设立兵部。在兵役制度上实行过民军制、征兵制、世兵制、府兵制和募兵制。随着社会的发展，虽然热兵器代替了冷兵器，兵役制度根据作战空间又进行了陆、海、空军的分工，但武装力量体制基本上沿用了中央部队、地方部队、边防部队三种基本类型。②古代的国防工程建设。我国古代为抵御外敌侵犯，巩固边海防，修筑了数量众多、规模庞大的国防工程，如城池、长城、京杭运河以及海防要塞等。我国古代的边防和海防，到了明朝就形成了比较有代表性的完整的边海防体系。

二、中国近代国防

我国近代国防是指自1840年第一次鸦片战争开始到1949年新中国成立，也就是清朝后期、北洋军阀统治时期和国民党政府统治时期的国防。这一百多年间，随着当时统治阶级的腐败衰落，中国的国防每况愈下，中华民族屡遭外敌的侵略欺侮。这一时期的国防史，是一部遭受民族耻辱的历史，也是中国人民反对外国列强侵略和压迫、争取民族独立和解放的斗争史。

（一）清朝后期的国防

清朝后期的国防是指1840—1911年的国防。这一时期，国防衰败，强敌入侵，中华民族受尽欺凌。

1. 清朝后期的军制

鸦片战争后期，清朝开始实施"洋务新政"，成立了总理衙门。八国联军入侵中国后，清朝深感军备落后，企图通过改革军制以加强军事，遂改总理衙门为外务部，裁撤兵部，成立陆军部。在武装力量体制方面，清军入关之前，军队是八旗兵，入关后为弥补兵力的不足，将汉人编组成立了绿营。1851 年以后，为镇压太平天国运动，清廷号召各地乡绅编练乡勇，湘军和淮军逐渐成为清军的主力。中日甲午战争中，湘军和淮军大部溃散。中日甲午战争之后，在兵役制度方面，八旗兵实行的是兵民合一的民军制。清朝开始“仿用西法，编练新军”。新军采用招募的形式，在入伍的年龄、体格及文化程度方面均有较严格的要求。

2. 清朝后期的边海防建设

鸦片战争后，清廷朝政日益腐败，防务日渐废弛。海防要塞的火炮年久失修，技术性能落后，炮弹威力甚小且不能及远。西方列强乘虚而入，打开了中国封闭的国门。19 世纪中叶以后，中国的领土香港、澳门、台湾和澎湖列岛分别被英国、葡萄牙、日本侵占；东北乌苏里江以东、黑龙江以北的大片领土为沙俄所占；西部帕米尔地区被俄、英瓜分。

3. 清朝后期的五次对外战争

1840 年，英国以清王朝禁烟为借口发动了第一次鸦片战争。1842 年，战败的清王朝被迫在英国的军舰上签订了我国历史上第一个丧权辱国的不平等条约——中英《南京条约》。中国的领土和主权遭到破坏，开始沦为半殖民地半封建社会。1856—1860 年，英国不满足它已获得的利益，联合法国，分别以“亚罗艇事件”和“马神甫事件”为借口，对中国发动了第二次鸦片战争。战败的清王朝被迫与英国签订了中英《天津条约》，与法国签订了中法《北京条约》。此时的沙俄趁火打劫，强迫清政府签订了中俄《瑷珲条约》等一系列不平等条约，割占了中国大片领土。19 世纪 80 年代初，法国殖民主义者在完全占领越南后，开始觊觎我国西南地区。1884—1885 年中法交战，李鸿章认为法国船坚炮利，强大无敌，中国即便一时而胜，难保终久不败，不如趁胜而和。因此，清政府与法国签订了《中法新约》，将广西和云南两地的部分权益出卖给了法国，使中国不败而败，法国不胜而胜。1895 年，日本以清朝出兵朝鲜为由发动了中日甲午战争，北洋水师全军覆没，清政府被迫与日本签订了《马关条约》，中国被进一步肢解，中国半殖民地程度加深，民族危机加剧。1900 年，英、美、德、法、俄、日、意、奥八国以保护在华侨民“利益”为借口组成联军，发动侵华战争。战败的清政府被迫与八国签订了《辛丑条约》。这个条约从政治、经济、军事等各方面都扩大和加深了帝国主义对中国的统治，并表明清政府已完全成为帝国主义统治中国的工具，中国完全沦为半殖民地半封建社会。

（二）民国时期的国防

民国初期，中国的军队主要由北方的北洋军和辛亥革命后在南方发展起来的革命军组成。这些军队大多实行募兵制。为加强对军队的控制，袁世凯在出任中华民国临时大总统后，在总统府设立军事处，作为军队的最高领导机构。另外，他还成立参谋部，直属大总统，掌管全国的国防事宜。内阁中的海军部和陆军部则负责全国海陆军的军政事务。为统一军制，1912 年袁世凯还公布了陆军官制，将前清新军中的编制名称由过去的镇、协、标、营、队改为师、旅、团、营、连，并正式采用军衔制，从而奠定了我国现代军制的基础。

袁世凯死后，当时全国的军队主要由三部分组成：一是实力雄厚的北洋军，内部又分裂演化为直系、皖系和后来的奉系三派；二是经营已久、实力居中的进步党和西南军阀武装；三是力量涣散、根基不牢的中华革命党武装。为争夺地盘，各派军阀之间连年混战，人民的生活痛苦不堪。

北伐战争后，蒋介石在形式上完成了中国的统一，但中国的国防实力依然弱小。1933 年，国民政府颁布了我国历史上第一部《兵役法》，宣布废除募兵制，开始实行征兵制。抗日战争爆发后，蒋介石继续坚持反共、反人民的顽固立场，拒不抵抗。后迫于压力，虽参加对日作战，但消极抗日、积极反共。在民族危亡的紧要关头，中国共产党紧紧依靠人民群众，终于赢得了中国近代史上第一次抗击外敌的胜利。抗战胜利后，蒋介石集团又不顾人民对和平的期盼，悍然发动内战。在中国共产党的领导下，中国人民浴血奋战，终于推翻了国民党的统治，建立了新中国。从此，中国结束了一百多年来有国无防的屈辱史，中国的国防建设揭开了新的篇章。

三、新中国成立后的国防

新中国成立以来，我国的国防与军队现代化建设大体上经历了以下四个阶段。

1. 第一阶段（1949—1953 年）

这一阶段国家正处在外御帝国主义侵略、内治战争创伤和恢复经济时期。这一时期的国防建设主要完成了三个方面的任务。一是解放了全国大陆和除台、澎、金、马之外的全部沿海岛屿，肃清了大陆上国民党的残余武装，平息了匪患，建立了边防和守备部队，加强了海防的守卫。二是取得了抗美援朝战争的胜利。三是建立、健全了统一的军事领导机构和军事制度。建立了全军的领导机关和各级军事领导机构，加强了对全国武装力量的领导；建立了一支初具规模的海军、空军和各兵种部队，逐步开始从单一陆军向诸军兵种全面建设过渡；建立了 100 余所军事院校，为国防建设培养了大批军事人才；统一了军队编制体制；建全了各项规章制度。

2. 第二阶段（1953—1965 年）

这一阶段是我国国防现代化建设突飞猛进的重要时期。1953 年 12 月召开的全国军事系统党的高级干部会议，成为军队建设和国防建设的一座里程碑。这次会议确定了我国国防建设的主要任务是防御帝国主义侵略，保卫社会主义建设，保卫亚洲与世界和平；制定了“积极防御”的战略方针；提出了实现国防现代化的重大战略措施，包括精简军队、压缩国防开支、加速发展工业、为国防现代化打基础；加强国防工程建设，在海、边防和纵深要地建设防御工程体系；实行义务兵、军官薪金、军衔三大制度；大办军事院校，重新划分战区，完善战略、战役指挥体系；加强动员准备，建立各级动员机构和动员制度。这些重大措施有力地促进了我国国防现代化建设的全面发展，初步形成了具有中国特色的国防体系。经过十多年的艰苦努力，我国国防体系基本完成配套，某些领域已接近当时的世界先进水平，并成功地爆炸了第一颗原子弹。

3. 第三阶段（1965—1978 年）

这一时期尽管有林彪、“四人帮”的干扰和破坏，毛泽东、周恩来等国家主要领导人仍然坚决地注意维护我国的安全，保持了军队的稳定，顶住了霸权主义的压力。同时对发展国防尖端技术始终没有放松，因而保证了我国氢弹试验和人造卫星发射的成功。

4. 第四阶段（1978 年至今即从党的十一届三中全会至今）

在党的十二届三中全会上，邓小平根据国际形势不断缓和，特别是世界和平力量的增长，提出了“和平与发展”是当今世界两大主题的观点，从而确定国家工作重点的战略性转变，并将国防建设带入一个新时期。1985 年 5 月 23 日召开的中央军委扩大会议，作出了军队和国防建设指导思想从过去立足于“早打、大打、打核战争”的临战状态转到和平时期正常建设的轨道上来，充分利用较长一段时间内大战打不起来的和平环境，在服从国家经济建设大局的前提下，抓紧时间，有计划、有步骤地加强以现代化为中心的国防与军队建设，提高军队素质，增强我军在现代化条件下的自卫能力。

20 世纪 90 年代，以江泽民为核心的党的第三代领导集体科学地回答和解决了国防与军队建设的一系列重大理论和实践问题。1993 年，中央军委确立了“打赢高技术条件下的局部战争”的新时期军事战略方针。1995 年提出了实现由应付一般条件下的局部战争，向打赢现代技术特别是高技术条件下的局部战争转变；由数量规模型向质量效能型转变，由人力密集型向科技密集型转变的战略思想。坚持质量建军，走精兵之路，实施科教强军战略。

进入 21 世纪，面临新军事变革的迅速发展，以及国内外复杂变化的新形势，胡锦涛从国家总体战略出发，提出我军在新世纪新阶段的使命：要为党巩固执政地位提供重要的力量保证，为维护国家发展的重要战略机遇期提供坚强的安全保障，为维护国家利益提供有力的战略支撑，为维护世界和平和促进共同发展发挥重要作用。

党的十八大以来，面对国际战略格局和国家安全形势的深刻变化，习近平主席提出的建设一支听党指挥、能打胜仗、作风优良的人民军队的强军目标，体现了新的形势和任务对军队建设的新要求，是党的军事指导理论与时俱进的最新成果。

第三节 中国现代国防

一、现代国防的基本特征

(一) 现代国防的类型

根据不同社会制度国家国防政策及国防目标的不同，目前世界上的国防类型主要有以下四种。

(1) 扩张型。该类国家奉行霸权主义侵略扩张政策，为了维护本国在世界多个地区的利益，以国家安全和防务需要为幌子，将其疆域以外的国家和地区纳入本国的势力范围，对别国进行侵略、颠覆和渗透。

(2) 自卫型。该类国家以防止外敌侵略为目的，在国防建设上主要依靠本国力量，在对外关系上，实行和平共处，广泛争取国际同情和支持，以达到维护本国的安全、周边地区和世界和平与稳定的目的。

(3) 联盟型。该类国家为弥补自身力量的不足，以结盟的形式联合相关国家进行防卫。从联盟国之间的关系来看，联盟型国防可分为一元体联盟和多元体联盟两种。所谓一元体联盟，就是有一个大国处于盟主地位，其他国家则从属于它。所谓多元体联盟，就是各国基本处于伙伴关系，共同协商防卫大计。

(4) 中立型。该类国家为保障本国的安全、发展和繁荣，实行和平中立的国防政策，实施总体防御战略和寓兵于民的防御体系。

中国是社会主义国家，奉行独立自主的外交政策，实行积极防御的国防战略，国家的战略边疆与地理边疆相一致，将保卫国家主权和领土完整、维护世界和平与发展作为国防目标，属于全民自卫型国防。因此，中国的发展与强大不会对任何国家和民族构成威胁，而只会促进世界和平、稳定与发展。

(二) 现代国防的特征

现代国防是对传统国防的继承和发展，是一种全新的国防观念和新的国防实践活动。现代国防绝非单纯的武力较量，而是在综合国力的基础上，以军事手段为主，在政治、经济、科技、外交、文化等多种手段配合下进行的总体较量。它具有以下基本特征。

(1) 现代国防是国家综合国力的体现。现代国防，已成为综合国力的对抗。综合国力主要由人力、自然力、政治力、经济力、科技力、精神力和国防力等组成。其中经济实力、国防实力和民族凝聚力是综合国力的基本要素，经济实力是基础，国防实力是支柱，民族凝聚力是灵魂。现代国防与国家的综合国力有着密切的联系，国家的发展水平制约着武器装备发展水平和国防力量的总规模。没有强大的综合国力，国防建设只能是空中楼阁。

（2）战争潜力能否转化为战争实力是现代国防强弱的一个重要标志。现代国防虽然是以军事力量为主体，但它还要依靠国家潜力转化为作战的实力。国家潜力包含国土面积、地理位置、自然资源、人口的数量和质量、地形气候、生产能力、科技和文化水平、交通运输、通信状况、社会制度、国家政策、管理能力、国际关系和国际地位等诸多方面。例如，南联盟战争的中后期，以美国为首的北约从打击军事目标到向民用基础设施开火，以主要力量轰炸南联盟的制造工厂、炼油厂、发电厂、道路和桥梁等，其目的就是摧毁南联盟的战争潜力。

（3）现代国防既是一种国家行为又是一种国际行为。现代国际政治经济的发展，把世界各国和地区的安全与发展利益同国际社会的整体利益日趋紧密地联系在一起，世界的和平与稳定已成为整个人类的共同奋斗目标。国家的安全与发展不仅与其本国利益相关，而且与国际的安全、发展和稳定息息相关。国家的发展离不开安全有利的国际环境，国际政治、经济的有序发展也有赖于各国国防的巩固。现代国防已不再仅仅是国家行为，而且日益成为一种国际行为。

（4）现代国防具有多层次的目标体系。政治、经济对现代国防影响程度的不断加深，使现代国防呈现出多层次的目标体系。从范围上，可分为自卫目标、区域目标和全球目标。从内涵上，也可分为不同的层次目标：在国家面临严重威胁时，国防目标要首先解决存亡问题；在和平与发展的情况下，要致力于保障国家的安全利益和发展利益，同时还应努力营造有利于本国发展的国际环境。

二、中国国防体制

国防体制是国家谋划、决策、指挥、协调国防建设和军事斗争的组织体系及相应制度，包括国防领导机构的设置、职权划分、相互关系等，是国家体制和军事组织体制的重要组成部分。国防领导体制对发挥综合国力，实现国防目的具有至关重要的作用。一般设有最高统帅、最高国防决策机构、国家行政机关中管理国防事务的部门、武装力量领导指挥系统等。

（一）中国的国防领导体制

根据宪法、国防法和有关法律的规定，我国建立并完善了国防领导体制，对国防活动实行高度集中统一的领导。《宪法》规定了中国共产党在国家生活包括国防事务中的领导地位和作用。《国防法》规定：“中华人民共和国的武装力量受中国共产党领导。”《宪法》和《国防法》还分别规定了全国人民代表大会及其常务委员会、中华人民共和国主席、中华人民共和国国务院、中华人民共和国中央军事委员会在国防方面的职权。根据《宪法》和《国防法》的规定，中华人民共和国的国防领导职权由中共中央、全国人大及其常务委员会、国家主席、国务院、中央军委行使。

1. 中共中央的国防领导职权

在我国，有关国防、战争和军队建设的重大问题，都是由中共中央、中央军委、中央政治局及其常务委员会做出决策并通过必要的法定程序，作为党和国家的统一决策贯彻执行的。中华人民共和国设立中央军事委员会，领导全国武装力量。中央军事委员会实行主席负责制。党的中央军委和国家的中央军委实际上是一个机构，组成人员和对军队的领导职能完全一致，只是在党内和国家机构内同时有两个地位，而这在国家体制上是完全有必要的。这样的领导体制不但能够保证党对军队的领导，而且便于运用国家机器，加强军队各方面的工作，加强军队的革命化、现代化、正规化建设。中国国防建设取得的巨大成就和国防斗争取得的伟大胜利，充分说明了这是适合中国国情，体现中国特色和优势的国防领导体制。这种国防领导体制既体现了党对武装力量和国防建设事业的领导，又有利于国家机构领导全国武装力量，领导和管理国防建设事业的职能，这对于国家加强武装力量的革命化、现代化、正规化建设，增强国防力量，实现国防现代化的宏伟目标提供了强有力的组织保证。

2. 全国人民代表大会及其常务委员会的国防职权

中华人民共和国全国人民代表大会是最高国家权力机关。它在国防方面的职权主要有：决定战争与和平的问题；制定有关国防方面的基本法律；选举中央军事委员会主席；根据中央军事委员会主席的提名，决定中央军事委员会其他组成人员，并有权罢免以上人员；审查和批准包括国防建设计划在内的国民经济和社会发展计划以及计划执行情况的报告；审查和批准包括国防经费预算在内的国家预算和预算执行情况的报告；改变或者撤销全国人民代表大会常务委员会在国防方面的不适当的决定；应当由全国人民代表大会行使的国防方面的其他职权。

全国人民代表大会常务委员会在国防方面的职权主要有：在全国人民代表大会闭会期间，如果遇到国家遭受武装侵犯或者必须履行国际间共同防止侵略的条约情况，决定战争状态的宣布；决定全国总动员或者局部动员；制定有关国防方面的法律；在全国人民代表大会闭会期间，审查和批准包括国防建设计划在内的国防经济和社会发展计划，包括国防经费预算在内的国家预算在执行过程中所必须做的部分调整方案；监督中央军事委员会的工作；在全国人民代表大会闭会期间，根据中央军事委员会主席的提名，决定中央军事委员会其他组成人员的人选；决定同外国缔结的有关国防方面的条约和重要协定的批准和废除；规定军训人员的衔级制度；规定和决定授予在国防方面国家的勋章和荣誉称号等。

3. 国家主席在国防方面的职权

中华人民共和国主席在国防方面的职权主要有：根据全国人民代表大会的决定和全国人民代表大会常务委员会的决定，宣布战争状态；根据全国人民代表大会的决定和全国人民代表大会常务委员会的决定，发布动员令；公布全国人民代表大会及其常务委员会制定的有关国防方面的法律；根据全国人民代表大会常务委员会的决定，授予在国防方面国家的勋章和荣誉称号；根据全国人民代表大会常务委员会的决定，批准和废除同外国缔结的有关国防方面的条约和重要协定。

4. 国务院在国防方面的职权

我国《宪法》和《国防法》都明确规定，国务院是领导和管理国防建设事业的机构，国务院是最高国家权力的执行机关，是最高国家行政机关，党和国家对国防建设事业的领导和管理，是最高国防领导的又一基本内容。国防建设所涉及的领域，不仅门类繁多、涉及面广，而且互相交叉、渗透、制约和促进。国防建设事业作为国家总体建设中的组成部分，不能孤立存在和发展，国务院领导和管理国防建设事业，体现了国家机器作为管理机构在国防建设事业上的基本职能。加强对国防建设事业的领导和管理，二者是紧密联系、相辅相成的。只有这样，才能从总体上巩固和加强国防。中华人民共和国国务院在国防方面的职权即领导和管理国防建设事业，包括编制国防建设发展规划和计划；制定国防建设方面的方针、政策和行政法规；领导和管理国防科研生产；管理国防经费和国防资产；领导和管理国防经济动员工作和人民武装动员、人民防空国防交通等方面的有关工作；与中央军事委员会共同领导中国人民武装警察部队、民兵的建设和征兵、预备役工作以及边防、海防、空防的管理工作；法律规定的与国防建设事业有关的其他职权。

5. 中央军事委员会在国防方面的职权

中华人民共和国中央军事委员会是最高国家军事机关，负责领导全国武装力量。其职权主要包括统一指挥全国武装力量；决定军事战略和武装力量的作战方针；领导和管理中国人民解放军的建设，制定规划、计划并组织实施；向全国人民代表大会或者全国人民代表大会常务委员会提出议案；根据宪法和法律，制定军事法规，发布决定和命令；决定中国人民解放军的体制和编制规定总部以及军区、军兵种和其他军区级单位的职务和职责；依照法律、军事法规的规定，任免、培训、考核和奖惩武装力量成员；批准武装力量的武器装备体制和武器装备发展规划、计划，协同国务院领导和管理国防科研生产；会同国务院管理国防经费和国防资产；法律规定的其他职权。

（二）中国的武装力量

武装力量是国家各种武装组织的统称。《中华人民共和国兵役法》（以下简称《兵役法》）规定，中华人民共和国武装力量由中国人民解放军现役部队和预备役部队、中国人民武装警察部队及民兵组成。中华人民共和国武装力量属于人民，受中国共产党领导，武装力量中的中国共产党组织依照中国共产党章程进行活动。中华人民共和国武装力量的任务是巩固国防，抵抗侵略，保卫祖国，保卫人民的和平劳动，参加国家建设事业，全心全意为人民服务。

1. 中国人民解放军

中国人民解放军包括现役部队和预备役部队。中国人民解放军现役部队是国家的常备军，主要担负防卫作战任务，必要时可以依照法律规定协助维持社会秩序。预备役部队平时按照规定进行训练，必要时可以依照法律规定协助维护社会秩序，战时根据国家发布的动员令转为现役部队。

(1) 中国人民解放军现役部队。中国人民解放军是我国武装力量的主体，它诞生于 1927 年 8 月 1 日南昌起义的战火中，经过几十年的建设，现已发展成为拥有陆军、海军、空军、火箭军、战略支援部队五大军种的力量，并依据“军委管总、战区主战、军种主建”的总原则，根据我国安全环境和军队担负的使命任务把我国国土确定为五大战区，即东部战区、南部战区、西部战区、北部战区、中部战区。这种确定和划分，有利于我军健全联合作战指挥体，构建联合作战体系，更好地维护国家主权、安全和发展利益，维护地区稳定和世界和平。

①中国人民解放军陆军。陆军是在陆地上作战的军种，它既能独立作战，又能和海军、空军协同作战。经过几十年的建设，我国的陆军现已发展成为一支具有强大火力、突击力和高度机动能力的诸兵种合成军种，编有步兵、炮兵、装甲兵、工程兵、通信兵、防化兵等专业兵种，还编有电子对抗、测绘和航空兵部队。

②中国人民解放军海军。海军以水面舰艇部队为主体，具有在水面、水下和空中作战的能力，既能单独在海上作战，又能协同陆军、空军作战。1949 年 4 月 23 日中国人民解放军海军诞生于江苏泰州白马庙，经过六十多年的发展，现已成为一支由水面舰艇部队、岸防部队、潜艇部队、海军陆战队和海军航空兵组成的初具现代化作战能力的海上防御力量。2012 年 9 月，第一艘航空母舰“辽宁舰”交接入列。中国发展航空母舰，对于建设强大海军和维护海上安全具有深远意义。

③中国人民解放军空军。空军是以航空兵为主体，空防合一，以航空空间为主战场的军种。空军是空中作战和对空防御的主要力量，在现代战争中，空军正发挥着越来越重要的作用。中国人民解放军空军成立于 1949 年 11 月 11 日，经过六十多年的发展，现已成为一支由航空兵、地空导弹兵、高射炮兵、雷达兵、空降兵、电子对抗兵、气象兵等多兵种合成，由歼击机、强击机、轰炸机、运输机等多机种组成的现代化的高技术军种。

④中国人民解放军火箭军。中国人民解放军火箭军是中国人民解放军新的军种，由第二炮兵更名而来，于 2015 年 12 月 31 日正式成立，是中国大国地位的战略支撑，是维护国家安全的重要基石。

⑤中国人民解放军战略支援部队。中国人民解放军战略支援部队是继我国陆、海、空、火箭之后的第五大军种，于 2015 年 12 月 31 日正式成立。中国人民解放军战略支援部队是维护国家安全的新型作战力量，是我军新质作战能力的重要增长点，主要是通过将战略性、基础性、支撑性都很强的各类保障力量进行功能整合组建而成的。战

略支援部队的成立，有利于优化军事力量结构、提高综合保障能力。战略支援部队包括情报、技术侦察、电子对抗、网络攻防、心理战五大领域。

（2）中国人民解放军预备役部队。预备役部队，就是以现役军人为骨干，以预备役军官和士兵为基础编组起来的武装组织，是我军后备力量的重要组成部分，是战时实施快速动员的重要组织形式。1983年，我国正式组建预备役部队并将其列入中国人民解放军编制序列，授予番号和军旗。组建预备役部队，有利于实施建制快速动员，提高储备质量。

2. 中国人民武装警察部队

中国人民武装警察部队是担负国家赋予的国家安全保卫和维护社会秩序任务的部队，是中国武装力量的重要组成部分，受中华人民共和国国务院、中国共产党中央军事委员会双重领导。

3. 中国民兵

中国民兵是中国共产党领导下的不脱离生产的群众武装，是中华人民共和国武装力量的组成部分，是中国人民解放军的助手和后备力量。随着国防现代化建设的发展，民兵组织已由单一的步兵发展成为包括高炮、地炮、通信、工兵、防化、侦察以及海军、空军等专业技术分队在内的基干民兵队伍。中国民兵的任务主要体现在三个方面：一是积极参加社会主义现代化建设，带头完成生产和各项任务；二是担负战备勤务，保卫边疆，维护社会治安；三是随时准备参军参战、抵抗侵略，保卫祖国。

三、中国国防现代化建设的成就

国防建设是国家为提高国防能力、实现国防目的而进行的建设，是国家建设的重要组成部分。国防建设涉及国家政治、经济、军事、科技、外交、文化等多个领域，内容十分丰富。新中国成立以来，我国在国防领导体制、武装力量、国防科技、国防工业、国防动员、国防法制、国防理论、国防教育、国防基础设施、边海空防、人防以及与国防相关的交通、邮电、能源、水利、气象、航天等方面的建设都取得了巨大的成就。

（一）中国人民解放军的现代化、正规化和革命化建设有了突破性的进展

新中国成立后，中国人民解放军在毛泽东军事思想、邓小平新时期军队建设思想、江泽民国防和军队建设思想、胡锦涛国防和军队建设思想、习近平国防和军队建设思想重要论述的指引下，不断向现代化、正规化和革命化迈进。特别是改革开放以来，我国国防实力得到进一步加强，国防现代化建设，尤其是军队的建设，有了突破性的进展，取得了一系列重大成就。经过六十多年的艰苦努力，中国人民解放军实现了由单一陆军向诸军兵种合成军队的发展。不仅掌握着种类比较齐全的常规武器装备，而且拥有了具有一定威慑力的原子弹、氢弹等尖端武器装备。中国人民解放军将以新的

面貌勇敢地面对任何挑战而不辱使命。

(二) 形成了门类齐全、综合配套的国防科技工业体系

国防科技是衡量一个国家综合国力的重要标志之一，也是国防现代化建设的一个重要方面。新中国成立以来，在党中央、国务院、中央军委的关怀和领导下，经过几十年的建设和发展，我国的国防科技工业从无到有，从小到大，从落后到先进，建立了包括电子、船舶、兵器、航空、航天和核能等门类齐全、综合配套的科研实验生产体系，取得了一大批具有国内或国际先进水平的科研成果，为我军现代化建设和切实增强我国的综合国力做出了重要贡献。

(三) 国防后备力量建设取得了长足的发展

我们党和国家历来十分重视国防后备力量建设。我国国防后备力量建设，经过几代人的努力，形成了一整套制度体系及优良作风，打下了坚实的基础，各项工作均取得了明显的成绩。一是实现了指导思想的战略性转变，走上了相对和平时期稳步发展的轨道。二是确立并实行了民兵与预备役相结合的制度，初步形成了具有中国特色的国防后备力量体系。三是注重宏观指导，合理布局，边海防、大中城市和重点地区的民兵工作得到加强。四是民兵、预备役部队在参战支前、保卫边疆、发展生产、扶贫帮困、抢险救灾、维护社会治安等方面发挥了重要作用，为国家的改革、发展和稳定作出了巨大的贡献。五是健全了国防动员机构，保证国家在一旦发生战争的情况下，能很快由平时状态转入战时状态，调动足够的人力、财力、物力应付战争的需要。六是加强了国防教育，恢复并加强了对大学、高中（含相当于高中）在校学生的军训工作，使国防教育正逐步纳入整个国民教育体系之中，走上了法制化、规范化的轨道。

第四节　国防动员

国防动员是国防活动的重要组成部分。它直接影响战争的进程和结局，关系国家的安危。无论是古代战争，还是现代战争；全面战争，还是局部战争；常规战争，还是非常规战争，都离不开动员。特别是在现代战争中，动员工作的地位越来越突出，作用越来越明显。没有充分的动员准备，就难以掌握战争的主动权，夺取战争的最后胜利。

一、国防动员的含义

国防动员是指国家为应对战争和突发事件的需要，合理地调动国家可以利用的各种资源，并建立相应的国家动员体制和机制的一系列活动。搞好国防动员建设，平时

可以增强国防动员潜力，提高国防动员能力；战时可以有效地弥补国防力的消耗，不断增强战争实力，为最终赢得战争胜利奠定基础。不仅如此，和平时期加强国防动员建设，对于增强国家的战略威慑能力，提高国家遏制战争发生和控制战争升级的能力，以及应付重大突发事件对国民经济与社会发展的冲击和影响，也有着重要的意义。

二、国防动员的主要内容

1. 武装力量动员

武装力量动员是指国家将军队及其他武装组织由平时体制转为战时体制所采取的措施。它通常包括中国人民解放军现役部队、武装警察部队、预备役部队、民兵和预备役人员及相应的武器装备和物资等动员。它是战争动员的核心，对战争的进程和结局，特别是对战争初期军队的迅速扩编和战略展开，掩护国家转入战时体制，争取战略主动，具有重要意义。

2. 国民经济动员

国民经济动员是指国家将经济部门、经济活动和相应的体制从平时状态转入战时状态所采取的措施。国民经济动员是战争动员的基础，目的是充分调动国家的经济能力，保障战争的需要，通常包括工业、农业、交通运输、财政金融、邮电通信、医疗卫生力量等方面的动员。

3. 科学技术动员

科学技术动员是指战时由国家统一组织、调整科学研究部门，组织专家和工程技术人员从事战争所需要的科学技术开发研究所采取的措施，是战争动员的重要组成部分。科学技术动员的任务是：开发应用新兴科学技术，利用科研设施和成果，研制先进的武器装备，为军队培养、输送专业技术人才，使军队在战争中保持科学技术和武器装备方面的优势。

4. 人民防空动员

人民防空动员是指国家战时发动和组织人民群众防备敌人空袭所采取的措施，也可简称为“人防动员”。其主要任务是依据国家有关法律、法令动员社会力量进行防空设施建设，组建防空专业队伍，普及防空知识教育，组织隐蔽疏散，配合防空作战，消除空袭后果，以保护居民、经济设施及其他重要目标的安全，减少国家及人民群众生命财产的损失，保存战争潜力。

5. 国防交通动员

国防交通动员是指在全国或部分地区调集交通力量，全力保障战争需要的紧急行动。国防交通动员通常是在国家动员领导机构的统一领导下，由国防交通主管机构组织，协同政府、军队有关部门共同实施。国防交通动员准备包括：在平时制定完备的国防交通动员的法规和计划；健全国防交通机构和机制；建立国防交通保障队伍；储备必要的国防交通物资和器材等。

6. 政治动员

政治动员是指国家从政治上、组织上、思想上发动人民和军队参加战争所采取的措施。它旨在激发全体军民的爱国热情，动员军队英勇作战；动员人民踊跃参军参战，努力增加生产、厉行节约，全力支援战争。国家通过各种外交活动和对外宣传，揭露敌人的阴谋和罪行，团结盟友、瓦解敌人，争取国际支援，也属于政治动员的内容。

三、国防动员的组织体系和基本原则

（一）国防动员的组织体系

国防动员的组织体系是国防动员活动的行为主体，具有发起、控制和管理动员活动的作用，是国防动员体系中最活跃和最具能动性的部分。它通常由动员决策机构、协调机构、执行机构三部分组成。

1. 决策机构

国防动员的决策机构就是在整个国防动员体制中负责决策的机构。由于国防动员涉及国家状态的转换，因而世界各国通常把动员的最高领导决策权同时赋予国家最高权力机关和经法律认可的国家最高指挥当局。我国国防动员决策机关是人民代表大会，最高领导机构是国务院、中央军委。而各级地方政府对本级动员负有完全的责任，也有本级动员的决策权。

2. 协调机构

国防动员协调机构是在各级政府中负责动员的计划、综合平衡等方面工作的职能机构。我国的国防动员协调机构是在中央和地方各级政府，以及军队各级建立的国防动员委员会。

3. 执行机构

国防动员执行机构是各个部门、系统、行业和地方各级人民政府、重要企事业单位，执行和落实最高决策机构赋予的各个动员准备和实施任务的组织载体和制度保障。它既是上一级动员机构下属的执行机关，又是本部门、本行业动员工作的领导部门。

（二）国防动员的基本原则

国防动员的基本原则是组织动员准备、实施战时动员的基本准则，也是动员工作规律的反映。从适应现代战争的客观需要出发，结合我国的国情、军情，现代条件下国防动员应遵循以下基本指导原则。

1. 服从大局，长期准备

当前加强经济建设是党和国家压倒一切的中心任务，动员建设和整个国防建设必须在发展经济的基础上逐步加强。应当看到，建立雄厚的经济基础，本身就是增强国家战争潜力的根本措施，是最根本的动员准备。同时，全国上下也必须树立居安思危的思想，把动员准备寓于国民经济和社会发展之中，不断提高动员能力。

2. 全面规划，统筹兼顾

为了做好动员准备，提高动员工作的整体效益，必须从国家和国防的全局出发，统一规划动员准备的目标和措施，要加强动员工作的计划性，建立并不断改进动员的组织体制。

3. 军民结合，平战结合

军民结合主要是指在经济部门实行军用和民用兼营。例如，在工业生产、交通运输、邮电通信、物资技术、工艺储备等方面的动员准备，尽量“寓军于民”，搞好军民通用，不搞重复建设；军用工业除了集中力量搞好专用军工生产外，也应尽量适合于民用。平战结合是指要把平时的动员准备与战时的动员实施结合起来。平时国家的各项经济活动、管理体制，要适应或准备适应战时的需要，为战时动员创造条件；战时的动员活动要以平时的准备为基础，并为适应以后战争进程的需要，以及为战后的恢复和发展创造条件。

4. 严密组织，快速高效

严密组织就是要求国防动员必须运用科学先进的动员方式和手段，努力实现快速高效的动员目的。快速高效主要是指动员要在战争所允许的时间内，快速有效地完成动员任务，满足战争需要，提高动员的速度和效率。同时，要增加动员的技术含量，善于将新材料、新技术、新工艺运用于动员领域，做到优先组织最新技术成果投入军工生产，优先征用先进的民用技术设备和交通运输工具等，以满足战争的需要。

5. 因故因势，协调灵活

我国未来面临的反侵略战争，规模和样式都可能是多样的，发生战争的地域也有不确定性，有可能和强敌作战，也有可能和与我国实力相当或实力不如我们的敌人作战。因此，必须根据不同的作战对象、作战规模、作战样式、作战地域，灵活地采用不同的动员方式和措施，有的放矢地做好动员工作。

四、国防动员的准备与实施

1. 动员的准备

国防动员准备，是指和平时期以提高快速动员能力为目的，有计划地对国防动员资源进行的预先筹划与安排。国防动员准备的成效，直接关系并影响国防动员潜力的速度与效益，对战争的进程和结局具有重大影响。国防动员准备的内容十分广泛，概括而言，主要有国防人力准备、国防物资准备、国防精神准备以及为确保动员活动顺利进行而采取的相关规范性准备措施。

2. 动员的实施

国防动员实施，是指运用国家的权力将国防潜力转化为战争实力的行动，是整个国防动员活动的核心内容和重要阶段，是衡量和检验动员准备成效的标准。国防动员准备是动员实施的前提和基础，动员实施则是动员准备的目的和归宿。没有战时的动员实施，国防潜力转化为战争实力就不可能实现。与其他社会实践活动相比，国防动员实施具有明显的社会性、计划性、强制性和紧迫性等特点。动员实施通常是按照发布动员令、充实动员机构、修订动员计划和落实动员计划的步骤进行。

第五节　国防法规

国防法规是指国家为维护国防利益，调整国防领域内军事、政治、经济等各方面的社会关系，用法律形式确定并由国家强制保障其实施的行为规则的总称。主要包括国家颁布的有关国防建设的法律、法规、条令、条例、章程等法律文件。我国国防法规是国家指导和保障国防建设与斗争的基本依据，是所有组织和公民履行国防职责的行为准则，是建设强大的现代化正规化革命军队，加强国防后备力量建设，确保国家安全的有力武器。加强国防立法，建立具有中国特色的完备的国防法规体系，使国防建设走上法制化、制度化轨道，是我国国防现代化建设的一项重要任务。

一、国防法规的含义和特征

(一) 国防法规的含义

国防法规是指国家为了加强防务，尤其是加强武装力量建设，用法律形式确定并以国家强制手段保证其实施的行为规则的总称。国防法规是国家法律体系的重要组成部分，是国防建设和国防斗争的重要保障，对人们在国防领域的行为规范起着重要的引导作用。国防建设法制化是国防现代化的必然要求，也是衡量一个国家国防是否实现现代化的重要标志。

(二) 国防法规的特征

国防法规是国家法律的组成部分，是由国家制定或认可，并由国家强制力保证其实施的行为规范。它具有法律的一般特性，即鲜明的阶级性、高度的权威性、严格的强制性、普遍的适用性和相对的稳定性。同时国防法规还有着区别于其他法规的特殊性。

1. 调整对象的军事性

法律是调整社会关系的行为规范，而不同的法律规范用来调整不同领域的社会关系。国防法规就是专门用来调整国防和武装力量建设领域的各种社会关系。这些带有军事性的社会关系是国防法规特有的调整对象，是其他任何法律规范所不能代替的，这是国防法规特性的一个基本表现。

2. 公开程度的有限性

公开性是法律固有的特性，因为法律只有公开才能使人们普遍了解和遵守。但国防法规不同，其公开程度是有限的。大部分国防法规，特别是一些基本的、主要的国防法规是公开的，如《国防法》《兵役法》《中华人民共和国军事设施保护法》（以下简称《军事设施保护法》）等。但有一小部分国防法规，如在作战、训练、军队编制和国防科研等方面的法规因具有保密性而不予公开，以免国家利益受到损害。

3. 司法适用的优先性

国防法规优先适用，是指在解决与国防利益、军事利益有关的法律问题时，如果国防法规和其他法规都有相关的规定，这时要以国防法规的规定作为司法依据，以国防法规作为评判是非的标准和采取行动的准则，其他法规要服从国防法规。同时要注意，优先适用不是指先后顺序，而是一种排他性的单项选择。在解决与国防利益、军事利益有关的法律问题时，只有国防法规起作用，其他法规不起作用。

4. 处罚措施的严厉性

国防法规对危害国防利益的犯罪，规定了比较严厉的处罚措施。如《中华人民共和国刑法》（以下简称《刑法》）规定，一般抢劫罪通常处三年以上十年以下有期徒刑；而冒充军警人员抢劫的，抢劫军用物资的，处十年以上有期徒刑、无期徒刑或者死刑。

二、国防法规体系及主要国防法规

（一）国防法规体系

国防法规体系以国家宪法为基础，由各类法律规范组成，其范围十分广泛，内容也十分丰富。从纵向来看，国防法规体系可以根据制定机关和法律效力等级的不同，基本划分为以下五个层次。

1. 《宪法》中的国防条款

《宪法》是我国的根本大法，具有最高的法律效力和最强的权威。《宪法》中的国防条款在国防法规体系中居于最高地位。

2. 基本国防法律

基本国防法律由全国人民代表大会制定，是制定其他国防法规的基本依据。它包括以下内容：专门的基本国防法律，即《国防法》和《兵役法》；其他基本法律中的国防条款，如《刑法》分则中的第七章和第十章，《中华人民共和国婚姻法》中的第三十三条等；基本国防法律解释。

3. 国防法律

国防法律由全国人民代表大会常务委员会制定，包括以下内容：专门的国防法律和法律性决定，如《中华人民共和国国防教育法》（以下简称《国防教育法》）、《军事设施保护法》《中华人民共和国人民防空法》《中华人民共和国香港特别行政区驻军法》

《中华人民共和国现役军官法》《中国人民解放军军官军衔条例》（以下简称《军官军衔条例》）、《中华人民共和国预备役军官法》等；其他法律中的国防条款，如《中华人民共和国行政诉讼法》第十二条关于人民法院不受理公民、法人或者其他组织对国防行为提起诉讼的规定等；国防法律解释。

4. 国防法规

国防法规是指由中华人民共和国国务院和中央军事委员会单独或共同制定和颁布的具有在全国一定范围内和在军队中遵行的有法律效力的国防法规。它包括：由中央军委制定的军事法规，如《中国人民解放军内务条令》（以下简称《内务条令》）、《中国人民解放军纪律条令》《中国人民解放军警备条令》等；国务院单独制定或与中央军委联合制定的国防行政法规，如《中华人民共和国出境入境边防检查条例》《中国人民解放军现役士兵服役条例》《中华人民共和国飞行基本规则》等；其他法规中的国防条款；国防法规解释、国防法规性文件。

5. 国防规章

国防规章是由国家职能机关和军队职能机关为了贯彻执行国防法律和国防法规的有关条款在自己的职权范围内制定和颁布的细则和章程等。它包括：中央军委各总部、各军兵种、各军区制定的军事规章，如《公安消防部队兵员管理规定》《中国人民解放军院校学历证书管理暂行规定》等；国务院各部委单独制定或与军委有关部门联合制定的国防行政规章，如《关于民兵事业费开支范围和管理办法的规定》《关于企业民兵、预备役工作的规定》等；其他规章中的国防条款；国防规章解释、国防规章性文件；地方性国防法规和规章。

按照法制建设的要求，国防法规体系层次中，下一层次的法必须以《宪法》或上一层次的法为依据，不得与其相抵触。只有形成等级分明的层次，才能确保各种国防法律规范做到层层节制，一级服从一级，从而避免重叠和矛盾，保证国防法规体系的协调统一。

（二）主要国防法规

1.《国防法》

现行《国防法》由第八届全国人民代表大会第五次会议于 1997 年 3 月 14 日通过，并于当日颁布实施，总共 12 章 70 条，对涉及国防领域各方面的关系进行调整。其主要内容如下：一是规范了国家防务建设的基本方针和基本原则，如抵御外敌入侵，防止颠覆，维护国家安全，捍卫国家主权，保证国家领土、领海、领空不受侵犯，坚持全民自卫，坚持国防建设与经济建设协调发展及独立自主处理国防事务等原则；二是规范国防建设的基本制度，如兵役、军事人事、军事经济、国防科技、国防动员、国防协调会议、国防教育等若干基本制度；三是规定了党对武装力量和国防活动的领导及国家机构的国防职权等；四是规范了公民、国家机关、社会组织的国防义务和权利，如依法征兵，保证兵员质量，公民依法服兵役，自觉接受国防教育，相关企事业单位要保质保量地完成国防科研生产、接受国家军事订货等。

《国防法》是根据《宪法》制定的一部综合性的调整和规范国防与武装力量建设的基本法律，是用来调整和指导国防领域中各种社会关系的基本法律规范，它在国防法规体系中占有统帅地位并起着核心作用，是其他军事立法的基本法律依据。《国防法》的颁布实施，是我国国防史上一件具有划时代意义的大事，也是国防和军事法制建设的一个重要里程碑。

2.《兵役法》

2011年10月29日，第十一届全国人民代表大会常务委员会第二十三次会议审议通过了《中华人民共和国兵役法修正案》，对2009年颁发的《兵役法》进行了修正。现行《兵役法》共12章74条，主要包括以下内容：总则、平时征集、士兵的现役和预备役、军官的现役和预备役、军队院校从青年学生中招收的学员、民兵、预备役人员的军事训练、普通高等学校和普通高中学生的军事训练、战时兵员动员、现役军人的待遇和退出现役的安置、法律责任、附则。

3.《国防教育法》

《国防教育法》于2001年4月28日由第九届全国人民代表大会常务委员会第二十一次会议通过，第五十二号主席令颁布施行。该法共6章38条，主要规定了国防教育的方针原则、学校国防教育、社会国防教育、国防教育的保障和法律责任等。2001年8月31日由第九届全国人民代表大会常务委员会第二十三次会议通过的《全国人民代表大会常务委员会关于设立全民国防教育日的决定》是对《国防教育法》的补充，确定每年9月第三个星期六为全民国防教育日。

4.《反分裂国家法》

《反分裂国家法》于2005年3月14日由第十届全国人民代表大会第三次会议表决通过。同日，胡锦涛发布命令，宣布该法从即日起正式实施。该法共10条，旨在反对和遏制“台独”分裂势力分裂国家，促进国家和平统一，维护台湾海峡地区和平稳定，维护国家主权和领土完整，维护中华民族的根本利益。《反分裂国家法》的制定，体现了党和国家以最大的诚意，尽最大的努力争取实现和平统一的一贯立场，表明了全中国人民捍卫国家主权和领土完整，绝不允许“台独”分裂势力以任何名义、任何方式把台湾从中国分裂出去的共同意志和坚定决心。它有利于团结包括台湾同胞在内的全中国人民共同推动祖国的和平统一大业，有利于遏制“台独”分裂势力的分裂活动，有利于维护台湾海峡地区乃至亚太地区的和平稳定。

5. 其他法规

除以上法律法规外，中华人民共和国立法机关、军事机关、行政机关，还先后制定了一系列国防和军事法规。如全国人大常委会颁布的《中国人民解放军军官军衔条例》《中国人民解放军军官服役条例》《民兵工作条例》等20多个法规；国务院和中央军委联合颁发的《征兵工作条例》等40多个单行法规；中央军委制定颁布的《纪律条令》《内务条令》《队列条令》等。总之，经过几十年的发展，我国的国防法制化建设已取得了巨大的成绩，初步形成了有中国特色的国防法律体系。这对我国国防的巩固，军队的革命化、现代化、正规化建设都起到了巨大的作用。

三、公民的国防义务和权利

公民的国防义务和权利，是我国公民的基本权利和义务的重要内容。我国宪法和各种国防法规都对公民的有关国防义务和权利做出了明确规定。自觉地履行国防义务，正确地行使有关国防权利是每一个公民应当具备的品德和责任。

（一）公民的国防义务

公民的国防义务，是指宪法和法律法规规定的公民在国防活动中对国家必须履行的某种责任，这种责任是根据国家和人民的根本利益确定的，并由国家运用法律的强制力保证它的实现，它要求负有国防义务的公民，在国防活动中必须依法做出或不做出某种行为。它主要包括维护国家统一和安全的义务、履行兵役的义务、接受国防教育的义务、保护国防设施的义务、保守国防秘密的义务、协助国防活动的义务。

（二）公民的国防权利

公民的国防权利，是指由国家宪法、法律赋予公民在国防活动中所享有的权利或权益。需要指出的是，义务与权利是一致的，上述公民的国防义务，同时也是公民的国防权利。公民除上述国防义务亦即国防权利外，还有以下三种相对独立的国防权利：国防建设的建议权和对危害国防行为的制止和检举权，国防活动中经济损失补偿的权利，军人的优待、抚恤权和退役后的安置权。

第六节　爱国主义教育

党的十八大报告从国家、社会、个人三个层面提出了“三个倡导”，爱国成为了十二对范畴中不可或缺的重要组成部分。每一个民族都具有自己的爱国精神和传统，只要国家还存在，爱国主义都始终是激励、凝聚全体民众为自己本民族昌盛、国家富强而奋斗的巨大力量。因此，研究爱国主义在社会主义核心价值观中的地位不仅具有理论意义更具有实践意义。

一、爱国主义的科学内涵

爱国主义是各民族、国家的社会成员对自己祖国的一种极其深厚的感情，这种情感不仅表现在爱祖国的大好河山，爱广大民族同胞，还体现在对民族文化和国家制度的认同上。爱国主义不仅是反映个人对祖国依赖关系的情感表达，同时还是支撑民族繁荣发展的核心与调整个人与祖国之间关系的行为准则。为进一步深入理解爱国主义的深刻内涵，这里需要在定义基础上进一步厘清爱国主义与其他相关概念的区别和联系。

第一，爱国主义中的“国”指祖国，并非现代意义上的国家。国家是一个政治概念，是人类发展到一定时期的历史产物，属历史范畴，而祖国则是一个人出生的所在地，是一个文化地理概念，对于一个人来说，国家是可以选择的，但是祖国却是与生俱来的，从生下来的那一刻已经注定了。例如华人，他的祖国必是中国但其国籍并不一定是中华人民共和国，他可以选择世界上任何一个国家定居，只要其获得了该国公民资格，因此我们不能混淆了祖国与国家的基本内涵。

第二，爱国主义与民族主义两者是辩证统一的。(1) 两者存在着相当大的差异，不能完全等同。从时间上看，爱国主义早于民族主义，虽然爱国主义在16世纪才第一次出现在英语中，但关于爱国的思想却早已为人们所接受，有着深厚的历史渊源，17世纪后，爱国主义被赋予了政治内涵，并在17世纪晚期成为了英国政治争论的核心话语。民族主义一词的出现则晚了很多，本质而言，民族主义只是爱国主义的一个变种。从特征上看，爱国主义是一种理性的态度，不是个人情绪的简单宣泄，民族主义则不同，其通常带有某种非理性、狂热个人情绪和倾向。(2) 尽管两者相去甚远，但也存在统一的一面，并不是完全对立的：在单一民族国家中，民族主义和爱国主义是耦合的，李宏图认为，在民族国家的建构过程中，文化意义上的民族共同体在加入政治法律意义之后，就变成新型的国家共同体。这时的民族和国家开始一致。

二、爱国主义在社会主义核心价值观中的地位

(一) 爱国主义是社会主义核心价值观的首要原则

古往今来，任何一个国家都把爱国作为一项道德原则和政治准则加以提倡和弘扬，国家是个人发展的前提，只有在国家稳定地进步时，个人的幸福才有实现的可能，因此，不论何时何地，不论人们的价值观有何变化，爱国都是一个永恒不变的主题。作为有着丰富内涵的爱国主义，其原则规定了社会主义核心价值观的根本立场；价值观属于思维领域范畴，是基于一定的经济基础所产生的上层建筑，其发展受制于当下的社会经济环境。当代爱国主义的主题就是爱社会主义，维护祖国的统一，齐心协力共建社会主义现代化，实现民族的伟大复兴。社会主义核心价值观的具体范畴不是抽象的口号，只有落实到社会主义现代化建设事业上来，才能发挥其无穷的力量。爱国主义作为社会主义核心价值观的重要范畴，是其他十一对范畴的原则立场，为其他十一对范畴指明了方向，培育和践行社会主义核心价值观必须以爱国作为出发点，离开爱国空喊富强文明毫无意义，离开爱国主义，社会主义核心价值观就成了无源之水无本

之木；此外，爱国主义还是衡量社会主义核心价值观培育成败的重要标准，判断一个人是否认同和正确理解了社会主义核心价值观，一个重要指标就是爱国。

（二）爱国主义是社会主义核心价值观的重要基础

爱国主义为核心价值观的培育奠定了精神土壤。爱国主义是中华民族千百年来积淀下的最深厚的思想传统，鼓励着一代又一代仁人志士临难不屈，为国奉献，保障了中华民族的血脉延续，是中华民族优秀文化不可或缺的重要组成部分。任何价值观的培育和弘扬都离不开一定的社会环境，社会主义核心价值观也不例外。社会主义核心价值观归根结底就是我国社会主义文化的浓缩，其产生、培育和践行都植根于我国当代文化的土壤当中，我国现今的文化形态并不是无中生有的，而是随着历史的发展经过不断沉积和蜕变才形成的。爱国主义作为中华民族精神的核心，历时千百年仍不失其魅力，凝聚了中华民族优秀文化的精华，不仅是我国传统文化和世界先进文化有机结合的光辉典范，更是中华儿女坚持和操守的政治品格，为我国社会主义核心价值观的弘扬和培育奠定了深厚的精神基础。

（三）爱国主义是社会主义核心价值观的动力之源

爱国主义具有整合社会力量与激发主体能动性的功能，是推动国家发展的精神动力，是动员和鼓舞人民群众为实现“中国梦”而团结奋斗的一面旗帜。爱国主义具有强大的社会整合能力，它可以把我国各民族、各地区、各阶层紧紧团结在一起，朝着共同的目标，驱车奋进，推动我国社会主义现代化事业不断向前迈进。爱国主义还具有激发个体能动性的作用，它可以把每个人的智慧和力量紧紧融合在一起，为着共同的利益，阔步向前，为全面建设小康社会不懈奋斗。作为具有强大功能的爱国主义同样也为社会主义核心价值观的培育和践行提供动力燃料。社会主义核心价值观是我国民族当前基本需求的反映，其描绘了未来中国的基本面貌，它要深入人心，为民众所信仰，就必须把握群众，而爱国主义作为社会主义核心价值观的题中之义，就是把握群众的核心所在。爱国从国家层面而言就是爱富强、民主、文明、和谐的中国，从社会层面而言就是爱自由、平等、公正、法治的中国，从个人层面而言就是爱岗、敬业、诚信、友善的中国。

爱国主义在社会主义核心价值观中具有不可替代的重要作用，只有爱国，社会主义的价值观才具有内在的安全感；只有爱国，社会主义核心价值观的培育和践行才能落到实处，才能取得其持久的生命力，我们在培育和践行社会主义核心价值观的时候，爱国主义应该被突出地加以强调。

第七节　大学生依法服兵役

一、大学生服兵役

随着科学技术与新军事变革的迅猛发展，国家对高素质兵员的需求日益增强，为鼓励高校毕业生服兵役，国家出台了诸多优惠政策措施。这使得同是中华人民共和国公民的大学生，除了共享上述国防义务与权利外，其在应征服兵役方面，还享有诸多其他群体所不具有的“特权”，使得大学生服兵役在义务与权利上有机地统一起来，大学生服兵役既是一种义务，又成为一种光荣的权利。当代大学生是国家的栋梁，应努力学习科学文化知识，多积蓄、厚储备，一旦参军入伍，投身国防活动，这些素质将有助于自身快速成为部队建设和训练的骨干，使自身的高素质能在部队这个广阔的舞台上发挥应有的作用。从 2013 年开始征兵工作由冬季改为夏秋季，时间调整为 4 月开始。

二、征集范围及基本条件

（1）征集范围。男生：大专、本科在校生，年龄为 17～22 周岁；大专毕业生，年龄为 17～23 周岁；本科毕业、研究生毕业及在校生，年龄为 17～24 周岁。女生：普通高中应届毕业生（含当年度新入高校就读的学生），年龄为 17～19 周岁；普通全日制高校在校生及应届毕业生，年龄为 17～22 周岁。

（2）基本条件。①身高：男性 160cm 以上，女性 158cm 以上。特勤人员：坦克乘员 162～178cm，潜水员 168～185cm，潜艇及水面舰艇人员 162～182cm，空降兵 168cm 以上，空军航空兵第 34 师专机服务队女服务员 165～172cm，特种部队条件兵（含海军陆战队队员）、驻香港澳门部队条件兵 170cm 以上，北京卫戍区仪仗队队员 180cm 以上。中央警卫团、公安警卫部队条件兵 170cm 以上，个别体格条件优秀的应征青年，身高可放宽到 165cm。②体重：男性不超过标准体重的 30%，不低于标准体重的 15%。女性不超过标准体重的 20%，不低于标准体重的 15%。标准体重=（身高－110）kg。

三、大学生入伍的优惠政策

（1）享受优先政策。大学生入伍享受优先报名应征、优先体检政审、优先审批定兵、优先安排使用政策以及体检绿色通道，大学文化程度青年未批准入伍前不得批准高中以下文化程度青年入伍。

（2）享受优待政策。优待金由批准入伍地发放，其家庭享受军属待遇，由户籍所在地负责落实相关优待。

（3）大学毕业生可选拔为军官。普通高等学校全日制毕业生应征入伍的士兵可被选拔为军官，所称选拔军官包括：大学毕业生士兵提干、报考军队院校和保送入学。①大学毕业生士兵提干：符合本科以上学历，截至当年 6 月 30 日，入伍 1 年半以上（服役期间取得学历和学位的应当入伍 2 年以上），且在推荐的旅（团）级单位工作半年以上等基本条件的，可以列为提干对象；根据规定符合一定条件的，优先列为提干对象。②报考军队院校：参加全国普通高等学校招生统一考试，经省招生办公室专科统一录取且取得全日制专科学历的毕业生士兵，可以参加全军统一组织的本科层次招生考试，录取的入有关军队院校学习，学制 2 年，毕业合格的列入年度生长干部毕业学员分配计划。报考条件、考试组织、录取办法等另行规定。③保送入学：大学毕业生士兵参加优秀士兵保送入学对象选拔，年龄放宽 1 岁，同等条件下优先列为优秀士兵保送入学推荐对象，选拔办法按照优秀士兵保送入学有关规定执行。大学毕业生士兵保送入学对象具有本科以上学历的，安排 6 个月任职培训；具有专科学历的，安排 2 年本科层次学历培训。

（4）优先选取为士官。对于符合士官选取条件的士兵，同等条件下具有全日制大专以上学历的要优先选取；师（旅）级单位范围内相同专业岗位的士兵，在任职能力相当的情况下，应优先选取高学历士兵。

（5）保留入学资格或学籍。①入伍高校新生可以申请保留入学资格。退役后两年内，可以在退役当年或者第 2 年高校新生入学期间，持《保留入学资格通知书》和《高校录取通知书》，到录取高校办理入学手续。②现役军人入伍前已被普通高等学校录取或者是正在普通高等学校就学的学生，服役期间保留入学资格或者学籍，退出现役后两年内允许入学或者复学。

（6）享受学费补偿和国家助学贷款代偿。①应届毕业生享受学费补偿和助学贷款代偿。国家对应征入伍服义务兵役的高等学校毕业生在校期间缴纳的学费实行补偿。在校期间获得国家助学贷款的，学费补偿款必须首先用于偿还助学贷款本金及其全部偿还之前产生的利息。国家对每名高校毕业生每学年补偿学费或代偿国家助学贷款本息的金额，最高不超过 8000 元。②在校大学生享受学费补偿和助学贷款代偿。国家对应征入伍服义务兵役的高等学校在校生在校期间缴纳的学费实行补偿，退役后复学的原高校在校生实行学费资助。国家对每名高校在校生应征入伍前在校期间每学年学费补偿或国家助学贷款代偿的金额，按实际缴纳的学费或获得的国家助学贷款金额计算，每人每年最高不超过 6000 元。③往届毕业生享受学费补偿和助学贷款代偿。简化学费补偿代偿及学费减免程序，将往届毕业生纳入资助范围。④录取未报到新生受学费补偿和助学贷款代偿。应征入伍服义务兵役前正在高等学校就读的学生（含按国家招生规定录取的高等学校新生），服役期间按国家有关规定保留学籍，退役后自愿复学的，国家实行学费减免。

（7）大学生士兵退役后享受升学优惠政策。①高职（专科）学生入伍经历可作为毕业实习经历。②退役大学生士兵入学或复学后免修军事技能训练，直接获得学分。③普通高校应届毕业生应征入伍服义务兵役，退役后三年内参加全国硕士研究生招生考试的，初试总分加10分，立二等功及以上的免试（指初试）攻读硕士研究生。④具有高职（高专）学历的，退役后免试入读成人本科，或经过一定考核入读普通本科；荣立三等功及以上奖励的，在完成高职（专科）学业后，免试入读普通本科。⑤应征入伍的高校毕业生退役后报考政法干警招录培养体制改革试点招生时，教育考试笔试成绩总分加10分。

思考题

1. 国防的含义是什么？现代国防有哪些特征？
2. 新中国国防建设有哪些成就？
3. 国防动员的主要内容有哪些？
4. 目前我国大学生入伍有哪些优惠政策？

第二章　军事思想

军事思想是关于战争与军队问题的理想认识。通常包括战争观、战争问题的方法论、战争指导思想、建军指导思想等基本内容。它揭示了战争的本质和基本规律，研究武装力量建设及其使用的一般原则，反映了从总体上研究军事问题的理论成果。

第一节　军事思想概述

军事思想作为一种独立的意识形态是从奴隶社会开始的，它产生于一定的社会物质生产和战争实践基础之上，并且受到社会意识形态的制约与影响。同时，军事思想具有鲜明的阶级性，不同阶级所奉行或推崇的军事思想，反映不同阶级对战争的不同认识和立场；军事思想具有时代性，不同历史时期军事思想各有自己的特征，这种特质往往最能反映当时的物质生产水平；军事思想具有明显的继承性，历史上所形成的许多军事原则、概念和范畴，有些因其反映了军事斗争的共同规律而流传下来，为后人所继续使用，并随着战争和军事实践的发展而不断地得以丰富。

军事思想的发展是以新的生产力和新的社会关系为前提。社会生产力的提高和科学技术的进步为军事活动创造了新的物质技术基础，从而引起军事思想的变化；在阶级社会中，阶级关系、国家关系、生产关系、社会制度的变革与进步，对战争和军事思想的发展产生巨大的推动作用。正是在这两种因素的共同作用下，人类社会中包括军事在内的所有活动才逐步由低级状态向高级状态发展。

一、古代军事思想

原始社会末期和奴隶社会初期，战争开始频繁产生，促使了奴隶主阶级军事思想的萌芽和产生。青铜兵器，铁兵器引发的军事变革，使人类历史上第一支常备军建立起来，并助产了骑兵、战车兵、水军的诞生。公元前 300 年，古罗马建立了由支队组成的军队作战体制，这一系统的组合力把战争推向了一个新的台阶。

特别是人类进入到奴隶社会后，随着生产力的发展和社会制度的变革，战争的频繁发生和改朝换代的加剧，军事方面的许多因素发生了变化。尤其是铁制兵器替代了铜制兵器后，国家或诸侯势力均实行了征兵制和募兵制，战场的作战力量由单一的步兵发展到了步、车、骑、水军并进。人们运用系统的方法把兵力、兵器整合在一起形成团队力量，便有了以方阵为主体的阵式作战样式，成为以系统方法组织战斗队形的第一次飞跃，使战争的规模、样式、性质、作用等发生了根本性变化。由此，人们对战争和军队的认识有了新提高，战争胜负不仅取决于物质力量的强弱，而且同政治因素、战争的性质、力量对比的运用及其强弱转化等，有着密切的关系。战争就具有了鲜明的政治目的，成为政治斗争的工具，并有了专门的军队组织和相应的军事制度，战争的规模也越来越大。在中国，以《孙子兵法》《吴子》《尉缭子》《司马法》《六韬》《黄石公三略》《李卫公问对》为代表的武经七书，在战争的认识方面、军队建设方面、作战指挥方面、后勤保障方面等有了更深层次的发展。尤其是《孙子兵法》，总结了当时军事斗争的经验，揭示了战争中众寡、强弱、虚实、攻守、胜败等范畴的对立和转化关系，提出了“知彼知己，百战不殆”“攻其不备，出其不意”等著名军事原则。

随着生产力的发展和社会制度的变革，战争的频繁发生和改朝换代的加剧，军事方面的许多因素发生了变化。在军队建设方面，揭示了“以治为胜”和“以教为先”的思想，重视军队的作战训练，重视选拔“将才”。在作战指挥方面，提出“知彼知己，百战不殆”“不战而屈人之兵”“兵贵胜，不贵久”（《孙子兵法》）以及“多算胜，少算不胜”（《孙子兵法》）的思想，要求做好充分的战前准备。同时，还提出“致人而不致于人”（《孙子兵法》）的争取主动力避被动的作战思想。在后勤保障方面，初步建立了经济是战争的物质基础的思想。例如，《孙子兵法》提出，“军无辎重则亡，无粮食则亡，无委积则亡”。在古代，世界其他国家的军事思想，尤其是古代希腊军事思想和古代罗马军事思想有了显著发展。例如，希罗多德的《历史》、修昔底德的《伯罗奔尼撒战争史》、色诺芬的《远征》等，都反映出古代欧洲一些国家的军事思想。

二、近代军事思想

近代军事思想发展的总体特征：一是资产阶级军事思想体系得到确立；二是以马克思主义军事理论为代表的无产阶级军事思想宣告诞生。资产阶级军事思想产生于欧洲，并经过三个世纪的时间，随着资产阶级革命战争实践而逐步形成，并随着战争的发展而发展。在资产阶级革命过程中，一批资产阶级的军事思想家和军事思想变革的成果涌现出来，集中体现在拿破仑的《战争艺术》，以及克劳塞维茨的《战争论》和若米尼的《战争艺术概论》等著作中。

无产阶级军事思想，作为一种崭新的军事思想体系，也是在近代确立的。1848—1849 年，无产阶级以特殊身份参加了欧洲资产阶级革命。在这场大革命中，无产阶级一方面与资产阶级一道反对封建地主阶级的统治，推翻封建制度；另一方面在革命中举行反对资产阶级的大规模起义。为适应当时工人运动发展的需要和迎接即将到来的无产阶级革命，马克思和恩格斯针对这些战争和起义撰写并发表了数百篇文章及评论。系统地阐述关于战争、军队和作战指导方面的基本思想。中国在 1840 年的鸦片战争之后，传统兵学受到了西方军事思想的严重冲击。林则徐、魏源是变革传统军事思想的先驱。1927—1949 年，蒋介石及国民党政府引进西方和日本的一些军事技术、体制编制和资产阶级军事思想，按其所需承袭了一些中国古代军事思想，并与法西斯的军事思想掺杂混用，从而形成其军事思想的政治特征。

三、现代军事思想

我国现代军事思想主要体现在毛泽东军事思想、邓小平新时期军队建设思想、胡锦涛关于国防和军队建设的论述等思想理论体系中。

(一) 马克思主义的战争观和战争方法论

战争是人类发展到阶级社会的产物；战争是政治的暴力手段的继续；帝国主义、霸权主义是战争的根源；人类进入和平与发展时代后，世界大战在可以遇见的时期内可能避免，但局部战争不可避免；正义战争为社会发展扫清障碍，非正义战争阻碍社会前进；支持和参加正义战争，反对和遏制非正义战争；建设和谐世界，为永久世界和平而斗争。战争发展的趋势与历史发展的趋势相一致，世界和平的历史趋势不可阻挡；战争的胜负由人民的力量决定，是敌我双方的政治、经济、军事、自然和人的主观指导各方面情况相互作用的结果；人是战争的决定因素，武器是战争的重要因素。战争是一种特殊的社会活动形态，它有一套特殊组织，一套特殊方法，一种特殊过程，这组织就是军队及其附随的一切东西，这方法就是指导战争的战略战术，这过程就是敌对的军队互相使用有利于己不利于敌的战略战术从事攻击或防御；信息化局部战争是现代战争的主要形态。

战争是有规律的，战争规律是可以认识的；把握战争规律是为了正确地指导战争；从战争中学习战争，要客观地、全面地、辩证地、发展地研究战争；既要研究战争的客观规律，更要研究战争的特殊规律。

(二) 人民军队建设思想

人民军队是一支中国共产党缔造和领导的、全心全意为人民服务的军队；没有人民的军队，就没有人民的一切；要实行党对军队的绝对领导，坚持为人民服务的宗旨，把政治工作作为军队建设的生命线，贯彻官兵一致、军民一致、瓦解敌军的政治工作三大原则，发扬民主和依法治军，遵守党和人民军队的纪律，执行战斗队、工作队、生产队三大任务，进行科学的教育训练，发扬优良作风，与时俱进，建设现代化、正规化的人民军队。

要以科学发展观指导军队建设；以“打得赢”“不变质”两条主线建设人民军队；要科技强军，走有中国特色的精兵之路，军队要由数量规模型向质量效能型、人力密集型向科技密集型转变，要加快武器装备现代化的步伐；军队要完成机械化和信息化建设的双重历史任务，实现跨越式发展；要建设强大的海军、空军和战略导弹部队；

要培养和造就大批高素质新型军事人才；要把教育训练摆在战略的位置，中心的位置；要把军事斗争准备和长远建设结合起来；要把精干的常备军与强大的后备力量相结合；要依法从严治军；要创新军队建设，提高军队建设效率。

（三）人民战争思想

人民战争是广大人民群众为了反抗阶级压迫和民族压迫而组织和武装起来进行的战争，中国共产党领导的人民战争是正义的战争、群众的战争和有组织的战争；革命战争是群众的战争，只有动员群众才能进行战争，只有依靠群众才能进行战争；中国共产党领导的人民战争必胜；中国现代的人民战争必须坚持共产党的正确领导，构建最广泛的统一战线，实行以人民军队为骨干的三结合的武装力量体制，以武装斗争为主并与其他斗争形式紧密结合，建立巩固的人民战争根据地，实行适应人民战争特点的战略战术。

（四）人民战争的战略战术

战略上藐视敌人，战术上重视敌人；保存自己，消灭敌人；实行积极防御，反对消极防御；灵活运用游击战、运动战、阵地战等各种作战形式；战略上持久，战术上速决；以歼灭战为主，辅之以消耗战；集中优势兵力，各个歼灭敌人；慎重初战，执行有利决战，避免不利决战；做好战争准备，不打无准备、无把握之仗；坚持战争指导上的主动性、灵活性和计划性。要研究现代条件下人民战争的规律。

（五）国防建设思想

居安思危，加强国防，防备和抵抗侵略，制止武装颠覆，保卫国家的主权统一、领土完整和安全；综合安全的新安全观；国防服从服务于国家经济社会发展大局；增强综合国力，国防与经济建设协调发展，以科学发展观搞好国防建设；努力发展国防科技工业；坚持积极防御、打赢现代条件下的反侵略战争的战略思想；建设强大的革命化、现代化、正规化的人民军队；进行新条件下的人民战争，实行全民防卫；加强信息化战争条件下的国防动员建设。要深入开展具有中国特色的新军事变革。

第二节　毛泽东军事思想

毛泽东军事思想是毛泽东关于当代中国革命战争和军队问题的科学理论体系。基本组成部分包括人民军队、人民战争以及人民战争的战略战术。它是马克思列宁主义普遍原理与中国革命战争实践相结合的产物，是中国革命武装斗争历史经验的总结，是中国共产党集体智慧的结晶。

一、毛泽东军事思想产生背景及过程

1840年鸦片战争以后，在帝国主义的侵略和压迫下，中国封建社会逐步解体，成为半殖民地半封建社会。中国人民为了反抗帝国主义的侵略和国内反动统治阶级的压迫，从太平天国、义和团运动到辛亥革命，接连不断地进行革命武装斗争。然而，这些斗争最终都归于失败。历史事实证明，农民、小资产阶级和资产阶级都不能正确地解决中国革命武装斗争的理论和实践问题。只有在中国无产阶级作为一支独立的政治力量登上历史舞台，并且独立地领导革命武装斗争之后，才逐渐形成符合中国国情的军事理论体系，从而引导中国革命通过武装斗争走向胜利。

1921年，中国无产阶级的先锋队——中国共产党成立。党的第一次代表大会通过的党纲、原则，提出了用革命手段推翻旧政权的历史任务。蔡和森、周恩来于1922年相继在党的刊物上提出“完全解除旧支配阶级的武装”和“没有革命军，军阀是打不倒的”等正确主张。第一次国共合作以后，大批共产党员进入设立在广州黄埔的国民党陆军军官学校工作和学习（见黄埔军校），党逐渐掌握了一部分军队，先后参加了1925年举行的两次东征和1926—1927年的北伐战争。这是中国共产党参加组织军队和从事战争的重要尝试。然而，彻底地认识武装斗争在中国革命中的极端重要性，还是在蒋介石、汪精卫于1927年4月和7月相继发动反革命政变，使大革命遭到惨重失败以后。在中国革命历史发生转折的紧要关头，毛泽东于1927年7月4日在中共中央常委扩大会议上，针对陈独秀的右倾主张，提出“不保存武力则将来一到事变，我们即无办法”的意见，主张“上山”“上山可造成军事势力的基础”。同年8月7日，毛泽东在中共中央召开的汉口紧急会议（八七会议）上，要求当时的党中央放弃同国民党合作的一切希望，改变“专做民众运动，独不做军事运动”的方针，提出“今后要非常注意军事，须知政权是由枪杆子中取得的”重要论断。

1927年8月1日，中国共产党发动南昌起义，进入了独立领导武装斗争的新时期。这一天也成为中国人民解放军的建军纪念日。接着在中国共产党领导下，全国各地相继发动武装起义。同年9月，毛泽东组织领导了湘赣边界秋收起义。在起义遭受挫折的情况下，毛泽东果断地领导起义部队向反动统治比较薄弱的农村进军，在井冈山地区创建了第一个革命根据地。1928年4月，朱德、陈毅率领南昌起义保留下来的部队和由湘南农军组成的部队到井冈山会师。不久，毛泽东同朱德等总结这一时期的革命斗争经验，概括出以游击战争“十六字诀”为主要内容的红军作战原则。在此之后，毛泽东进一步提出人民军队的基本建军原则，指出中国社会的政治经济发展不平衡的客观规律，提出中国革命必须走以农村包围城市、武装夺取政权的道路。这些理论，他在《中国的红色政权为什么能够存在?》《井冈山的斗争》《关于纠正党内的错误思想》和《星星之火，可以燎原》等早期著作中就有精辟的阐述。1930—1931年，在中央革命根据地第一次、第二次、第三次反“围剿”作战中，毛泽东实施正确的指挥，成功地粉碎了敌人的进攻，巩固和发展了位于赣南闽西的中央革命根据地，并进一步提出了人民战争的一系列作战原则。以上这些，奠定了毛泽东军事思想的基础。

1935年1月的遵义会议，纠正了王明"左"倾冒险主义在军事上的错误，确立了毛泽东在红军和中共中央的领导地位，使党中央和红军能克服长征中的一切艰难险阻，胜利到达陕北，并促成抗日民族统一战线的建立，实现全民族的抗日战争。在土地革命战争后期和抗日战争初期，毛泽东相继发表了《中国革命战争的战略问题》《抗日游击战争的战略问题》《论持久战》《论新阶段》《战争和战略问题》等长篇军事论著，还发表了《实践论》《矛盾论》等包含着丰富军事内容的重要哲学著作。在上述著作里，毛泽东系统地阐述了关于人民军队、人民战争以及人民战争的战略战术的理论和原则，提出研究和指导战争的认识论和方法论，着重解决了关于战略防御，以及游击战争的战略战术和抗日战争的指导路线等一系列重大的理论和实践问题。其军事思想已经在多方面展开而达到成熟，标志着毛泽东军事思想作为一个科学体系已经建立起来。解放战争时期，毛泽东同朱德、周恩来等组织指挥了一系列重要战役，尤其是辽沈、淮海、平津、渡江等大规模战役，并且根据新的经验撰写了《集中优势兵力，各个歼灭敌人》《三个月总结》《解放战争第二年的战略方针》《十大军事原则》等著作。这样，毛泽东军事思想不但有了战略防御的系统理论，而且有了关于战略进攻、战略决战和战略追击的系统理论，标志着毛泽东军事思想的科学体系有了重大发展。中华人民共和国成立以后，毛泽东根据中国共产党在新的历史阶段的总任务，提出了将人民军队建设成为强大的现代化国防军的历史任务，着重总结了抗美援朝期间同当时具有世界第一流现代化装备的敌人进行作战的经验，阐述了在现代条件下进行人民战争的若干新的军事原则，并且领导制定了保卫社会主义祖国、准备进行反侵略战争的战略方针。毛泽东军事思想在社会主义革命和社会主义建设时期继续得到发展。

二、毛泽东军事思想主要内容

毛泽东军事思想作为一个科学体系，有着极其丰富的内容。主要表现在以下几个方面。

1. 毛泽东军事思想把建立一支人民的军队作为武装斗争的首要问题提出

毛泽东认为："没有一支人民的军队，便没有人民的一切。"他要求中国共产党和中国人民充分认识人民军队在革命进程中的重要作用。在中国进行新民主主义革命斗争的过程中，夺取政权离不开武装斗争，革命的主要的斗争形式是战争，主要的组织形式是军队，各种民众斗争和民众组织都是重要的和不可缺少的，但这些斗争和组织都是为革命战争的。毛泽东军事思想系统地解决了把一支以农民为主要成分的队伍，建设成为无产阶级性质的、同人民群众保持密切联系的、具有严格组织纪律和高度军事素养的新型人民军队的理论、方针和原则问题。中国共产党领导的人民军队，是为了维护人民群众的根本利益而建立而战斗的，它是执行革命政治任务的武装集团，全心全意为人民服务是这支军队的唯一宗旨和根本属性。它永远是一支战斗队，也担负着有利于国家和人民的工作队、生产队任务（见三大任务）。这支军队作为忠实执行中国共产党政治纲领的斗争工具，必须置于中国共产党的绝对领导之下，坚持党指挥枪的原则，而绝不允许枪指挥党。在军队中建立的中国共产党的各级组织，是各级部队的领导核心；各级党委集体领导下的首长分工负责制，是中国共产党对军队实施领导的根本制度。毛泽东把群众路线系统地运用于军队建设的各个方面，成功地建立了有领导的民主制度，实行政治民主、军事民主和经济民主（见三大民主），保证官兵一致、上下一致；严格执行三大纪律八项注意，尊重政府，爱护人民，使人民群众把这支军队看成自己的子弟兵，保证军民一致，从根本上改变了旧式军队与人民对立的现象。这支军队建立了强有力的革命政治工作，推行进步的政治教育，造成生动活泼的政治局面，以保证中国共产党的路线方针政策的贯彻执行，保证军队各时期任务的顺利进行，保证军政首长命令指示的付诸实施，保证全体官兵充分发挥为人民而战的积极性和创造性，保证军队各项任务的胜利完成（见中国人民解放军政治工作）。毛泽东军事思想强调人民军队要从低级阶段逐步向高级阶段发展，提出了加强现代化、正规化建设的历史任务，重视发展新式武器，要求不断用好的武器和新的技术装备这支军队，进行严格的训练；努力提高军事水平、政治水平和科学文化水平，加强战备，增强作战能力，随时能够抵御外敌入侵，维护国家安全。

2. 毛泽东军事思想的另一个重要组成部分，是关于人民战争的思想

毛泽东认为，革命战争是群众的战争，人民群众是战争伟力之最深厚的根源，是革命战争的主体和胜利之本。动员群众参加战争，依靠群众进行战争，就造成了克服一切战争困难的条件，从而能赢得革命战争的胜利。在经济落后的中国，只有在农村建立革命根据地，把武装斗争、土地革命和建立政权结合起来，使之成为发动群众、扩大武装、准备干部、发展生产和支持长期战争的战略基地，并向全国做波浪式推进，才能取得全国性胜利。在武装力量方面，人民军队是进行人民战争的骨干力量，同时实行主力兵团和地方兵团相结合，正规军和游击队、民兵相结合，武装群众和非武装群众相结合的体制，这样就能最有效地发挥全体军民的战争伟力。实行人民战争，还要把武装斗争这个主要斗争形式同其他许多必要的斗争形式直接或间接地结合起来，也就是说，把武装斗争同工人的斗争、同农民的斗争（这是主要的）、同青年的和妇女的斗争、同经济战线和思想战线上的斗争、同合法的和非法的斗争，在全国范围内配合起来。要尽可能多地扩大自己的同盟军，团结最大多数的人民革命力量，孤立和打击敌人，推动革命战争的发展。

3. 毛泽东军事思想包括一整套适合中国情况的、以灵活机动为特点的独特的战略战术

这是中国人民军队在敌强我弱的条件下，经过长期革命战争实践的锻炼所形成的。中国共产党领导的革命战争，在作战指导上从来不拘一格，强调一切从敌我双方实际

情况出发，主动、灵活地使用自己的力量，你打你的，我打我的，打得赢就打，打不赢就走；有什么枪打什么仗，对什么敌人打什么仗，在什么时间地点打什么时间、地点的仗；利用敌方的一切矛盾，孤立和打击敌人，扬长避短，趋利避害，敌变我变。人民战争的战略战术，要求人民军队自觉地贯彻“保存自己，消灭敌人”的战争目的。防御时，要实行积极防御，反对消极防御。在战略上实行内线的持久的防御战，在战役战斗上实行外线的速决的进攻战，是战略防御阶段必须遵循的原则。通过战役、战斗的进攻战，转变敌优势、己劣势的力量对比，把战略防御导向战略进攻。同时，进行军事战略转变，要适时转换和采用恰当的作战形式。就战争全过程而言，运动战是大量歼灭敌人、解决战争命运的基本作战形式。阵地战是消耗敌人和歼灭敌人的重要作战形式。在中国革命战争中，阵地战在战略防御阶段主要是执行阻击和钳制敌人的任务，以配合和辅助运动战；在战略进攻中，则要执行攻歼据守城市之敌、夺取地方的重要任务。游击战是从战略、战役、战术上配合正规战的不可缺少的作战形式。根据战争各时期、各阶段、各地区的具体任务和实际情况，把运动战、阵地战和游击战三种作战形式有机结合起来，互相协同，是作战指导的重要任务。战场作战的基本方针是歼灭战，以歼灭敌人有生力量为主要目标，力求避免打消耗战。强调集中优势兵力，各个歼灭敌人，大胆迂回包围和穿插分割，力求全歼和速决，不使敌人漏网。在特殊情况下则给敌以歼灭性打击，即歼灭敌人一部兵力，击溃敌人另一部兵力。为实现歼灭战，必须审慎地选择打击方向和歼击目标，拣弱的打，先打分散孤立之敌，后打集中强大之敌。对于初战持慎重态度，要求不打则已，打则必胜。在决战问题上，执行有利的决战，避免不利的决战。进攻时防止冒险主义，防御时防止保守主义，退却时防止逃跑主义。实行人民战争的战略战术，还要求不打无准备之仗，不打无把握之仗，每战力求有准备，力求在敌我条件对比下有胜利的把握；重视后勤保障和军队的适时休整。毛泽东指出，这些战略战术都是建立在人民战争基础之上的，只有革命军队才能够有效地运用它。

4. 毛泽东运用辩证唯物主义和历史唯物主义理论研究、指导中国革命而形成的战争观和方法论，是毛泽东军事思想的理论基础

毛泽东军事思想对战争起源、战争性质、战争目的、现代战争根源，以及无产阶级对于战争的态度等问题做了精辟的阐释。毛泽东指出，战争是从有私有财产和有阶级以来就开始了的，用以解决阶级和阶级、民族和民族、国家和国家、政治集团和政治集团之间，在一定发展阶段上的矛盾的一种最高斗争形式。战争本身就是政治性质的行动，自古以来没有不带政治性质的战争。然而，战争又不是一般意义上的政治，而是流血的政治。政治发展到一定的阶段，再也不能前进了，于是爆发战争，用以扫除政治道路上的障碍。毛泽东认为，在阶级社会中，革命和革命战争是不可避免的，舍此不能完成社会发展的飞跃。无产阶级反对一切阻碍社会进步的非正义战争，拥护一切推动社会发展的正义战争，支持和参加正义战争是为了最终消灭战争，不要枪杆

子必须拿起枪杆子。毛泽东认为，战争是力量的竞赛，战争力量是物质因素与精神因素的结合物。军事家不可能超越既定的客观物质基础（作战双方的军事、政治、经济、自然诸条件）去祈求战争的胜利，然而可以而且必须在既定的客观物质基础上能动地争取战争的胜利。使客观物质基础所提供的胜利可能，转变为胜利的现实，人的能动作用是最活跃的因素。在认识战争的制胜因素问题上，既要防止过分夸大精神作用的唯意志论，又要防止过分夸大物质作用的机械论。毛泽东指出，从本质上和从长远上看，帝国主义和一切反动派都是纸老虎，应从这点上建立无产阶级的战略思想；但它们又是活老虎、铁老虎、真老虎，应从这点上建立无产阶级的策略思想和战术思想。在反动势力强大而革命力量弱小的条件下，革命人民在一定的物质基础上，敢于斗争，善于斗争，经过主观能力的活跃，是能够逐渐转变双方力量对比，最后获得革命战争胜利的。毛泽东强调指出，战争现象较之其他社会现象更带所谓“盖然性”，然而，战争也是一种物质的运动现象，是有规律的，战争规律也是可以认识的。熟识敌我双方各方面的情况，找出其行动规律，并且应用这些规律于自己的行动，是进行正确的作战指导的基本方法。从实际出发研究战争和指导战争，不但要求熟识和运用一般的战争规律，尤其要求熟识和运用特殊的战争规律，着眼于特点和着眼于发展，善于按照运动着发展着的战争情况，灵活地使用兵力和变换战法，防止作战指导上不区分时间、地域、性质差别的教条主义或经验主义。作战指导要有战略头脑和全局观念，善于观照全局，掌握关节，抓住战略枢纽部署战役，抓住战役枢纽部署战斗，以局部服从全局。作战过程中，要在周密组织侦察的基础上，进行客观的判断，定下正确的决心，建立合理的部署，并根据客观情况的实际变化，及时修正决心，积极机断行事，实现作战指导上的主动性、灵活性和计划性。这些，都是把马克思主义的唯物论辩证法运用于作战指导的重要表现。

5. 毛泽东军事思想的精髓，就是一切从战争的客观实际出发，实事求是地研究战争和指导战争

毛泽东以回答和解决中国革命战争的实践和理论问题为出发点和落脚点，按照中国的客观实际，成功地把马列主义普遍真理运用到中国革命战争的战争指导上。毛泽东军事思想作为战争实践的理论升华，源于实践，指导实践，并接受实践的检验。毛泽东军事思想是在同中国共产党内的以脱离实际为特点的各种错误倾向做斗争，并在深刻总结这方面的历史经验的过程中，逐渐产生、形成和发展起来的。这种一切从客观实际出发、实事求是的品格，正是毛泽东军事思想的突出特征。毛泽东军事思想不只是毛泽东个人智慧的产物，它是对中国共产党领导的革命战争实践经验的科学总结。它又是毛泽东和他的战友们的共同创造。中国革命战争是在若干彼此分割、互不相连的地方发生和发展起来的。从土地革命战争时期的“红色割据”区域，发展到抗日战争时期的各抗日民主根据地，再发展到解放战争时期的各解放区，虽然革命根据地在不断扩大，但在相当长的时间里，革命力量是处于被敌人分割的状态。在这种斗争环

境中，各革命根据地不仅各自创造了适应地区特点的丰富多彩的斗争手段，而且造就了一大批能够独当一面的革命领袖人物。中国共产党的许多领导人对毛泽东军事思想的形成和发展做出了重要贡献。他们之中有的同毛泽东一起起草过军事文献；有的参加过重大决策的讨论，其卓越见解被概括于毛泽东起草的军事文献之中；有的发表过自己的军事论著，对毛泽东军事思想进行了深刻的阐释和必要的补充。全党、全军和全体革命人民在规模空前的人民战争中所显示出来的聪明才智，成为毛泽东军事思想最宝贵的源泉。中国革命战争的丰富实践经验，成为毛泽东军事思想最深厚的基础。毛泽东则是中国无产阶级军事理论的奠基人和集大成者。

三、毛泽东军事思想的意义和影响

毛泽东军事思想继承和发展了古代、近代和现代的中外优秀军事理论，尤其是继承和发展了马克思列宁主义的军事理论。马克思和恩格斯在资本主义上升时期创立无产阶级关于战争和军队的学说，奠定了无产阶级军事理论的基础。列宁研究了帝国主义时代的战争问题，把马克思主义军事理论推进到新的阶段。斯大林对马克思列宁主义军事理论也做出了自己的重要贡献。毛泽东军事思想在半殖民地半封建的社会条件下，创造性地解决了中国革命武装斗争的指导问题，尤其是在创建农村革命根据地，坚持走农村包围城市、最后夺取城市的道路，建设以农民为主体的军队，实行积极防御和灵活运用战略战术，以及在人民民主专政条件下加强国防现代化建设等重要方面，丰富和发展了马克思列宁主义军事理论，成为马克思列宁主义军事理论宝库中具有中国特色的最新财富。

恩格斯曾经指出："18世纪的伟大思想家们，也和他们的一切先驱者一样，没有能够超出他们自己时代所给予他们的限制。"毛泽东军事思想是20世纪上半叶中国社会变革的产物，当然不能不受到特定历史条件的限制。学习和研究毛泽东军事思想，必须从毛泽东军事思想整个体系中去获得正确的理解。认识毛泽东军事思想的精神实质，掌握毛泽东军事思想的基本原理，特别是运用辩证唯物主义和历史唯物主义来研究战争问题的立场、观点和方法，是具有普遍指导意义的；那些针对当时革命战争实践所做的具体结论，在一定的历史范围内，它们是适用的，超出一定的历史范围，就可能不再适用。对毛泽东军事思想采取教条主义的态度，把具体结论当作普遍真理而机械移用，无论在理论上和实践上都是有害的，也是毛泽东本人所坚决反对的。毛泽东军事思想并没有结束真理，而是为我们开辟了进一步认识和发展无产阶级军事理论的广阔道路。毛泽东逝世之后，毛泽东军事思想在新的军事实践中继续得到发展。

四、毛泽东军事思想的历史地位

毛泽东军事思想，是中国的无产阶级军事理论。在毛泽东军事思想的指导下，中国人民取得了土地革命战争、抗日战争和解放战争的胜利。毛泽东军事思想是中国革命战争胜利的光辉记录，中国革命战争的伟大胜利，充分肯定了毛泽东军事思想的历史地位。新中国成立以后，它又指引中国人民取得了国防现代化建设、抗美援朝战争和边境自卫反击作战的伟大胜利。毛泽东军事思想是被实践证明了的正确的军事理论。它的基本理论，特别是那些反映了事物本质规律的原理、原则，具有广泛的普遍的指导意义。它对中国国防现代化建设的未来反侵略战争将继续发挥指导作用。毛泽东军事思想从它形成之日起，就受到国外的注意。在中国革命战争取得胜利后，毛泽东军事思想更是受到世界各方面人士的重视。许多人对它进行研究和学习，它已经越出国界，成为世界军事理论研究的重要对象。20 世纪六七十年代，毛泽东军事思想在第三世界广泛传播，成为许多国家被压迫民族和被压迫人民争取民族独立和解放的强大思想武器。毛泽东军事思想在世界军事思想史上占有重要的地位，是当代世界具有重大影响的军事思想。

第三节　毛泽东军事思想的继承与发展

党的十一届三中全会以来，历届党的领导核心，在建设有中国特色社会主义的历史进程中，开创了中国特色精兵之路，为使我军“打得赢，不变质”，创造性地总结和提出了新时期国防和军队建设思想。其基本内容包括当代战争与和平、关于国防建设的关系、关于新时期军事战略和军队建设等一系列根本问题。这些理论反映了在新的历史条件下中国国防建设和军队建设的基本规律，是对毛泽东军事思想的继承和发展。

一、毛泽东思想对当今党建的指导意义

毛泽东党建思想的内容非常丰富而深邃，它回答了为什么要建党，建设一个什么样的党，怎样建设党以及怎样实现党的领导等重大问题，是关于党的思想建设、组织建设、作风建设、反腐倡廉建设、制度建设的理论体系，概括起来主要有十个方面。毛泽东思想中关于党的自身建设的理论经过了长期的形成与发展的过程，构成了一个科学的体系。结合当前党的执政条件的变化，毛泽东党建思想中一些理论观点尤为珍贵。例如，对党的自身建设所处客观环境的分析；把思想建设放在党的建设的首位的观点；拓展党的群众基础的观点；民主集中制的组织原则；发扬党的优良传统和作风，实施党的建设的伟大工程等。特别需要指出的是，毛泽东还适时提出了在执政条件下如何加强党的自身建设这一重大问题，并就这一问题提出了一系列有价值的观点，其中包括“两个务必”，反对官僚主义，防止特权阶层，培养千百万无产阶级革命事业接班人等。这些观点对于今天的党的建设、新的伟大工程的实施，仍然有重要的现实意义。重视从思想上建设党、始终把思想理论建设放在首位，这是毛泽东党建思想的核心内容，也是中国共产党自身建设的突出特点，更是当今党的建设中仍旧需要重点注

重的地方，这关系到一个党发展的方向。如今的中国，是改革开放的中国，时刻受到资产阶级思想的冲击，与资产阶级挂钩是党在建设上最敏感的地方，更需要坚持毛泽东思想中党建的指导，如若不然，党的本质就会变味，党的信仰就会被侵蚀。可见，毛泽东思想为中国共产党指明了正确的方向，当今的中国发展得如何快，党的信仰不能动摇，党的本质不能改变，这也说明了毛泽东思想对当今党建，以及未来党建的指导意义。

二、毛泽东思想与当今社会主义建设

现如今，我国的时代主题内容是和平与发展，而毛泽东思想的主要内容就是关于如何促进我国社会的进步发展。如果一些人简单地认为毛泽东思想的主要内容与革命密切相关的话，那么只能说这些人考虑的还不够深刻，因为革命并不是作为目的而存在的，革命的产生是在特殊的时代背景之下，为了更好地实现我国社会的现代化，为时代的进步发展消除一些障碍，所以说，社会的发展以及现代化才是毛泽东思想的主要内容。并且从当代中国特色社会主义建设的实践来看，毛泽东思想正在指导着中国特色社会主义建设。一方面，作为中国特色社会主义建设制度保障的社会主义基本制度，是按照毛泽东思想关于中国在革命胜利后发展方向的基本理论和关于社会主义社会的基本构想而建立的。如关于人民民主专政、人民代表大会、人民政协、中国共产党的领导、中国共产党领导下的多党合作、民族区域自治、社会主义公有制、按劳分配、马克思主义在意识形态的指导地位等都是如此。上述这些基本制度是中国特色社会主义建设的制度保障，没有它们，就没有中国特色社会主义建设。离开它们，中国特色社会主义建设就会误入歧途。另一方面，前述的毛泽东思想的基本方法和许多原则、方针、政策已为邓小平理论所继承、所发展，成为我国政治生活的指导思想。还有如何严格区分和正确处理敌我矛盾和人民内部矛盾的思想。这些都对我们当今社会主义有着深刻的启示作用，对中国特色社会主义建设道路的探索具有重要的指导意义。只要把毛泽东思想与现实生活联系起来，我们就会鲜明地感受到毛泽东思想的现实性，而摆脱隔膜感。

三、毛泽东思想与当代政治与文化的发展

当代中国的政治发展，只能建立在人民民主专政、人民代表大会制度、中国共产党领导的多党合作和政治协商制度、民族区域自治制度等各项不可移易的基本制度之上，而关于这些基本制度的阐述，正是毛泽东政治思想的基本内容。同时，毛泽东等关于正确处理人民内部矛盾是国家政治生活的主题的思想，关于造成一个既有民主又有集中，既有纪律又有自由，既有统一意志又有个人心情舒畅、生动活泼的政治局面的思想，关于扩大民主、反对官僚主义的思想，关于制定比较完备的法律、健全中国法制的思想，关于我国人民政治生活中判断言论和行动是非的标准的思想等，对当前

的社会主义政治体制改革和政治文明建设具有显著与直接的现实价值。毛泽东思想中的文化观点主要包括：关于“向科学进军”，关于德、智、体全面发展的教育方针，关于知识分子工作，关于思想道德建设和思想政治工作，关于“百花齐放、百家争鸣”和“古为今用、洋为中用”的文化工作基本方针等。这些思想对于中国特色社会主义文化的发展同样具有积极的意义。毛泽东的文化思想是科学的、民族的、人民的文化思想。毛泽东思想本身就是一种文化，是中华民族最优秀的文化，是中国传统文化的精华与马克思主义有机结合的光辉范例。民族的文化是毛泽东文化思想的形式，科学的社会主义文化是内容，发展人民文化，为人民发展文化。人民的文化是文化的本质属性，在新民主主义历史阶段，文化的任务是反帝、反殖民主义、反封建主义、反官僚主义的。在社会主义历史阶段，发展属于社会主义政治和经济的文化，文化为社会主义的政治和经济服务。反对修正主义、资本主义，宣传科学社会主义的文化。在毛泽东文化思想的指引下，从新民主主义革命到社会主义革命，逐渐形成和发展起来的革命文化，是中国人民宝贵的精神财富。如今的中国是多元化的中国，我们不能固守某种思想，而是要借鉴和吸收各种思想的先进性，集百家之所成，然后不断创新，方可更进一步促进现代中国的发展。

四、毛泽东思想与现代中国的经济发展

毛泽东思想中包含着丰富的关于中国经济发展的观点。例如，关于以农轻重为序、协调处理各种经济关系的中国工业化道路的思想；关于在综合平衡中稳步前进、统筹兼顾和自力更生为主、争取外援为辅的经济建设的指导方针；关于正确处理公有制内部及其与其他经济成分之间关系的经济体制改革思想；关于计划与市场及其相互关系、商品与价值规律、中央与地方的关系以及企业内部的改革等一系列涉及经济运行机制和管理体制的思考等。这些与发展中国经济密切相关的思想观点，对当代中国的经济改革与经济发展仍具有积极意义。虽然如今的中国已不同于昔日的中国，改革开放给中国带来了崭新的外貌，但是这些思想对现代经济发展仍有借鉴的价值所在，特别是毛泽东的战略思想。当今的经济社会太复杂，涉及社会的方方面面，以至于难以找出带动社会发展的战略。如果借用毛泽东的战略思想，在战略的高度上统领全局，统领现代的经济发展，特别是从产业，我想也有利于社会经济的发展。

五、毛泽东思想与当今国防建设

毛泽东思想从中国革命战争和国防建设的实践中，总结了具有普遍指导意义的军事作战规律，它永远是我军建军和作战的根本指导思想。对毛泽东军事思维品格、国家安全战略、两岸统一对策、遏制战争理论、军事政治战、核战略思想和军事变革思想等问题的研究，不仅有新意，而且有深度。毛泽东军事思想与时俱进的理论品格，生动体现在代表人民群众的根本利益，开展人民战争的根本立场；从中国的国情军情

实际出发，坚持实事求是的思想路线；客观反映出战争指导规律、国防和军队建设规律的科学态度；创造了高超的以弱胜强的战争指导艺术。这些思想及理论虽然是在新中国成立前后时期提出，却对后来的中国，甚至国际有着深刻的影响。在军事方面，毛泽东军事思想既可以为我们抵制当代军事思想中形形色色的错误观点和思潮，正确地观察思考战争与和平、军事斗争与军事建设问题，提供一套科学的思路，又可以为我们新时期的国防和军队建设，特别是高技术条件下的建军与作战，提供研究新情况、探索新规律、解决新问题的锐利思想武器。在非军事方面，毛泽东军事思想所揭示的能使人举一反三、触类旁通的军事哲理，在现代社会中具有普遍的适应性和融通性。无论是政治、经济、科技、外交等各条战线，还是思想、文化、体育等各个行业，总之凡一切存在矛盾斗争和开创性活动的领域，毛泽东军事思想都能从立场、观点和方法等多方面，拨动、启迪人们的创造智慧，从中总结、抽象出科学的指导原则和实践策略。并且，毛泽东思想中还创造性地把马克思主义的辩证唯物主义和历史唯物主义引入军事领域，不仅系统地阐明了战争与政治、经济和地理的关系，深刻地揭示了战争的本质，科学地提出了军事辩证法的若干范畴，揭示了战争指导者认识战争运动的辩证过程，具有长期而普遍的学习与应用价值。毛泽东军事思想的影响已经超越国界，它曾是我军克敌制胜的法宝，而今更是在现代社会中具有普遍的适应性和融通性，在世界军事思想史上占有重要的地位，成为全世界革命人民的共同财富，并将永远载入人类进步事业的史册。

六、毛泽东军事思想对国防思想的意义

(1) 毛泽东军事思想与时俱进的理论品格，生动体现在代表人民群众的根本利益，开展人民战争的根本立场；生动体现在从中国的国情军情实际出发，坚持实事求是的思想路线；生动体现在客观反映战争指导规律、国防和军队建设规律的科学态度；生动体现在创造了高超的以弱胜强的战争指导艺术。

(2) 所揭示的军事规律达到了空前的广度和深度。

(3) 提供了具有普遍意义的军事问题认识论和方法论。在军事方面，毛泽东军事思想既可以为我们抵制当代军事思想中形形色色的错误观点和思潮，正确地观察思考战争与和平、军事斗争与军事建设问题，提供一套科学的思路，又可以为我们新时期的国防和军队建设，特别是高技术条件下的建军与作战，提供研究新情况、探索新规律、解决新问题的锐利思想武器。在非军事方面，毛泽东军事思想所揭示的能使人举一反三。

(4) 毛泽东军事思想继承和发展了古代、近代和现代的中外优秀军事理论，尤其是继承和发展了马克思列宁主义的军事理论。

(5) 毛泽东军事思想具有强烈的与时俱进特征，对当今中国国防思想的发展具有不可磨灭的作用，有利于国防思想的不断改善与发展，从而促进国防建设的发展与

巩固。

（6）毛泽东军事思想的核心思想是人民战争思想，毛泽东军事思想的基本原理，特别是运用辩证唯物主义和历史唯物主义来研究战争问题的立场、观点和方法，对国防思想具有普遍指导意义。

（7）毛泽东军事思想并没有结束真理，而是为我们开辟了进一步认识和发展无产阶级军事理论的广阔道路，并为我国国防思想的发展做出了重大的铺垫，有利于促进新时代国防思想的发展与确立。

（8）毛泽东军事思想的理论和使用价值得到举世公认，是人类优秀文化的灿烂结晶。毛泽东军事思想是绝对真理和相对真理的辩证统一，是一个开放的、发展的科学体系。毛泽东军事思想是我军建设的指南，是我军克敌制胜的重要法宝、积极的防御思想，仍然是我国未来反侵略战争的指导思想，更有利于促进我国国防思想的发展与完善，促进我国各方面的强大，更好地屹立在世界之林。

总而言之，毛泽东思想不是在个别方面，而是在许多方面以其独创性理论丰富和发展了马克思列宁主义，构成一个博大精深的科学思想体系。在21世纪，在建设有中国特色社会主义的历史新时期，我们仍然要坚持和发展毛泽东思想，因为毛泽东思想是我们党领导全国人民团结战斗的光辉旗帜，是指导我们开创社会主义现代化建设新局面的一种精神支柱，我们一定要完整准确地理解毛泽东思想的科学体系，运用它来指导我们的各项工作。当然，我们在坚持毛泽东思想的同时还必须发展毛泽东思想，坚持是基础，发展是关键，只有发展才能更好的坚持；而坚持和发展都必须为建设有中国特色的社会主义服务。学好毛泽东思想，了解毛泽东思想的主要内容、基本原理，掌握毛泽东思想活的灵魂，可以使我们更好地了解中国共产党领导中国革命的建设，把马克思列宁主义同中国实际相结合的历史经验，掌握中国革命和建设的发展规律，以便为建设有中国特色的社会主义服务。更重要的是毛泽东思想经过了中国革命和建设长期实践的检验，已被证明是颠扑不破的科学真理，对现代中国的各方面发展都有指导意义与现实意义。

第四节　军队和国防建设思想的发展

党的十一届三中全会以来，历届党的领导核心，在建设有中国特色社会主义的历史进程中，开创了中国特色精兵之路，为使我军“打得赢，不变质”，创造性地总结和提出了新时期国防和军队建设思想。其基本内容包括当代战争与和平、关于国防建设的关系、关于新时期军事战略和军队建设等一系列根本问题。这些理论，反映了在新的历史条件下中国国防建设和军队建设的基本规律，是对毛泽东思想的继承和发展。

一、邓小平新时期军队建设思想

邓小平新时期军队建设思想是邓小平同志在中国社会主义新时期，为指导中国军队建设和国防建设而提出的系统理论，是对毛泽东军事思想尤其是建军思想的继承和发展，是新的历史条件下军队建设和改革的依据，是建设有中国特色的社会主义理论的重要组成部分。

（一）邓小平新时期军队建设思想的主要内容

邓小平新时期军队建设思想是一个具有丰富内容的完整的科学体系。邓小平新时期军队建设思想包括 11 个方面的内容：军队和国防建设指导思想实行战略性转变；军队要服从整个国家建设的大局；军队要担当起维护国家主权和安全的历史责任；实行积极防御的军事战略方针；建设一支强大的现代化、正规化的革命军队；始终不渝地坚持人民军队的性质；中心是解决现代化的问题；提高军队建设的正规化水平；要把教育训练提高到战略地位；坚定不移地走有中国特色的精兵之路；军队和国防建设是全党和全国人民的事业。这一科学体系的精髓，主要体现在以下方面。

（1）军队和国防建设指导思想要实行战略性转变。邓小平认为，和平与发展是时代的主题，战争的威胁依然存在，但推迟或制止世界战争的爆发已成为可能，世界大战在一定条件下可以避免，但霸权主义仍然是对世界和平的最大威胁，局部战争已成为主要战争形态；我国周边安全环境发生了根本性好转，但仍然存在着各种现实的和潜在的威胁。稳定世界局势，实现和平与发展，要有新的途径和新的方法，即用“和平方式”和“共同开发”的办法解决国际争端。

（2）军队建设要服从国家建设的大局。军队建设要以国民经济为基础，军队和国防建设要与国家经济建设协调发展。一是国防建设指导思想要从长期以来“早打、大打、打核战争”的临战状态，转变到和平时期现代化建设的轨道上来；二是要实现国防建设与国家经济建设的协调发展。

（3）实行积极防御的军事战略方针。贯彻积极防御的战略方针，是维护国家主权和安全的需要，也是由我国社会制度决定的。邓小平指出：“我们未来反侵略战争，究竟采取什么样的战略方针？我赞成就是‘积极防御’四个字。”我国对战争问题的基本原则是：“人不犯我，我不犯人，人若犯我，我必犯人。”实行积极防御的战略方针，要把立足点放在遏制战争的爆发上，注重研究现代战争，把着眼点放在打赢现代高技术条件下的局部战争上，军事战略要从维护国家安全利益出发，用和平方式解决对抗性争端和矛盾，注重发展综合国力，从根本上增强军事实力，提高威慑能力。

（4）建设一支强大的现代化正规化革命军队。军队建设要以革命化为前提、现代化为中心、正规化为重点，全面建设现代化、正规化、革命化的军队；要把教育训练摆到战略地位，努力提高部队战斗力；要搞好体制改革和精简整编，建立科学的体制编制；实现军队正规化，要依法治军，科学管理；要加强和改进新时期军队政治工作，保证党对军队的绝对领导，保证军队高度稳定和集中统一。

(5) 现代战争条件下要坚持和发展人民战争思想。邓小平根据现代战争的特点和规律，结合我国的实际情况，在继承毛泽东人民战争思想的基础上，提出了“现代条件下人民战争”的思想。围绕这一思想，邓小平特别强调人民战争的形式要与现代战争的特点相吻合；强调现代条件下从事人民战争的人必须具有很高的素质；强调在军队精简的情况下，尤其要搞好民兵和预备役的建设；要研究现代战争条件下人民战争的战略战术；要保持和发扬我党我军的优良传统，发挥人民战争的政治优势。

(二) 邓小平新时期军队建设思想的地位和作用

1. 邓小平新时期军队建设思想是继承和发展毛泽东军事思想的典范

在新的历史条件下，邓小平新时期军队建设思想为毛泽东军事思想做出了历史性的贡献。邓小平作为我党我军的第二代领导核心和统帅，不仅是毛泽东军事思想的创建者之一，也是毛泽东军事思想在新的历史条件下的主要坚持者和发展者。邓小平强调，对待毛泽东军事思想，要自觉抵制和批判毛泽东军事思想不需要发展的“顶峰论”、不允许发展的“凡是论”和反对发展的“过时论”，必须把毛泽东军事思想看作一个科学体系，强调在新的历史条件下运用毛泽东军事思想，须在坚持中发展，在发展中坚持；强调必须运用毛泽东军事思想的立场、观点和方法，在实践中，不断认识新状况和解决新问题。邓小平新时期军队建设思想，是新时期继承和发展毛泽东军事思想的典范，或者说，是新时期发展了的毛泽东军事思想。

2. 邓小平新时期军队建设思想是新时期我军军事理论的集中体现

在新的历史条件下，我军建设和军事斗争出现了许多新情况新问题，照搬过去的经验是难以解决的，必须有我们自己的军事理论和指导方针。邓小平对新时期军队建设和军事斗争中许多重大问题的研究和探讨，是以新的认识、新的理论深度总结我军历史经验，探索新的建军经验。新时期我军军事理论的发展，源于新时期我军军事实践的需要与发展，是时代的需要，是在新的历史条件下尊重军队建设规律，发展新的军事理论的创造。邓小平继承和发展了毛泽东军事思想，比较系统地回答了在当代中国如何建设一支现代化革命军队的重大问题，提出了新时期我军建设中一系列重大方针和原则，形成了新时期我军军事理论的主体，是具有中国特色的当代马克思主义军事理论。

3. 邓小平新时期军队建设思想是新时期我军建设的强大思想武器

伟大的实践需要科学理论的指导，科学的理论只有在指导实践中才能发挥巨大的作用。应该说，新的历史条件下，坚持运用科学的军事理论去指导新时期的军队实践，不仅关系到军队建设和国防建设的前途和命运，而且关系到整个国家的盛衰和兴亡。今天，我军与过去相比，有了令人瞩目的变化。然而，能否逐步实现现代化、正规化革命军队的目标，势必对军队全面建设提出新的要求，需要我们不断地实践和探索，邓小平新时期军队建设思想为我们完成这个伟大的实践和探索提供了世界观和方法论的指导，它将有效地保证我军沿着健康发展的轨道前进，使我军战斗力的提高与社会主义国家现代化的进程同步发展。

二、江泽民国防和军队建设思想

（一）江泽民国防和军队建设思想的主要内容

江泽民国防和军队建设思想，是江泽民根据新形势新情况，对新时期我军建设、国防建设和军事战略等基本问题的科学理论体系，是新形势下对毛泽东军事思想、邓小平新时期军队建设思想运用的科学结晶。江泽民国防和军队建设思想的理论体系包括 14 个方面的内容：从国际战略全局和国家发展大局谋划国防和军队建设；解决好“打得赢、不变质”两个历史性课题；党对军队的领导是我军永远不变的军魂；积极推进中国特色的军事变革；用新时期军事战略方针统揽军队建设全局；按照“五句话”总要求全面加强军队建设；始终把思想政治建设摆在军队各项建设的首位；实施科技强军战略，加强军队质量建设；培养和造就大批高素质的新型军事人才；加快我军武器装备现代化建设的步伐；走出一条投入较少、效益较高的军队现代化建设路子；坚持依法治军、从严治军；军队现代化建设动力在改革；依靠人民建设军队、建设国防。

（二）江泽民国防和军队建设思想的地位和作用

江泽民国防和军队建设思想是毛泽东军事思想、邓小平新时期军队建设思想在新形势下的继承和发展，在马克思主义军事理论的发展史上具有重要的历史地位，深刻揭示了和平时期建军治军的特点和规律，是国防和军队建设实践的科学指南。

三、胡锦涛国防和军队建设思想

（一）胡锦涛国防和军队建设思想的主要内容

胡锦涛国防和军队建设思想，是新世纪新阶段用科学发展观统筹国防和军队现代化建设，打赢信息化战争的军事指导理论，是毛泽东、邓小平和江泽民国防与军队建设思想的丰富和发展，是科学发展观在国防和军事领域的展开和延伸，是当代中国马克思主义的创新军事理论。胡锦涛国防和军队建设思想的主要内容包括：科学确立新世纪新阶段军队历史使命；把科学发展观确立为加强国防和军队建设的重要指导方针；创新发展新形势下思想政治建设；全面提高军队有效履行使命任务的能力；积极推进国防和军队建设各领域改革；把以人为本作为重要的建军治军原则；走中国特色军民融合式发展的路子。

（二）胡锦涛国防和军队建设思想的地位和作用

胡锦涛国防和军队建设思想科学回答了在世界大发展大变革大调整、我国全面建设小康社会的历史条件下，推进国防和军队建设科学发展、全面履行新世纪新阶段我军历史使命的重大课题，开辟了党的军事指导理论创新发展新境界。胡锦涛国防和军队建设思想作为科学发展观的重要组成部分，是科学发展观在军事领域的运用和展开，是新形势下推进国防和军队建设的科学指南。

四、习近平国防和军队建设重要论述

党的十八大以来，习近平主席着眼坚持和发展中国特色社会主义、实现中华民族伟大复兴中国梦，对加强国防和军队建设做出了一系列重要论述，这些重要论述是对毛泽东军事思想、邓小平新时期军队建设思想、江泽民国防和军队建设思想、胡锦涛国防和军队建设思想的继承和发展，为在新的历史起点上加快推进国防和军队现代化提供了根本遵循。

（一）习近平国防和军队建设重要论述的主要内容

习近平国防和军队建设重要论述的内容十分丰富，概括起来有以下 10 个方面：充分认清国家安全形势的复杂性和严峻性；为实现中国梦提供坚强力量保证；建设一支听党指挥、能打胜仗、作风优良的人民军队；确保军队绝对忠诚、绝对纯洁、绝对可靠；确保军队召之即来、来之能战、战之必胜；始终保持我军光荣传统和优良作风；努力造就能够担当强军重任的优秀军事人才；切实打牢实现强军目标的坚实基础；完善和发展中国特色社会主义军事制度；为实现强军目标提供坚强思想和组织保证。

（二）习近平国防和军队建设重要论述的地位和意义

习近平国防和军队建设的重要论述，立意高远，思想深邃，深刻阐述了国防和军队建设具有根本性、方向性、全局性的重大问题，丰富发展了党的军事指导理论，为加快推进国防和军队现代化、实现强军梦提供了根本遵循。

（1）它是以历史新起点为立论基点的重大战略思想。习近平指出，把国防和军队建设推向前进，首先要正确把握国防和军队建设的历史方位和阶段特性。习近平国防和军队建设的重要论述，以新的历史起点为立论基点，对强国强军的时代课题做出了新的科学回答。

（2）它是开拓党的军事指导理论发展的新境界。习近平国防和军队建设重要论述，与毛泽东军事思想、邓小平新时期军队建设思想、江泽民国防和军队建设思想、胡锦涛国防和军队建设思想，既一脉相承又与时俱进，鲜明回答了在新时代条件下为什么要强军、怎样强军，打什么仗、怎样打胜仗，为什么要深化改革、如何深化改革等重大问题。习近平国防和军队建设重要论述，涵盖了国防和军队建设的各领域，是党的军事指导理论创新发展的最新成果，谱写了党的军事指导理论的新篇章。

（3）它是马克思主义立场观点方法在军事领域的生动体现。立场观点方法是马克思主义理论的精髓。习近平国防和军队建设重要论述，坚持和发展了马克思主义的立场观点方法，闪耀着辩证唯物主义和历史唯物主义的真理光芒，体现着鲜明的政治立场、价值追求和思想风范。

习近平国防和军队建设重要论述，进一步丰富和发展了党的军事指导理论，体现了我党对世界军事变革发展规律的深刻认识，对国家安全形势强烈的忧患意识和对加快中国特色军事变革的重大责任意识，对不断提高我国的战略能力尤其是军事能力，进而夺取国际竞争的战略主动权，具有重大的理论意义和实践意义。

思考题

1. 军事思想的概念是什么？军事思想经历了怎样的历史发展演变过程？
2. 简述毛泽东军事思想的形成及科学体系。
3. 邓小平军事思想的核心内容是什么？
4. 江泽民关于军队建设的指导思想是什么？
5. 胡锦涛关于军队建设的指导思想是什么？
6. 习近平关于军队建设的指导思想是什么？

第三章　国际战略环境

国际战略环境是指在不同的历史时期，世界存在的基本状态和国际活动的主要方式，是国家制定国际战略的客观条件和依据。国际战略环境既是国际活动的客观反映，如在当前这一历史时期爆发世界大战的可能性较小、国际经济一体化的进程加快等，也是一种国家的感知和判断，不同的国家由于国际地位、国家实力、与国际社会相处的方式等条件的不同，对国际战略环境就可能有不同的感知并做出不同的判断，如我国认为和平与发展是当今世界的主题因素，而有些国家则会做出完全不同的判断。

一般来讲，国际战略环境的状态主要是由某一历史时期国际活动的基本特征、国际战略格局、世界的安全形势、主要国家或力量集团的战略取向决定的。

第一节　战略环境概述

一、战略的含义、基本要素及特点

（一）战略的含义

在不同的社会时代和不同的历史时期以及不同的国家，都有自己的战略概念，其含义和内容也不尽相同。《中国军事百科全书》和《中国人民解放军军语》中称战略是“筹划和指导战争全局的方针和策略”，由此可见，在我国，战略即筹划和指导战争全局的方略，是指根据对国际形势和敌对双方政治、军事、外交、科技、地理等诸因素的分析和判断，科学地预测战争的发生与发展，制定作战方针、作战原则和作战计划，筹划战争准备，指导战争实施所遵循的原则和方法。

不同历史时期的战略，有着不同的内容和特点，其决定因素主要有以下三个方面：一是战略思想，即国家对待军事斗争特别是战争问题的根本立场和态度，指导军事斗争的基本观点和理论原则，这是它的理论基础；二是战略环境，包括世界战略格局、国际战略形势，尤其是周边安全和国内稳定的基本状况，这是它的客观依据；三是军事力量，主要是国家军事力量的性质、职能、构成、规模、作战能力、战争潜力、动员机制和发展方向等，这是它的物质条件。战略指导者基于对一定历史时期内上述情况的综合分析，提出军事斗争的基本对策和保障国家安全的基本方法，就是这个时期军事战略的基本内容。

(二) 战略的基本要素

战略的基本要素，就是构成战略的基本成分，包括战略目的、战略方针、战略力量和战略手段这四个要素。

(1) 战略目的。是战略行动所要达到的预期结果，是制定和实施战略的出发点和归宿点。战略目的是根据战略形势和国家利益的需要确定的。确定战略目的，强调需要与可能相结合，具有科学性和可行性，符合国家的路线、方针和政策，与国家的总体目标和国力相适应，满足国家在一定时期内对维护自身利益的基本要求。

(2) 战略方针。是指导战争全局的方针，是指导军事行动的纲领和制订战略计划的基本依据。它是在分析国际战略形势和敌对双方战争诸因素基础上制订的，具有很强的针对性。在战争时期，战略方针往往决定着战争的成败；在和平时期，正确的战略方针可以使国家在复杂多变的国际斗争中站稳脚跟，创造、赢得并保持战略上的主动地位。

(3) 战略力量。是战略的物质基础和支柱。它以国家综合国力为后盾，军事力量为核心，在发展经济和科学技术的基础上，根据战略目的和战略方针的要求，确定其建设的规模、发展方向和重点，并与国家的总体力量协调发展。

(4) 战略手段，也称战略措施，是为准备和进行战争而实行的具有全局意义的实行战略的保障，是战略决策机构根据战争的需要，在政治、军事、外交、经济、科学技术和战略领导与指挥等方面，所采取的各种全局性的切实可行的方法和步骤。战略目的和战略方针是战略行动的方向、目标、纲领和准则，但还不是行动本身，只有通过战略措施，才能将其付诸实施，使其得以贯彻落实。

(三) 战略的特点

(1) 全局性。是战略的首要特点。这个全局指的是国家整个军事斗争的全局，带有照顾各方面、各部分和各阶段的性质。战略是国家关于军事问题的最高决策，处于军事领域的最高层次，统筹军事斗争的各个方面和各个部分，指导军事斗争的全部过程，是各项工作的总纲，是各种活动的依据。

(2) 对抗性。军事斗争，尤其是战争，是一种有组织、有计划的暴力行为，是敌对双方以军队或其他武装组织为骨干而展开的激烈较量。战略对军事斗争的筹划和指导，是伴随这种较量进行的，对抗性是它的一个显著特点。

(3) 谋略性。谋略是指挥员基于客观情况而提出的计谋和策略。它是人的自觉性的高度体现，是指导军事斗争取得胜利的一个重要因素，也是战略的一个突出的特点。战略是主客观结合的产物。战略的重点和枢纽的把握，战略方针的确定，军事力量和斗争方式的运用，战略调整和转变等，这些活动都是计谋、策略、艺术的结合，是智与谋的生动表现。

（4）相对稳定性。军事斗争情况的发展变化，决定着军事斗争指导规律的发展变化，战略必须随着军事斗争的发展而发展，依照情况的变化而变化，一成不变的战略是不存在的。然而，由于战略处于军事领域的最高层，指导范围广，影响重大而深远，是一切军事活动的依据和准则。因此，战略又具有相对的稳定性，这是它与战役和战术相区别的又一主要特点。

二、战略环境

战略环境是制定战略的客观基础，主要包括国际和国内的政治、经济、军事、外交、科技、地理等方面的客观条件及其所形成的战略态势。

（一）国际战略环境

国际战略环境，是一个时期内世界各主要国家（集团）在矛盾、斗争或合作中的全局状况和总体趋势，是国际政治、经济、军事形势的综合体现。国际战略环境是一个国家安全和发展的国际条件，对实现国家的战略目标和战略利益有重大的影响，是任何一个国家制定战略必须首先考察和关注的外部环境和条件。对于一个国家战略制定者来说，最值得注意的是以下几个方面。

（1）时代特征。所谓时代，是指世界整体在发展进程中所处的大阶段。不同阶段之间相互区分的标志就是时代特征。时代特征反映了世界发展总进程中的矛盾领域和斗争状况。时代特征是世界性、阶段性的，它所反映的是世界的总貌，是整个世界在一定历史阶段的总的标志。正确认识时代特征有利于战略指导者从宏观上把握当代世界总的发展趋势，从而对国际战略环境作出正确的判断，避免战略指导的重大失误。

（2）世界战略格局。世界战略格局是指世界各国政治、经济、军事力量在其消长、分化和组合过程中所形成的对世界战略全局具有重大影响而又相对稳定的力量结构，反映了一定时期国际间的力量对比、利益矛盾和需求，以及基本的战略关系。对世界战略格局的研究，有助于从总体上了解世界各主要国家在世界全局中的地位及战略利益方面的矛盾和需求，有助于对世界形势及其可能的发展趋向作出基本的估计。

（3）主要国家的战略动向。世界各国之间由于战略利益和政策的异同，可能是对手也可能是朋友。各国的战略动向，既互为条件、相互依存，又相互影响和制约。在一定时期内各主要国家的战略及其发展趋势，是国际战略环境的重要部分。理解主要国家的战略动向，有助于从世界各国特别是大国之间的关系上具体地研究国际战略环境，进而对世界形势作出正确判断。

（4）当代世界战争与和平的趋势。战争是解决阶级和阶级、民族和民族、国家和国家、政治集团和政治集团之间利益矛盾与冲突的最激烈的手段。只要战争根源还在，战争与和平始终是国际安全面临的重大问题。对于一个国家的主权和安全来说，来自外部的威胁是最严重的威胁。因此，当代世界战争与和平的趋势在国际战略环境中最引人注目，也是世界各国研究和制定军事战略时关注的中心。

（5）周边安全形势。周边安全形势是指周边国家直接、间接影响本国安全的条件和因素。周边安全形势中最值得注意的是周边国家与本国的利益矛盾、对本国的政策企图、与本国密切相关的军事力量及其部署等直接影响本国安全的情况和因素。

（二）国内战略环境

国内战略环境是指对筹划、指导军事斗争全局具有重大影响的国内社会环境与自然环境，主要包括国家的政治、经济、军事、地理等方面的基本状况，其中，对战略具有直接影响的是国家的地理环境、政治环境和综合国力状况。

（1）地理环境。主要包括国家的地理位置、幅员、人口、资源、地形、气候以及行政区划、交通、要地等状况。这些地理要素与军事斗争的关系十分密切，是军事力量生存、活动的空间条件。军队的集结、机动、作战、训练、后勤补给等一切军事活动都离不开一定的地理空间，且都要受到地理环境的影响和制约。地理环境不仅是制定战略的重要客观依据，而且是影响战争胜负的重要因素。加强对地理环境的研究与认识，是使战略指导符合客观实际的一个重要环节。

（2）政治环境。国内政治环境涉及的范围较广，但对战略影响最大的有两个方面：一是国家的政治、法律制度与基本国策。国家的政治、法律制度和基本国策是国内政治环境的本质和核心，对军事斗争全局的筹划指导具有决定性的影响；二是政治安全形势。国内政治安全形势，主要包括在一定时期国内的阶级、民族、宗教（教派）、政治集团之间相互关系的基本状况及其对政局和国家安全的影响。其中，敌对势力分裂、颠覆国家和发生武装冲突或国内战争的情况，是直接影响国家统一和稳定的国内因素，是筹划、指导军事斗争必须关注的重要问题。

（3）综合国力状况。综合国力是一个国家全部物质力量和精神力量、实力和潜力的总和，包括国家的人力、物力、财力、军力、科技与生产能力、社会保障与服务能力及组织动员能力等。综合国力是军事斗争特别是战争的物质基础，也是军事理论和作战方法发展进步的重要条件。一切军事斗争和军事活动，归根结底都要依靠综合国力，特别是经济、科技和军事实力的支撑，并受其制约。战略指导者必须立足于国家综合国力的实际状况，本着勤俭节约、讲究效益的原则，筹划、指导军事力量的建设与运用，使之与国家建设和社会发展的总体水平相适应。

第二节　国际战略格局

国际战略格局通常用“极”来表示，一个国家或力量集团能否成为战略格局中的

"极"，是由其综合实力和国际影响力决定的。不同的历史时期，总会有一些实力和影响力很大的国家或力量集团在国际活动中占据主导地位，并在很大程度上影响和决定世界局势，与之构成较为稳定的结构就是所谓的国际战略格局。

一、国际战略格局的含义和特征

（一）国际战略格局的含义

国际战略格局，是指国际社会中国际战略力量之间在一定历史时期内相互联系、相互作用而形成的具有全球性的、相对稳定的力量对比结构及基本态势。国际战略格局的形成，是国际斗争和国际战略运作的结果。同时，新的国际战略格局一经产生，又会对国际战略形势产生直接的影响。

（二）国际战略格局的特征

（1）国际战略格局与时代的发展密切相关。国际战略格局总是反映着一定时代条件下的战略力量对比关系。在同一时代条件下，格局的外在形态可能不同，但其内在的本质则是一样的。例如，20 世纪初期几个资本主义大国相互争霸的战略格局，则是由于资本主义发展到垄断阶段，加剧了资本主义国家尤其是大国间的竞争密切相关。因此，要正确分析各个时期国际战略格局的特点，就必须把握时代发展的脉络及不同时代国际战略格局的基本特征。

（2）国际战略格局同世界经济格局相适应。世界经济格局是指世界范围内各种经济力量之间相互关系的结构状态。世界经济格局的出现和发展，推动了国际社会的形成和发展，它是建立在世界经济体系基础上的国际战略格局，可以说是经济因素在国际政治领域的集中反映。国际战略力量的形成，与其所拥有的经济实力以及在经济格局中的地位紧密相关，一个国家或国家集团在国际社会中的行为能力和影响力，固然要取决于多种因素，但经济实力是其中最基本的、长期起作用的决定性因素。经济实力与行为能力是成正比的。

（3）国际战略格局与国际秩序相互作用。国际秩序主要是指由国际社会共同制定，并要求各国共同遵循的国际准则。国际秩序与国际战略格局，同属于国际关系范畴，两者有着直接的关联并互为影响。一定的国际秩序总是由在国际战略格局中居于主导地位的国家或国家集团制定的，或是在很大程度上受到这些国家意志的制约和影响。因此，国际秩序是国际战略格局的现状在国际准则上的反映。但国际秩序一经建立，它对国际战略格局又会起到强制性的维护作用，甚至在旧格局解体的情况下，原有的国际秩序仍会在一定范围和一定程度上继续产生影响。

（4）国际战略格局各层次相对独立、相互影响。国际问题，有的是全球性的，有的则是地区性的。国际战略格局按其范围大小，也可以区分为世界格局和地区格局。

这两个层次既有其独立性，又有其关联性。所谓独立性，是指这两个层次的战略格局都可以在一定条件下独立存在。国际战略格局包含着地区战略格局，并在总体上决定着地区战略格局的发展走向；地区战略格局则是全球性矛盾斗争在地区的必然反映，同时又对国际战略格局的形成或转换产生影响。

二、国际战略格局的演变、现状和特点

（一）国际战略格局的演变

真正具有世界意义的国际战略格局是在近代资本主义发展的基础上形成和发展起来的。19 世纪以后，欧洲列强统治和影响着世界上的广大地区，从而形成了以欧洲为中心的国际战略格局。这一格局的特点是几个欧洲大国都想争夺欧洲和世界霸权，列强内部争夺剧烈发展，导致了 20 世纪上半叶发生了两次世界大战。

第二次世界大战后，世界秩序被重新安排，形成了以雅尔塔体制为基础的两极格局。两极格局是以美苏两个超级大国争夺世界霸权为基本内容和特征的。美苏的全球较量，贯穿着战后 40 多年世界政治的始终，影响着世界政治力量的对比关系，是战后世界政治发展的主要矛盾。

20 世纪 80 年代末期开始，东欧一些原社会主义国家相继发生社会政治动乱，原有的政治体制不复存在。1989 年 11 月 9 日，作为东西方冷战和两大阵营对抗象征的“柏林墙”的倒塌，加速了东欧剧变的进程。处于冷战前沿的东欧剧变，大大改变了东西方力量的对比，从根本上动摇了美苏两极格局的基础，使雅尔塔体制濒临瓦解。而 1991 年年底苏联的解体，则使持续了近半个世纪的东西方两大集团之间激烈对抗的冷战格局彻底终结。此时，美国通过海湾战争的胜利，企图建立自己称霸世界的“单极”国际格局。随后，由于日本、德国、西欧在经济上的迅速崛起，美国的“单极”世界格局计划破产。随着世界形势的大动荡、大分化、大改组，国际战略格局开始出现向多极化方向发展的趋势，国际战略格局进入了“一超多强”的多极化格局。

（二）国际战略格局的现状

目前，新的国际战略格局还没有完全形成，正处于国际战略格局的过渡转型时期。此次国际战略格局的转变，不同于以往。以往几次战略格局的转型都是通过大规模战争方式实现的，因而格局转型快，过渡时间短，甚至没有过渡时期。这次战略格局的演变，基本是以和平方式进行的。在此期间，各种国际力量需要慢慢发生变化，要重新定位和整合，由量变到质变，最后才能定型，因而需要的时间较长。主要表现在以下几个方面。

（1）美国仍是世界唯一超级大国。苏联解体标志着以美、苏对抗为特征的两极国际战略格局的终结，并导致世界军事力量对比的严重失衡。在向新格局转移的过渡时

期，美国成为在政治、军事、经济等方面具有全球性影响的唯一超级大国。“冷战”后国际格局的变化具有渐进性，将会使美国“一超称霸”的局面保持相当一段时间。美国将其强大的军事力量作为维持其在世界的领导地位和对付地区冲突的重要支柱。美国利用自己的经济和军事技术优势，加速新军事革命，加快武器装备研制和更新，以拉大与其他国家的军事技术差距。美国的“新干涉主义”和战略扩张成为国际局势动荡的根源。

(2) 世界多极化的趋势正在发展。美国“一超独霸”的局面是两极体制被打破后的一种过渡现象，在这个过渡期内，国际战略格局呈现的基本态势将是“一超多强”，又是一个终将被多极体制所取代的暂时历史进程。突出表现在战后日本、德国迅速崛起，已成为世界主要经济大国，并且凭借其强大的经济实力，力图谋求政治大国地位，积极争取成为联合国安理会常任理事国。欧盟是当今世界上规模最大、一体化程度最高的地区经济集团，具有雄厚的经济、科技和军事实力，在联合国安理会 5 个常任理事国中占有两个席位，在处理全球或地区事务中有很大的发言权。俄罗斯虽然丧失了前苏联超级大国的地位，但其军事力量仍然可以与美国抗衡。中国是发展中大国，综合国力不断增强，在国际事务中的影响与日俱增。邓小平早在 1990 年年初就曾指出：“所谓多极，中国算一极。中国不要贬低自己，怎么样也算一极。”虽然发展道路并不平坦，但在 21 世纪中期成为多极化格局的一极是毫无疑问的。所有这一切，都促使世界战略格局向多极化方向发展。

(3) 新的各种安全结构正在建立和完善。在两极格局时代，美俄始终互为对手。东西方集团内部即使经济、政治上的矛盾偶尔会上升为主要矛盾，但盟友关系却一直是十分清楚的。而在两极格局瓦解后，对手和盟友便模糊不清了，均衡的维持更多依靠结盟。各种国际和地区安全机制应运而生，相继建立。北大西洋公约组织（简称北约）决定将其军事活动范围由北约成员国领土之内扩大到整个欧洲，先后与欧洲其他国家和俄罗斯建立了“和平伙伴关系”；欧盟由一个经济体转为政治、经济、货币联盟体；东盟各国的“东盟地区论坛”已成为亚太地区第一个政府间的多边安全对话机制；亚太经济合作组织（APEC）已举行了多次非正式首脑会议，等等。随着各地区安全机制的建立，预示着未来地区军事格局将朝着多样化、区域化的方向演进，世界将在地缘上分为欧洲、苏联地区、亚太、中东、拉美和非洲六大军事区域，形成各具特色的地区军事格局。

(4) 经济因素在国际事务中的作用上升。当前世界战略力量呈现出多极化的发展趋势，最突出的表现在经济领域的多极化速度比其他领域发展更快。在人类发展史上，没有哪个时代能像 21 世纪那样使世界空前地进入经济全球化时代，随着经济全球化趋势的发展和世界政治格局日益走向多极化，国家间的利益格局呈现出既错综复杂又相互依存的态势，国家间的博弈很难轻易诉诸武力。

（三）国际战略格局的特点

综观冷战后国际战略格局的发展变化，主要表现为以下特点。

（1）世界形势总体稳定，局部动荡。总体稳定是世界形势的主流。冷战结束后，国际形势总体上由紧张转变为缓和，由对抗转变为对话。两极世界解体后，全球性的军事对抗已不复存在，爆发世界大战的可能性越来越小；过去因两个超级大国插手而难以解决的许多国际热点问题，大都通过政治、外交途径得以解决，或陆续取得一些突破性进展；大国关系出现战略性调整，中、美、俄、欧、日等国和地区集团频繁进行高层领导人直接对话，采取多种务实性措施，建立多种形式的战略伙伴关系，积极推动和发展了国家之间的正常关系，促进了国际安全环境的改善，有助于世界的和平与稳定。当今世界各国都面临着发展本国经济的严峻挑战，大力推进经济建设，增强综合国力已成为共识。尽管发生世界大战的可能性越来越小，但局部战争的危险依然存在。由于历史积怨、格局转换、民族矛盾、宗教对立、力量失衡、外部插手、资源纠纷、武器扩散等因素，导致局部战争和武装冲突此起彼伏，一度出现增多的势头。事实证明，冷战后国际形势总体上趋向缓和的同时，局部战争和武装冲突仍呈此消彼长的态势。

（2）大国关系相对稳定，地区国家相互靠拢。世界性市场经济的发展，加速了经济全球化的进程。国际合作化程度的提高，使任何国家都不能孤立于世界之外去发展自己的经济。近年来大国之间在合作和斗争中相互制约，因而相对稳定的状态并未打破。同时，广大中小国家联合自强的趋势明显加强，并且成立了一些地区组织。

（3）世界军备下降幅度参差不齐，质量建军成为主要竞争形势。由于国际形势日渐缓和，使全球性军备竞赛有所降温。但是，一些地区性军备竞赛有所升级，特别是世界各国质量建军的步伐明显加快。美国通过冷战后进行的多场高技术条件下的局部战争，加快了运用高技术提高军队质量水平的步伐，继续引领着世界新军事革命的潮流。美军强调用高技术提高战斗力，将工业时代的武装力量转变为信息时代的武装力量。俄罗斯尽管财力有限，但为了加速在21世纪的复兴，要求运用最新科技成果、最新工艺、最新材料超前研制新一代武器装备。英、法、德等传统军事强国在提高军队质量、发展高技术武器装备方面也不遗余力。中东地区一些国家自海湾战争以来，从美国等西方国家大量采购高技术武器装备。日本近年来军费节节攀升，其自卫队武器装备技术水平居亚洲各国军队之首。我国台湾地区近些年不惜血本，大肆采购包括F—16战斗机、E—2T预警机、“爱国者”防空导弹等在内的大量先进武器装备，企图以武力抗拒统一。我国周边东盟各国，随着经济发展，大都增加了军费开支，加快了对发展高技术武器装备的投入，以期在未来的领土、海洋权益争端中获取有利地位。由此可见，世界军备竞赛总体有所趋缓，但军备下降并不平衡，一些国家和地区出现了回升的趋势，减少数量，提高质量成为各国军队建设的主要方向。

三、未来国际战略格局的发展趋势

（一）“多极化”将是未来国际战略格局发展的必然趋势

美国倚仗其经济科技实力和超强的军事力量，企图建立以美国为领导的单极世界，充当世界的领袖。但是，美国并不能凭借自己的优势地位在世界上为所欲为。其一，几乎所有国家都不赞成建立以“美国为轴心的世界”新格局。其二，美国在国内面临众多的社会问题和经济问题，不具备承担“领导世界重任”的能力。其三，在国际上，欧洲、日本等国家和地区的挑战，对美国的“世界新秩序”形成一大制约。其四，当今世界仍有许多尖锐矛盾和复杂问题，无论美国如何强大和富有，都不可能包揽解决所有问题。当前世界战略力量多极化的发展趋势最突出地表现在经济上，美国虽然在经济上保持着世界经济发展的火车头地位，但随着近几年国际市场的建立，第三世界国家重视对经济的发展，欧盟一体化进程的加快，美国的国际市场竞争能力正受到严重挑战。在未来国际战略格局多极化发展的进程中，起主导作用的可能是美国、欧盟、俄罗斯、日本、中国这五大力量（也称“一超四强”），其他一些重要的国际组织、区域集团和地区性大国，也将发挥重要作用，并且影响世界格局的几支主要力量正在加紧调整自己的战略，以加强自己在国际社会中的影响，这一趋势的发展正越来越明显地制约美国的霸权主义和强权政治，世界“多极化”的发展方向，将是一种必然趋势。

（二）未来国际战略格局中各方关系将日趋复杂化

随着“冷战”的结束，过去相互对立的两大阵营间的敌对状态不复存在，各国间的关系已打破意识形态的束缚，由敌对转变为交流、对话，各国间更加重视积极的外交政策和手段来加强自己在国际中的地位和影响。

（三）维护国家利益的“软战争”将对国际战略格局产生重要影响

全球化时代，信息、金融、贸易、生态等因素在国家安全斗争中地位的迅速上升，正在推动人类战争观和国家安全观的不断更新。金融战、贸易战、生态战等“非军事战争行为”，以及整体战、隐形战等战争形态与国家安全新理念的不断涌现，愈来愈引起人们的高度关注，国家安全领域里的斗争日益走向多形态组合。在全球化进程空前加速、经济利益日益占据国家利益核心位置的今天，经济争夺战已经成为世界“软战争”的主要形态，并且以其独特的方式推动着国家安全观和传统战争观的重大变革。当代世界经济的一个显著特征就是世界经济越来越多地受到国际因素的影响，经济的稳定程度直接决定着国家的健康程度。其中金融安全在国家经济安全乃至整个国家安全中的战略地位空前上升，并相对军事安全而言成为当代国家安全斗争的又一主战场。

第三节　战略环境与国家安全

战略环境是指国家在谋划和制定战略时，所依据的内部和外部的客观情况和条件。国家作为国际活动中最基本的行为主体，在其存在和发展过程中，必然要和其他的国际行为主体（国家和非国家性质的政治、经济、军事组织）发生联系，形成既相互依赖、合作，又相互矛盾、斗争的国际关系体系，这种体系就可构成一个国家的国际战略环境。其中与相邻国家和地区之间所形成的关系，以及这些关系的性质、状态，就构成了周边战略环境。一个国家内部的政治、经济、文化、民族、军事状态以及发展趋势，构成了国家的国内战略环境。

国家安全的内容十分广泛，包括国土安全、政治安全、军事安全、经济安全等涉及国家核心利益的各个方面。一个国家的安全状态是由该国所处的战略环境决定的，战略环境是一个国家和民族生存发展的基本条件。

一、战略环境对国家安全与发展的意义和作用

战略环境的好坏决定着一个国家的安全的状态，正确认识战略环境与国家安全的关系，深刻了解战略环境的状况，制定与之相适应的战略，正确处理各种矛盾，不断改善战略环境，是国家发展和对外战略的主要任务。

（一）国际战略环境是国家安全的重要条件

现代国家的安全状况、生存状态和发展进程已经不完全由本国的因素和条件所决定，随着国际一体化步伐的加快，任何一个国家和民族都不可能孤立地存在，必然要和其他的国家和民族发生联系，必然要参与到国际事务之中。当世界总体处于一种和平稳定的状态，国家和地区之间总体处于一种较为友好合作关系的时候，一个国家和民族就会感觉到安全并能获得良好的生存环境和发展机会。反之，若处在一个充满着战争危险和动荡不安的国际战略环境中，国家和民族不但得不到发展的机会，甚至会面临生存的危机。在第二次世界大战期间，不仅许多国家面临着被侵略、占领和亡国的危险，一些民族差点惨遭灭绝。在当今世界，虽说和平与发展是时代的主题，缓和替代冲突是总的趋势，但一些身处地区局部战争和高强度武装冲突中的国家和民族，他们不但得不到发展的机会，反而在为国家和民族的基本生存权利而抗争。由此可见，正确认识国际形势及其发展趋势并制定正确的对外战略，正确、灵活、有效地处理国家之间的矛盾，根据形势的需要构建新型的国家间关系和努力营造一个相对和平稳定的国际战略环境，是国家安全与发展的重要条件。

(二) 国内战略环境是决定国家安全的根本

从现代国家发展的历史可以看出，一个国家的安全虽然离不开国际战略环境的好坏，但国家内部政治和社会是否稳定、经济发展是否健康、各个民族之间的关系是否和谐、国防力量是否保持与国家发展需要相适应的水平等才是国家安全的根本条件。

政治和社会稳定对现代国家最为重要，外因是通过内因而发挥作用，一个国家若能保持内部的政治和社会稳定，就能够比较从容地面对外部的威胁和挑战。特别是当今世界的政治呈多元化状态，不同的政治理念、文化元素、价值观念、宗教信仰等正在发生剧烈的碰撞，一个国家若不能处理好这些矛盾，就会引起国家内部的剧烈动荡和冲突。

从经济建设的角度看，发展经济增强国家的综合国力是现代国家构建一个良好国内战略环境的物质基础，如何保持经济健康发展，涉及经济的结构、发展的模式、收入的分配、资源的配置等多方面的内容，如果不能把握经济的发展方向和处理好在经济发展过程中出现的事关战略性的问题，同样会使国家内部的战略环境迅速恶化。

民族问题是现代国家普遍感到棘手的问题，特别是两极战略格局解体以后，民族独立、民族分裂、民族矛盾和冲突，已经构成了对现代国家体系的冲击。插手他国内部事务、鼓动他国民族分裂、支持他国反对力量，以达到削弱直接或潜在竞争对手的实力和国际影响力，是现代国际斗争的新特点。所以对此问题必须高度重视，妥善解决，稍有不慎，就会有亡国的危险，国将不在谈何安全与发展。

(三) 对战略环境的变化是否拥有主动权，表现出一个国家在国际上的地位和作用

一般来讲，战略环境不是一种自然现象，而是各种国际和社会力量相互作用的结果。从世界范围看，国际战略环境的变化，主要是由能对国际形势产生决定性影响的世界性大国或力量集团共同作用的结果。从地区范围看，局部地区战略环境的变化则是由该地区诸国家共同作用的结果。如英国、法国、德国采取什么样的对外战略，在很长一段历史时期内，对欧洲地区的战略环境起着举足轻重的作用；印度若实行较为保守的对外战略，基本可以保持南亚地区的和平与稳定；伊朗和伊拉克的战争，伊拉克对科威特的入侵，导致海湾地区几十年战略环境的持续恶化；中东地区能否得到和平，以色列奉行什么样的对外战略尤为关键；中国坚持独立自主，不与任何大国结盟的对外战略和坚持和平共处共谋发展的对外政策，对于稳定亚洲地区的局势和维护世界和平产生着重要的影响。

因此，国家的对外战略并不是被动地去适应战略环境变化，相反，战略环境的变化恰恰是由国家的对外战略和国家发展战略影响和决定的（对外战略影响外部环境，国家发展战略决定内部环境）。在这种相互影响，相互作用的过程中，一个国家能否对

这个过程进行控制和引导，是否对战略环境的变化拥有主动权，表现出这个国家的能力和实力，体现出这个国家在国际上的地位和作用。

（四）改善战略环境，争取有利的发展空间是国家战略的基本任务

作为国家，其战略目标都是要维护国家利益，保障国家安全和拥有生存与发展的自由权和主动权。在国际斗争中，任何国家要想获得生存与发展的自由权和主动权，首先就需要拥有一个对自己有利的战略环境和便于自己发展的战略空间，在把国家利益作为最高利益的国际准则下，许多国际矛盾和斗争都是围绕着如何营造一个对本国有利的战略环境展开的。国际战略的内容和任务可以比较广泛，但核心和基本任务则具有相同性，就是要建立和完善对本国有利的战略环境。

一个国家要想获得有利的生存环境和发展机会，除了世界总体处于和平与发展的大环境之外，国家拥有的实力和采取什么样的国际战略是极其重要的因素。国家实力是指一个国家所拥有的生存、发展以及对外部环境施加影响的综合力量，是物质力量和精神力量的统一。在通常情况下，实力强大的国家对周边实力较弱的国家具有某种抑制力，这种抑制力使实力强大的国家拥有了获得良好战略环境的优势。怎样将这种优势变为胜势，就要看你制定什么样的战略和采取什么样的战略措施去运用国家实力。

国家实力的运用是指将单项实力（军事、经济、科技）或综合国力施于他国，凭借自己比对方强大的力量对其产生一定程度的制约、强制或影响。通过这种强制力或影响力使对方按照运用实力国家的意愿做出某种让步和反应，从而达到改善战略环境，维护国家利益的目的。运用国家实力施于潜在和现实的对手，来达到自己的战略目标，是当今国际斗争中常用的方法，所以世界许多国家都把加快经济、科技发展、提高综合国力作为基本的国家战略目标，而把削弱对手实力、遏制对手的发展作为国际战略的要务。虽然实施战略的措施和方法有所不同，但目的没有本质的差异。

二、中国周边安全环境

中国所处的战略环境同样可以从国际战略大环境、周边安全环境和国内环境三个层面来研究。基本状况可以概括为：总体情况是最好的历史时期之一，我们迎来了难得的和平、建设、发展的历史机遇；但还存在着一些现实和潜在的不安全因素，如果不能引起高度的警惕和妥善的解决，将对我国的建设和发展带来极大的负面影响。

（一）中国周边的含义和特点

1. 中国周边的含义

狭义的理解：中国周边是指与我国陆地领土接壤的邻国所构成的亚太地区。广义的理解：中国周边是指整个亚洲太平洋地区。它包含六大板块，分别是中亚、南亚、东北亚、东南亚及西亚与南太平洋的部分地区，这六块区域统称为中国的大周边，在

中国外交的总体布局中处于首要地位。中国周边国家有 21 个，其中海上邻国有 7 个，分别是：韩国、日本、菲律宾、马来西亚、文莱、印度尼西亚、新加坡；陆地邻国 12 个：俄罗斯、蒙古、哈萨克斯坦、吉尔吉斯斯坦、塔吉克斯坦、阿富汗、巴基斯坦、印度、尼泊尔、不丹、缅甸、老挝；既是陆地邻国又是海上邻国的有 2 个：朝鲜和越南。

“周边”已经不仅仅是传统意义上“邻国”或者“邻海”的范围，也远远超越以传统民族国家为单位的地理区域。“周边”是在给定国家政治经济实力的前提之下，相对于一个国家的战略纵深地带而言，与国家战略利益高度相关、国家力量可以控制和辐射的边境地区，与外部国家或力量直接相邻或关联的环陆海空间以及此空间中多种政治、经济、文化、军事、地理环境等要素的相互联系与组合。作为一个中国化的概念，“周边”的含义已经超越了地理边界，成为一个由地理意义、政治意义、经济意义和文化意义交织而成的综合性的研究范畴。

2. 中国周边安全环境的特点

（1）邻国众多，强邻环伺。我国是世界上拥有邻国最多的国家，陆地边界 22000 多千米，海岸线 18000 多千米，500 平方米以上的岛屿有 6500 多个，岛屿岸线 14000 多千米。中国周边地区也是世界上大国最集中的地区，且多为军事强国。世界上 5 个军队在 100 万以上的国家，除中国外还有美国、俄罗斯、印度、朝鲜，它们几乎都在我国周边或把军队部署到了我国周边。拥有核武器的 9 个国家中的 5 个在中国周边，即印度、巴基斯坦、朝鲜、俄罗斯、美国。世界主要战略力量除了欧盟外，美国、日本、俄罗斯、印度、东盟，都在中国周边。俄罗斯、日本和印度是中国的海陆强邻，它们在军事和经济方面均拥有较强的实力或潜力，且在过去一个多世纪里先后与中国发生过战争或武装冲突。此外，从地缘政治的角度看，美国也是中国的邻国，因为它在中国周边有强大的力量存在和战略影响。一个国家邻国多少和强弱对其安全的影响是截然不同的，邻国多，其现实的和潜在的安全隐患就多，强邻多，其现实的与潜在的安全挑战就大。

（2）战略区位重要，大国利益交汇。中国位于欧亚大陆东部和太平洋西岸，地处东亚的中心位置，四周分别邻接东北亚、东南亚、南亚、中亚四大次区域，为广阔的周边地区所环绕。东北亚、东南亚、南亚均位于欧亚大陆边缘地带，扼控海上交通要道，是陆权与海权势力竞逐的前沿；中亚是欧亚大陆心脏地带，且油气资源丰富，四周分别与俄罗斯、中国和南亚、西亚相连。周边地带汇聚着诸多重要海域与战略通道，处于东南亚中心的南中国海常年海运量仅次于欧洲地中海，居世界第二，每年往返船舶超过 4 万艘，全球一半以上的大型油轮及商船和 2/3 的液化天然气运输须途经该水域。而马六甲海峡更是连接太平洋和印度洋的海上交通咽喉，扼控两洋航线的枢纽，是亚太各国经贸发展的“生命阀”。由于拥有重要的战略位置和战略资源，中国周边地区自近代以来一直是大国利益的交汇区和大国力量的角逐场。

(3) 多样性突出，热点矛盾集中。我国周边的多样性突出，各国社会制度不同，发展水平各异，各种文化、民族和宗教聚集在我国周围。从政治上看，国体和政体的多样性在周边各国体现无余，周边既有资本主义性质的国家，也有社会主义性质的国家，既有共和制、总统制、议会制的国家，也有君主制的国家。从经济上看，在中国的周边，既有世界经济大国日本，也有新兴工业化国家，如韩国、马来西亚、新加坡等，也有在世界最贫穷国家榜上有名的缅甸、老挝、柬埔寨、孟加拉、蒙古等。中国周边地区如此巨大的经济发展差距，给地区经济合作和安全合作带来相当大的困难。

此外，当今世界五大热点地区：中东波斯湾、中亚、南亚次大陆、台湾海峡、朝鲜半岛，几乎都在中国周边。中国的周边安全环境处于矛盾极为复杂的时期。

(二) 中国周边安全环境的演变及现状

1. 中国周边安全环境的演变

近代以来，帝国主义列强从陆上和海上、从东南西北各个方向屡屡入侵中国。清朝政府前后与帝国主义列强签订了1100多个不平等条约，割地赔款，丧权辱国。仅1842年、1860年、1895年和1901年，列强四次侵华战争，清政府就割让国土160余万平方千米，赔款7.1亿多万两白银。我国的邻国众多，在这些国家中，有的在历史上侵略过中国，有的与我国存在着领土和海洋权益争议，有的内部不稳定因素多，有的国内狭隘民族主义泛起、宗教派别斗争加剧，它们对我国安全都有着不同的影响。

从新中国成立到20世纪60年代，对我国独立和安全的威胁主要来自美国。美国长期推行政治上孤立、经济上封锁、军事上威胁的反华、仇华政策。20世纪50年代，美国通过一系列军事条约拼凑军事集团，从东北、正东、东南三个方向对新中国实行战略包围。20世纪60年代以后，前苏联逐步走上与美国争夺世界霸权的道路，视中国为实现其霸权野心的重大障碍，不仅在中苏、中蒙边界驻扎重兵，支持印度制造边界事端，鼓动越南侵柬反华，而且直接出兵侵略阿富汗，从北、南、西南三个方向对我国构成战略威胁，形成战略包围态势。

为打破美、苏两个超级大国对我国实施的战略包围，我国先后采取了一系列重大战略性举措。从抗美援朝、中印边境自卫反击战、援越抗美斗争到中越边境自卫还击作战等，有力地打击了霸权主义行径。20世纪70年代初，根据美、苏两个超级大国争夺态势的变化，我国及时调整了对外战略，打开了中美关系正常的大门，与日本恢复邦交，同东南亚国家建立和发展了友好合作关系，使我国的周边环境得到了一定程度的改善。20世纪80年代中期以后，苏联调整了内外政策，我国抓住时机，积极开展有针对性的工作，迫使其采取实际措施改善对华关系，使我国周边安全环境得到进一步改善。进入20世纪90年代以来，随着苏联解体、东西方冷战的结束，我国与周边国家谋求稳定、增加合作、促进发展的趋势有了进一步的增长，我睦邻友好的周边外交政策取得了显著成效。我国周边安全的总体态势处于建国以来的较好时期。

2. 中国周边安全环境的现状

当前，中国周边安全环境在总体改善的情况下，仍存在着各种现实挑战和潜在危机。

(1) 美国视中国为主要潜在竞争对手。当前，虽然出于应对全球经济金融和气候危机以及联合反恐等方面的需要，中美关系在政治、经济、军事等领域均得到了很大改善，但这并未能掩盖双方存在的诸多矛盾。美国是当今世界唯一的超级大国，它的战略目标就是努力维持和强化自己的“一超”地位，防止出现一个或多个挑战美国超级大国和领导地位的世界强国或地区强国。中国作为一个正在迅速崛起、有着巨大发展潜力的大国，不可避免地要成为美国遏制、敌视的对象。一方面，美国尽可能地维持与加强同中国在经济、政治、文化、军事领域的交流，并千方百计地把中国纳入自己主导的各种国际机制之中。另一方面，美国又采取各种手段抑制中国的崛起，使中国不能成为美国的“战略竞争对手”。美国在不放松对中国在经济、政治、文化等方面遏制的同时，在军事方面，调整了其在亚太地区的军事战略部署，强化了美国与日、韩、澳等盟国的军事同盟关系；提升关岛美军的军备水平和战略威慑能力，形成日本和关岛两大地区兵力投送中心；增强了其在东亚、东南亚、中亚、南亚地区的军事存在，特别是实现了在中亚的军事存在。

(2) 中日之间存在一系列的矛盾和斗争。长期以来，中日之间在历史问题、东海领土主权归属以及台湾问题上存在一系列矛盾和争端。一是日本当局歪曲历史，美化侵略战争，拒绝承担战争责任。在对待侵华历史、参拜靖国神社等问题上，日本当局不顾中国政府和人民的反对，多次做出伤害中国人民感情的事，致使中日关系出现严重裂痕。二是中日之间在钓鱼岛、东海大陆架以及东海油气资源等方面存在严重争端。三是日本在“台湾问题”上挑战中国的国家核心利益。近年来，日本右翼势力支持“台独”分裂势力更加明目张胆，其动向值得我们高度关注。

(3) 台海局势出现重大积极变化，但反“台独”斗争依然严峻、复杂。在对中国周边安全问题构成影响的诸因素中，“台湾问题”无疑是主要因素之一。“台湾问题”事关祖国完全统一，事关国家核心利益。2008年以来，随着“3·22”岛内选举国民党胜选以及“5·20”马英九上台执政，两岸之间的经贸往来和人员交流十分频繁，两岸两会之间举行了四轮制度化谈判和事务性协商，在实现全面“三通”等议题上取得了一系列重大成果。但“台独”势力并未因此而有所收敛，以暴力化、隐性化、合流化和国际化为特征的“台独”活动继续以各种形式破坏两岸的和平与发展，阻挠祖国的和平统一进程。如2014年发生的由台独势力支持并推波助澜的台湾部分学生反《海峡两岸服务贸易协定》运动。

与此同时，外国干涉势力插手两岸事务，特别是以美国为代表的国际反华势力不愿意看到社会主义中国的崛起和强大，经常利用“台湾问题”大做文章，干涉中国内政，阻挠中国发展，促使“台湾问题”国际化，使台海局势更加错综复杂。2010年

1月29日，美国奥巴马政府宣布向中国台湾出售“黑鹰”直升机、“爱国者”—3反导系统、扫雷艇等总额近64亿美元的武器装备，2014年4月8日美国众议院通过“2014年确认台湾关系法与军舰移转法案”。长期以来，美国在“台湾问题”上一直采取所谓的“模糊”战略，使台海局势更加复杂。在美国许多看似相互矛盾冲突的政策、表态背后，都隐藏着美国利用“台湾问题”制造麻烦和障碍，阻挠中国崛起的战略实质。

（4）我国海洋权益遭遇严峻复杂的挑战。我国有着辽阔的海洋国土和丰富的海洋资源。我国的大陆海岸线长18000多千米，领海自北向南有渤海、黄海、东海和南海，我国的领海面积22.8万平方千米，管辖的专属经济区和大陆架海域300万平方千米。我国与8个海上邻国均有海洋争端，争议海域面积达到150万平方千米，约占我国海域辖区的1/2。辽阔的疆域既为我们提供了广阔的生存空间，又使我们维护国家主权的任务异常艰巨和繁重，与周边邻国在领海主权和海洋权益上的矛盾十分突出。

南沙群岛位于中国南海南部，是南海诸岛中距离我国大陆最远、分布最广、包括岛礁最多的一个群岛，其周围海域的自然资源特别是油气蕴藏十分丰富，南海油气资源总储量估计可达1000亿吨，其中在我国海疆线内约420亿吨，是我国巨大的资源宝库之一，人称第二个波斯湾。南沙群岛及其海域的战略地位也十分重要。它地处太平洋和印度洋的咽喉，是扼守两洋海运的要冲。东北越台湾海峡与东海相通；隔巴士海峡与太平洋相连；南经巽他海峡出印度洋；西南接马六甲海峡；西出安达曼海，沟通印度洋。南海是我国同东南亚各国交往的重要纽带，南沙群岛是拱卫我国南大门的第一道海上战略屏障，也是保卫海上通道安全的前沿阵地。

南海诸岛，特别是西沙群岛和南沙群岛自古以来就是中国的领土。从历史角度和国际法角度来看，中国对西沙群岛和南沙群岛都拥有无可置疑的领土主权。但自20世纪70年代以后，南海周边国家却开始陆续侵占瓜分南沙群岛各主要岛礁，分割海域，掠夺油气资源，严重侵犯了我国的领土主权和海洋权益。

（5）恐怖主义活动猖獗，对我国的威胁增大。中国毗邻恐怖活动的“重灾区”，与恐怖事件频发、恐怖势力聚集的阿富汗、印度、巴基斯坦、泰国等为邻，处于国际恐怖势力猖獗的高危弧形地带。从北高加索、中东、中亚、南亚至东南亚，是国际恐怖势力的主要盘踞地和威胁高发区。国际恐怖势力在中国周边的频繁滋事，恶化了中国周边环境，直接危害着中国国家安全。

近年来，境内的恐怖势力与境外“三股恶势力”遥相呼应，在西方反华势力的支持下正走出“蛰伏期”，不断进行干扰破坏活动，暴力化趋势日益增强。2008年西藏“3·14”事件、2009年乌鲁木齐“7·5”严重暴力犯罪事件和2014年3月发生在我国昆明火车站的暴力恐怖案件，给各族群众生命财产造成了重大损失，给当地正常秩序和社会稳定造成了严重破坏。

（三）我国周边安全环境的发展趋势

随着全球化进程的加快以及地区力量的急剧变化，中国周边地区形势将继续处于快速变化之中，各种不确定和不稳定因素将时有显现，并对中国安全提出复杂的新挑战。但是，和平与繁荣仍将是亚太各国共同的愿望。亚太安全形势的急剧变化不会根本扭转中国周边安全环境近一二十年保持相对稳定的发展势头。

1. 大国关系的相对平稳发展是中国周边继续保持缓和的基础

中国周边地区是大国利益交汇之地，中、美、俄、日、印对地区总体形势发展影响举足轻重。尽管上述国家关系有密有疏，但在全球化背景下彼此利益相互交织，在竞争中力求保持合作，避免迎头相撞。美国虽视中国为主要潜在对手，并采取措施对中国防范遏制，但双方在反恐、朝核、维持台海稳定及经贸合作领域存在共同利益，并不希望与中国发生对抗。美日同盟针对中国的一面虽有加强，但彼此亦心存防范：美借日制华，却不希望中日交恶而不可收拾；日傍美制华，并不甘心为美火中取栗。遭受美国战略挤压的俄罗斯，在国力未得到全面恢复前，仍将是中国主要战略伙伴，中俄关系有望继续稳固发展。印美关系虽发展迅速，但印度不会全面倒向美国，沦为美国遏制中国的棋子。在可预见的未来，只要自身策略得当，中国不会成为大国矛盾的焦点，在大国外交中仍有充分的回旋空间。

2. 地区热点发生热战的可能性较低

中国周边地区存在印巴矛盾、朝鲜半岛、台湾海峡以及东海、南海岛屿争端等问题。由于印巴关系持续缓和、美国更多介入南亚事务以及印巴相互核威慑，南亚发生大规模军事冲突的可能性降低。朝鲜半岛形势因朝鲜拥核而面临新的复杂性。从长远看，朝核问题仍可能出现轮番升级，但各方均会努力控制升级的势头，避免出现战争。在东海、南海岛屿权益问题上，由于中国与日本及南海国家一直保持着密切磋商，各方都希望通过谈判解决问题，因岛屿问题引发个别意外冲突虽不能完全排除，但演变为大规模武装冲突的可能性不大。

3. 非传统安全问题将成为地区安全合作的“催化剂”

中国周边地区存在的非传统安全挑战将长期存在，某些挑战在一定时期内可能成为特定国家的主要安全威胁。随着国际社会及地区国家对非传统安全问题的重视，地区国家特别是主要大国将把应对非传统安全挑战视为增进合作、扩大影响的渠道和机会，积极探索并推动在多种框架、多领域开展合作。“9·11”事件后，防扩散、打击恐怖主义成为中美关系不断改善和加强的重要推动因素。印度洋海啸和南亚大地震发生后，各主要国家充分利用救援外交，拉近与受灾国的距离，为进一步发展和巩固双边关系奠定基础。在“10＋3”（东盟十国与中、日、韩三国）机制的带动下，东亚各国在非传统安全领域的合作正不断加强。上海合作组织把打击“三股恶势力”、维护地区安全与稳定作为首要任务，近年来还逐步加强合作打击中亚地区日益严重的毒品走私活动，把遏制和铲除毒品走私纳入反恐合作的框架之中。种种事实表明，非传统安全问题已成为区域安全对话与合作的主要议题，并将成为改善地区国家关系的“催化剂”和加强安全互信的纽带。

（四）我国的周边安全政策

周边国家与地区是我国实行对外开放、开展互利合作的重要伙伴，也是发挥国际作用的主要区域。周边关系的好坏直接关系到我国的国家安全、国内发展与稳定。因此，构建周边安全机制，营造睦邻友好环境，是我国安全政策的基本着眼点。针对当前周边安全环境中的消极因素，一方面，我们顺应和平与发展的时代潮流，通过加强与周边国家和地区的交流、合作与发展，消除其对中国发展的疑虑；另一方面，我们也采取有效的措施，化解周边安全环境中的不稳定因素，为和平发展提供稳定、和平的周边安全环境。

1. 构筑软实力强化新战略安全观

国家安全往往体现国家大战略的总体思想。随着全球化的发展，围绕国家安全问题产生了新的现代战略文化。着眼需要，我国树立并遵循“综合安全观”这一新战略安全观。综合安全观认为国际安全问题除了以主权概念为核心的政治安全和军事安全之外，还有经济安全、环境安全、文化安全、社会安全等一系列新的安全问题。我国的新战略安全观主要包括：以国家安全为主体，突出主权安全；以和平共处五项原则为政治基础；以相互安全为理论前提；以综合安全为安全维护的内容；以合作安全为现实安全的途径；以共同安全和普通安全为目标；以“互信、互利、平等、协作”为新安全观的核心。

2. 致力于发展新型大国关系

我国要实现自己的安全战略目标，很大程度上依赖于国际战略平衡。我国历来重视与大国关系的发展，面对冷战后国际体系复杂化的挑战，在发展大国关系政策上也有新的定位。一是不对抗、不结盟、不针对第三国的原则定位。建立大国间健康、稳定的关系，对地区乃至世界的和平与安全至关重要。中国出于共同利益的考虑，重视与大国加强合作与协调，改善和发展与各大国的关系而提出的这一原则不仅符合今后大国关系发展的主流，也为中国塑造良好的国际形象发挥了积极作用。二是包容整体利益的双赢策略定位。我国在发展与大国关系中努力构筑伙伴关系框架，为我国营造一种良好的国际环境发挥积极作用，也不失为一种实现双赢的理念基础。三是多重角色并举、灵活多变、万变不离其宗的角色定位。伴随着冷战的结束，大国关系也出现了一些新的特点：摩擦不放弃合作，并且以合作而不是冲突来解决争端的方式日益增加；大国关系中敌、我、友界限模糊，国家利益成为形成和解决国家间矛盾的主要因素。以国家利益为对外行为的根本出发点，可以在政治领域是对手而在经济领域是伙伴，或昨天是对手而今天是伙伴。

3. 继续贯彻与邻为善、以邻为伴，倡导互信、互利、平等、协作的周边外交方针

我国的睦邻政策是以和平共处五项原则为核心。“近者悦，远者来”“四邻安，国乃兴”“亲仁善邻，国之宝也”是我国的传统立国方略，反对大国沙文主义是我国政府

的一贯方针。营造稳定的周边环境是我国发展经济的必要前提，也是进一步发展与全球性大国合作关系的基础。

4. 重塑国家安全体制和区域合作机制

在新时代的国际背景下，为了更好地达到与周边国家交流合作的目的，我们应该充分发挥区域合作组织的优势。以区域合作组织为依托，构建与周边国家的利益共同体，增强与周边国家的战略互信，消除周边国家对中国发展的疑虑，共同营造和平稳定、平等互信、合作共赢的地区环境。中国与东南亚各国在中国—东盟框架下，俄罗斯及中亚国家在“上海五国”机制及上海合作组织框架下的多边合作不断取得了新的成果。

5. 独立自主、和平推进多极格局形成

在新的历史时期，中国坚持独立自主、和平外交和不结盟政策。坚持所有国家不论大小、贫富、强弱一律平等，反对以大欺小，以强凌弱，尊重别国的独立自主、尊重别国的民族利益和民族尊严。和平与发展已成为当今世界主题，总的趋势是趋于缓和。当今我国安全环境既有机遇，又有挑战，而机遇大于挑战。抓住有利机遇，利用和争取较长的和平环境，发展经济，增强综合国力，增强国防现代化建设，为维护祖国统一和保卫国家安全做出新的贡献。

1. 国际战略的含义和特征有哪些？
2. 未来国际战略格局的发展趋势有哪些？
3. 简述中国周边安全环境的发展趋势。

第四章　军事高技术

军事高技术是指将自然科学技术领域里那些直接或间接应用于军事领域的高技术。一般来说，军事高技术是指建立在不同历史时期自然科学技术成就的基础上，对武器装备、军事理论和作战样式的发展起着巨大推动作用的那部分高技术的总称。

第一节　军事高技术概述

人类社会的发展是一个探索、认识、改造自然世界的过程，在不同的历史发展阶段，随着人们对自然认识的不断提高，就会产生新的科学技术来推动社会的发展。战争，这一特殊的社会活动，与科学技术的发展具有密切的联系。纵观战争发展的历史，可以清晰地看到，科学技术的进步不仅推动着军事变革，也带来武器装备的不断变化：冶炼技术的出现和金属材料的启用，开启了冷兵器战争的时代；火药的发明与运用，宣告了热兵器战争时代的到来；蒸汽机、内燃机的出现，机械制造、新材料、新能源等科学技术群和大工业化的生产，展现了机械化战争的全部特征；爱因斯坦的《相对论》引发了核能技术的研究和利用，核武器的出现与使用，揭开了热核战争的序幕；《量子理论》作为20世纪自然科学研究最伟大的成果，由此产生的微电子技术被广泛运用于军事领域，催生了信息化战争的出现。

一、军事高技术的分类

军事高技术可以分为三类：第一类是基础性军事高技术，即通过基础性技术研究开发的高技术，如军用微电技术。第二类是应用性军事高技术，即将基础性军事高技术进行再开发，用于作战的武器装备系统的技术，如侦察监视技术、军队指挥自动化技术等。主要包括微电子技术、光电子技术、计算机技术、新材料技术、高性能推进与动力技术、仿真技术、先进制造技术等。第三类直接用于武器装备并使之具有某种特定功能的应用技术，主要包括伪装与隐身技术、精确制导技术、信息战技术、指挥控制系统技术、军事航天技术、核化生武器技术、新概念武器技术等。

二、军事高技术对现代战争的影响

高技术武器用于战争，使战争的样式和作战方式有了很大发展。除了已经出现的用高技术手段进行的军事冲突和小型局部战争之外，还将有可能出现如外层空间的军事冲突和小型战争，以及星球大战和世界性高技术战争等新的战争样式。这些新的战争样式，反映了现代复杂的国际关系，影响着战争的规模和结局。现在已有不少人相信，运用高技术武器就可以有效地抗击核武器。因而，风靡一时的核威胁战略将受到挑战。高技术战争发动的方式和进行的方式与以往也有很大不同。远战可能多于近战，导弹战可能多于枪炮战，电子战可能充斥整个战场。作战双方利用智能武器和借助现代指挥工具进行的斗争将日益突出。

（一）侦察立体化

侦察立体化，通俗地讲就是“眼观六路、耳听八方”。在未来战争中，新型信息化装备将使战场更透明，可实现全球感知，实时进行远程指挥控制。从大洋深处到茫茫太空，布满了天罗地网式的侦察监视系统。水下的声呐，能够偷偷寻找军舰和潜艇的踪迹；地面的传感器，能够警惕地注视人员与车辆的动静；空中的侦察飞机，能够同时监视高空、低空、地面、海上的各种活动目标。例如，E－3A 预警机当飞行高度为 9 千米时，可以探测到 500～650 千米远的高空目标、300～400 千米远的低空目标和 270 千米远的巡航导弹。间谍卫星，“站得高，看得远”，其侦察效果更加显著。比如同样一架视角为 20 度的照相机，装在 3 千米高的侦察机上，一张照片可以拍摄到 1 平方千米面积的地面；装在 300 千米高的侦察卫星上，一张照片可囊括 1 万平方千米的范围。如果把侦察卫星定位到地球同步轨道上，则一颗卫星就能同时看到太平洋两岸，监视地球表面 42％的面积。

（二）指挥控制智能化

军事指挥信息系统，是在人类战争不断演化过程中逐步形成与发展起来的，是按军队的指挥体系从上到下紧密相连的整体。军事指挥信息系统是一个有机的“人—机”系统，它以军事科学为坚实的基础，以军事指挥体系为其构建框架，以指挥人员为核心，以电子计算机等信息技术装备为存在的前提和物质保障，把各种指挥控制手段与指挥人员有机地结合起来，使军事指挥活动的信息收集、传递、处理和使用等环节实现了高度的自动化，指挥员决策的效率和水平有了飞跃性的提高，从而使部队的战斗力水平得到了极大的发挥。

（三）反应快速化

“兵贵神速”历来是兵家所追求的情形，但传统武器装备因受技术条件限制，常常“欲速不达”。高技术武器装备在现代战争中的应用，才使得“兵贵神速”成真，实现了机动化、反应化、打击快和转移快。高技术武器从发现目标到攻击目标的反应时间也大为缩短。当然，计算机控制的火控系统，能在 96 秒内操纵 4 门火炮摧毁 35 个分离的目标，而传统武器，摧毁这些目标需要 2 个小时。在信息化战争中，被发现就意味着被命中。对于现代防空系统的反应时间，那更是以秒计时。例如，美国的“爱国者”、俄罗斯的“C－300”地空导弹系统的反应时间为 15 秒；我国的“红旗”系列地空导弹的反应时间也是 15～20 秒。

（四）打击精确化

全纵深精确打击能力，主要是指洲际战略攻击能力和战区战役攻击能力。科索沃战争中，美军已经具备了洲际、远程全纵深打击作战能力，所有这些能力，几乎都超出了南联盟雷达视距和防区范围。高技术战争中，精确打击的巧，指的是在不损伤附加目标的情况下，把敌军匿藏的建筑物用精确武器炸毁，就好像俄罗斯摧毁杜达耶夫堡垒和美国的摧毁扎卡维堡垒一样，都是在周边建筑物没有损伤的状态下将敌军隐藏的根据地摧毁。

（五）防护综合化

“保存自己，消灭敌人”是一切战争的共同原则。由于现代侦察、监视和探测手段具有全方位、全频谱、全天候、全时域的特点，进攻一方如果不能有效地保护自己，就可能出现“发难者先遭难”的结局。现在，当一架战斗机在重要地区 300 米以上高度飞行时，可能受到 800～900 部雷达的照射，其中可能有 300～400 部雷达以 600～700 个不同频率的波束进行搜索，有 30～40 部雷达跟踪飞机。如果再加上光电探测设备的威胁，战场电磁环境必将更加复杂。这对飞机、导弹等进攻性武器是一个严峻的挑战。在这种情况下，防护的地位显得特别重要。海湾战争中，F－117A 飞机大出风头，且无一损伤，其奥妙之处，便是借助于外形设计和表面涂料，有效地实现了隐身要求，其雷达反射面积只有 0.1 平方米，和一顶钢盔差不多。

第二节　高技术在军事上的应用

第六次军事革命给战争带来了巨大的变化，现代战争不是比谁的军队庞大，也不是比谁的武器多，而是看谁的科学技术领先，看谁能把先进的科学技术成果应用于战争之中。当今世界，能运用于军事领域的科学技术成果较多，主要包括以下几方面。

一、现代侦察监视技术

现代侦察监视的基本技术原理是：利用多种媒介传感器，探测目标的红外线、光波、声波、应力（振动）波、无线电波等物理特征信息，从而发现目标并监视其行动。各种侦察监视器材装备搭载不同的作战平台，就形成了对战场侦察监视的不同手段。

侦察是军队为获取军事斗争所需敌方或有关战区情况而采取的措施。我们讲的侦察是指在战争中或为战争做准备过程中所从事的获取敌方情况的工作。侦察的直接目的是探测目标，具体可分为发现目标、识别目标、监视目标、跟踪目标和对目标进行定位。要达到探测目标的目的，一定要借助于技术手段和装备。现代侦察监视技术是指发现、识别、监视、跟踪目标并对目标进行定位所采用的技术。

(一) 现代侦察监视技术的主要特点

1. 空间上的立体化

现代侦察已经构成由航天侦察、航空侦察、地面（水面）侦察以及水下（地下）侦察子系统组成的多维立体侦察体系。在这个体系中，无论是在发挥各自的优势和克服其局限性方面，还是在侦查的地域、时域、周期以及情报利用方面，都可以互相取长补短，互为补充，互相印证，以获得准确、完整的情报。

2. 速度上的实时化

在现代侦察系统中，由于计算机能够提供快捷的信息分析、处理能力，网络能够提供快速的信息传输能力，因此，由它们组成的侦察监视系统，就能大大提高收集、处理、判断和传送信息的时效性，为指挥员提供及时、准确的战场情报。

3. 手段上的综合化

由于现代高技术战争所需要的信息量很大，单一的侦察手段是难以满足这种需要的。因此，必须综合运用各种技术侦察手段，以形成整体侦察的最佳功能。现在各国侦察监视系统都向多频段、多传感器综合使用的方向发展。这种系统能把可见光、红外、夜视、电视、激光、雷达等各种技术组合起来，形成功能齐全的综合化侦察系统。

4. 侦察与攻击一体化

从发现目标到实施打击之间的时间越短，打击的效率就越高。所以当今世界的军事强国都在采取各种技术手段，实现侦察与攻击一体化。例如，在战斗机上装备各种侦察、搜索、跟踪和计算机处理系统，一旦发现和确定目标就能及时予以打击。美国的无人驾驶侦察攻击飞机，就是利用计算机和网络技术，把侦察、攻击一体化做到了极致。

(二) 现代侦察监视技术的分类

1. 电子侦察技术

电子侦察是指搜索、截取、分析、识别敌方电磁辐射、发射源发射的电磁信号，确定辐射源位置，并识别威胁。常用的技术包括雷达、激光和红外等告警技术。

雷达告警是指采用电子侦察接收机接收空间存在的各种雷达信号，并通过告警设备内部的信号处理机，识别其中是否存在与威胁关联的雷达信号。美国陆军的 AN/ALQ－211 综合射频对抗套件是目前最先进的直升机电子对抗装备，配合 GPS（全球定位系统）定位和数字地图，可精确显示威胁位置。法国泰利斯机载系统公司开发的“袋貂”电子支援系统，利用相位干涉接收机实现精确测向，可以实时显示和分析雷达跟踪数据，工作频率为0.5～100GHz，测向精度1°，测频精度2MHz。

2. 光电侦察技术

光电侦察技术是利用光源在目标和背景上的不同反射或目标和背景本身辐射电磁波的差异来探测、识别目标的一种侦察手段。其装备主要包括可见光、微光、红外、激光和光电综合侦察仪器。可以用来探测和跟踪洲际导弹的位置与发射，监视空中、地面和地下核武器爆炸试验，探测和跟踪舰艇和潜艇的活动，探测化学战剂的使用，探测和跟踪战术导弹和飞机来袭，探测和监视地方部队和单兵的活动等。

3. 雷达侦察技术

雷达侦察技术是指利用雷达侦察机接收敌方雷达辐射信号，从而获得敌方雷达的空间位置和技术参数的技术。雷达侦察系统通常由天线、天线控制设备、接收机和终端设备四部分组成。

4. 传感器侦察技术

传感器侦察技术可分为三类，即光传感器、波传感器和振动传感器。一般来讲，振动传感器自己不发射电磁波，只是利用空气、地面或水的运动来探测目标，所以可把它分为地面传感器和水下传感器。其中地面传感器可用飞机空投、火炮发射，或人工布设到交通线上和敌人可能经过的地段，用来执行侦察、监视等任务。

二、精确制导技术

精确制导技术是指按照一定规律控制武器的飞行方向、姿态、高度和速度，简称制导律，用于引导其战斗部准确攻击目标的军用技术。精确制导技术是以微电子技术、计算机技术和光电转换技术为核心，以自动化控制技术为基础发展起来的现代军事高技术。精确制导技术的应用主要体现在精确制导武器系统中，是现代高技术战争的重要标志。

（一）精确制导技术的分类和制导原理

任何一种精确制导武器都需要通过某种制导技术手段随时测定它与目标之间的相比位置和相对运动，根据偏差的大小和运动的状态形成控制信号，控制制导武器的运动轨道，使之最终命中目标。随着高新技术的发展，精确制导武器系统的制导技术有多种类型。按照不同控制导引方式可概括为自主式、寻的式、遥控式和复合式四种制导。

1. 自主制导

自主制导是引导指令由弹上制导系统按照预先拟定的飞行方案控制导弹飞向目标，制导系统与目标、指挥站不发生任何联系的制导。属于自主制导的有惯性制导、方案制导、地形匹配制导和星光制导等。自主式制导由于和目标及指挥站不发生联系，因而隐蔽性好、抗干扰能力强、导弹的射程远、制导精度高。但飞行弹道不能改变的特征，使之只能用于攻击固定目标或预定区域的弹道导弹、巡航导弹。

2. 寻的制导

寻的制导或称自寻的制导、自动导引制导、自动瞄准制导。它是利用导弹上设备接收来自目标辐射或反射的能量，靠弹上探测设备测量目标与导弹相对运动的技术参数，并将这些技术参数变换成引导指令信号，使导弹飞向目标。

（1）主动寻的制导。它是照射目标的能源在导弹上。当弹上的导引头接收到来自目标的反射信号后，导弹会自动跟踪并攻击目标。它具有“发射后不用管”的优点，能从任何角度攻击目标，命中精度较高，缺点是易受干扰（见图 4－1）。

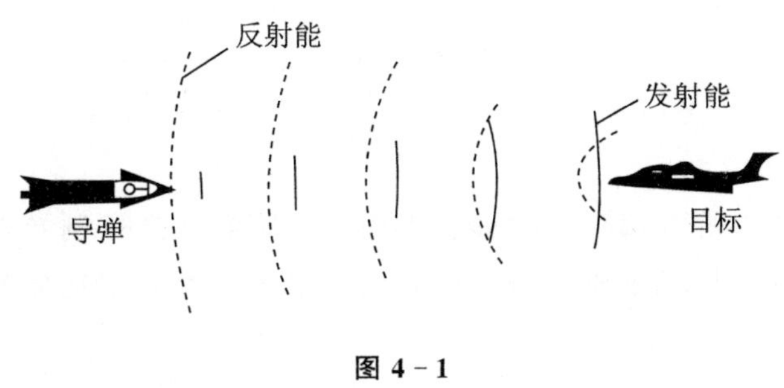

图 4－1

（2）半主动寻的制导。它是照射目标的能源不在导弹上。当弹上导引头接收到来自导弹发射点或其他（地面、水面、空中）方向照射到目标上的折射或反射信号后，导弹会自动跟踪并攻击目标。这种制导可减少弹上设备，增大飞行距离，但不能自主寻的，而且制导站易受敌人攻击。因此，主要用于攻击空中目标（见图 4－2）。

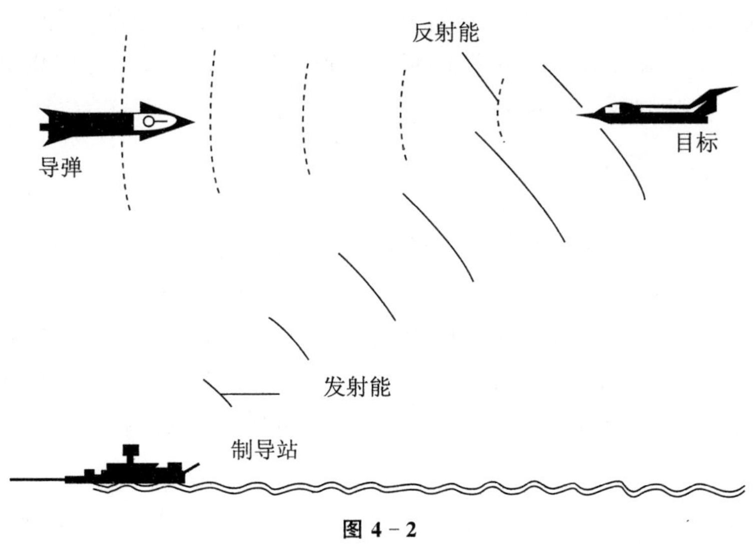

图 4－2

(3) 被动寻的制导。它是靠感受来自目标的能量。当弹上导引头接收到来自目标的辐射波信号后，导弹会自动跟踪并攻击目标。美国的“响尾蛇”空对空导弹，所采用的就是被动红外寻的制导（见图 4-3)。

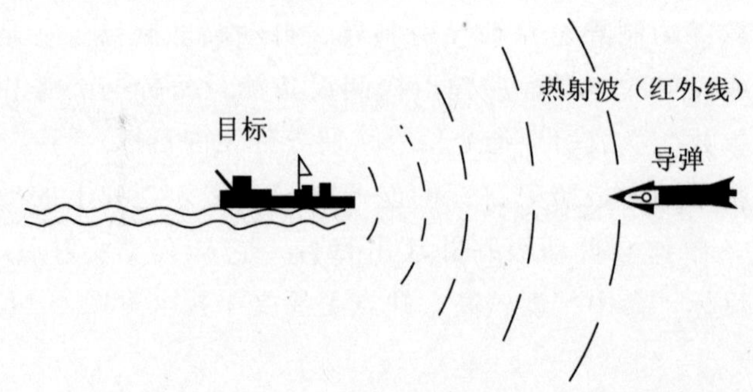

图 4-3

3. 遥控制导

遥控制导是由设在导弹以外的地面、水面或空中制导站控制导弹飞向目标的制导技术。波束式制导是主要用于地对空、舰对空、空对空和空对地导弹攻击活动目标的武器系统。

4. 复合制导

复合制导是在一种武器中采用两种或两种以上制导方式组合而成的制导技术。先进的精确制导武器系统往往采用复合制导技术。在同一武器系统的不同飞行段，不同的地理和气候条件下，采用不同的制导方式，扬其所长，避其所短，组成复合式精确制导系统，以实现更准确的制导。常用的复合制导技术有：自主式制导＋寻的式制导、自主式制导＋指令式制导、自主式制导＋指令式制导＋寻的式制导、指令式制导＋寻的式制导，以上这些复合制导技术在地对空、空对地、地对地战术导弹中均被采用。除上述分类方法外，制导技术还可根据所用物理量的特性，分为无线电制导、红外制导、激光制导、雷达制导、电视制导等。

（二）精确制导技术在军事上的应用

精确制导技术是指依靠自身推进并控制飞行弹道，引导弹头准确攻击目标的武器系统。按导弹发射点与目标之间的相对位置可分为地对地、地对空、岸对舰、空对地、空对舰、空对空、舰对空、舰对岸、舰对舰、舰对潜导弹；按攻击活动目标的类型可分为反坦克、反飞机、反潜、反弹道导弹和反卫星导弹等；按飞行弹道特征可分为弹道导弹和巡航导弹；按推进剂的物理状态可分为固体推进剂导弹和液体推进剂导弹（见图 4-4)。

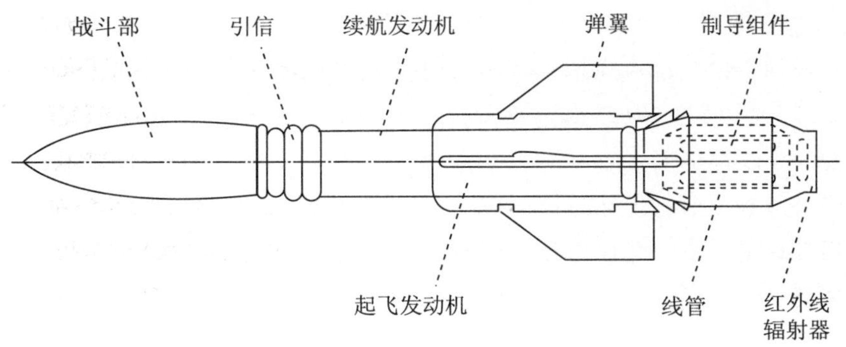

图 4-4

1. 地空导弹

地空导弹的发展始于 20 世纪 50 年代，起初主要用于要地防空以攻击高空侦察机和轰炸机的。20 世纪 60 年代以后，通过越南和中东战争的实践，发现对付低空突防和电子干扰的重要性日益突出。于是各国大力发展了机动部队防空的中、低空地空导弹。20 世纪 70 年代，一些国家的地空导弹武器系统已构成远、中、近程，高、中、低空的火力配系，成为地面防空火力的主要组成部分。20 世纪 80 年代以来地空导弹又有了很大发展，一是地空导弹在保持全空域配套的情况下，以低空防御为主。二是攻击范围大。射程 3～80 千米，射高 0.03～24 千米，具备高中低空、远中近程攻击能力。三是抗干扰能力强，制导精度高。这种导弹是为对付在强电子干扰环境下的大规模空袭而设计的，采用了复合制导技术。单发命中概率达 91%。四是发射系统自动化程度高、反应快（见图 4-5）。

图 4-5

2. 反坦克导弹

反坦克导弹重量轻，易隐蔽。从 20 世纪 70 年代中期开始，各国对第三代反坦克导弹进行了反复的论证，以期得到效费比更高的反坦克武器，从目前情况看，第三代反坦克导弹的主要制导方式有激光、毫米波、红外成像和光纤制导等。总之，第三代反坦克导弹可以有效地对付 20 世纪 90 年代出现的各种新式装甲目标。各国都重视对坦克群的纵深攻击，由于在地面使用反坦克导弹发现和跟踪目标的距离有限，机动性差，因此直升机反坦克被看作是一种重要的手段，目前在直升机上装备的空地反坦克导弹几乎都是由地面反坦克导弹改装而成的，所以发展情况与地面反坦克导弹相似。最有代表性的反坦克导弹有美国的“海尔法”“陶”式，德法合制的“米兰”，独联体的 AT6 等。“海尔法”导弹采用半主动激光寻的制导，最大射程 7.5 千米，最大速度 1.17 马赫，这种导弹通常由飞机携带发射，也可地面发射。发射后，导弹飞越障碍，搜索目标，自动锁定，直至命中目标。既可单射，又可速射和齐射。控制发射方式有载机飞行员自主发射、其他飞机遥控发射、地面制导站发射三种（见图 4 - 6）。

图 4 - 6

3. 反舰导弹

现代舰艇正在迅速改变它的防御系统，配置先进的电子战斗设备，组成严密的火力防护，提高了对反舰导弹的整体防御能力。20 世纪 80 年代初，西方国家开始研制第二代反舰导弹，其主要标志：一是加大射程；二是将速度提高为超音速，并加强机动性使对方难以拦截；三是采用更先进的制导技术，以进一步提高制导精度、抗干扰能力和识别真假目标的能力。例如，“飞鱼”导弹的后继型 ANS 反舰导弹，射程从 70 千米提高到 180 千米，速度由 0.9 倍音速提高至 2 倍音速，并且在飞行末段还能做大机动的闪避。

4. 地地战术导弹

现在可以使用的并且有代表性的有美国的“战斧”巡航导弹、“陆军战术导弹系统”，独联体的“飞毛腿”，法国的“冥王星”，日本的SSMI等。“战斧”导弹的陆射型号为BGM109G，潜和舰射型号为BGM109A/B/C，弹重1204千克，采用固体燃料推进环婪绞剑几乎贴地面飞行，雷达反射截面积小，抗干扰能力强，精度高，威力大，命中精度高，可避免己方人员伤亡。“陆军战术导弹系统”使用的导弹，最大射程为100～150千米，制导方式采用先进的综合制导系统。该导弹是跨世纪使用的导弹。

5. 空空导弹

空空导弹是现代作战飞机配备的主要武器。主战飞机对空作战有两项特殊任务，一是拦截；二是格斗，所以空空导弹向着近程格斗和中、远距拦截两个方向发展。空中格斗型空空导弹采用红外制导，它的特点是：体积小、重量轻、机动性大、反应快，能从目标各个方向对其攻击，导弹发射后不需要载机控制，具有“发射后不用管”的自主攻击目标的能力，射程从零点几千米到20千米。中、远程拦截导弹主要用于拦截轰炸机、战斗轰炸机，它的特点是：射程远，威力大，能全天候、全高度、全向攻击，抗干扰能力强，采用半主动雷达制导或复合制导系统。性能先进的空空导弹有美国的“响尾蛇”“麻雀”，法国的“马特拉”、超530，独联体的AA9、AA10、AA11等。

6. 空地导弹

最有代表性的是美国的“小牛”“斯拉姆”“哈姆”高速反辐射导弹，法国的AS30L，独联体的AS-7、AS-8、AS-9、AS-10等。

三、军用航天技术

军用航天技术是以军事应用为目的、开发和利用太空的一门综合性工程技术。迄今世界各国共发射了5000多个航天器，其中70%用于军事目的。它的发展，使军事侦察、通信、测绘、导航、定位、预警、监视和气象预报等能力空前提高。

（一）航天器

航天器又称空间飞行器、太空飞行器。按照天体力学的规律在太空运行，执行探索、开发、利用太空和天体等特定任务的各类飞行器。世界上第一个航天器是苏联1957年10月4日发射的“人造地球卫星1号”，第一个载人航天器是苏联航天员加加林乘坐的东方号飞船，第一个把人送到月球上的航天器是美国“阿波罗11号”飞船，第一个兼有运载火箭、航天器和飞机特征的飞行器是美国“哥伦比亚号”航天飞机。航天器为了完成航天任务，必须与航天运载器、航天器发射场和回收设施、航天测控和数据采集网与用户台站（网）等互相配合，协调工作，共同组成航天系统。航天器是执行航天任务的主体，是航天系统的主要组成部分（见图4-7）。

图 4-7

1. 航天器的分类

航天器有多种分类方法，即可以按照其轨道性质、科技特点、质量大小、应用领域进行分类。按照应用领域进行分类，是使用最广泛的航天器分类法。航天器分为军用航天器、民用航天器和军民两用航天器。

（1）人造地球卫星：人造地球卫星分为科学卫星、技术试验卫星和应用卫星。科学卫星分为空间物理探测卫星和天文卫星。应用卫星分为通信卫星、气象卫星、导航卫星、测地卫星、地球资源卫星、侦察卫星、预警卫星、海洋监视卫星、截击卫星和多用途卫星等。

（2）空间探测器：空间探测器分为月球探测器、行星及其卫星探测器、行星际探测器和小行星探测器。

（3）载人航天器：载人航天器分为载人飞船、空间站和航天飞机、空天飞机。

2. 航天器的运行轨道

航天器绕地球的运行轨道有 4 种，即顺行轨道、逆行轨道、极轨道和赤道轨道。航天器的运行方向与地球自转方向相同的叫顺行轨道，航天器的运行方向与地球自转方向相反的叫逆行轨道，航天器的轨道平面与地球赤道平面垂直的叫极轨道，航天器轨道平面与地球赤道平面之间夹角为零度的叫赤道轨道。

这 4 种运行轨道是航天器自行在太空的运动轨迹。形象地说，就是航天器绕地球飞行的路线。这些特殊的路线是由航天器入轨速度（一般在 8000 米/秒左右）和运载火箭的发射方向等决定的。如果没有外力的作用，航天器将沿着某条轨道永远地运行下去，这就是航天器的轨道运行。

3. 航天测控

第二次世界大战以后不久，在火箭试验中就已采用某些光学和电子测量系统，例如光学跟踪经纬仪和多普勒测速仪。但是作为完整的航天测控系统，则是在人造地球卫星出现之后才逐步形成的。全系统靠全球性的通信网来相互连接，相当一部分线路是租用。除了对近地卫星和飞船的测控系统外，还建立了对行星际探测的深空测控网。中国航天测控系统也是在航天事业的发展中逐步臻于完善的。为了扩展观测范围，还建造了海上测量船，以便驶往远洋对航天器进行跟踪观测。在整个测控系统中使用了多台计算机，并有贯通各个测控站、测量船和测控中心的通信网络。

（二）军用航天器

航天技术从一开始就和军事结下了不解之缘。在所有发射的航天器中，直接为军事目的服务的约占70%。航天技术早已成为大国军事系统中不可缺少的重要组成部分，各种军用航天器已经成为影响地面、海上和空中军事行动的重要因素之一。现在，军用航天器的发展正经历着重大的转变，即由“非武器类”的情报搜集、通信、导航等向“武器类”方向发展。军事大国正大力研制各种各样的航天兵器。空间武器系统的许多关键技术已经取得重大突破。

1. 军用卫星

军用卫星指的是用于各种军事目的的人造地球卫星。军用卫星按用途一般可分为侦察卫星、军用气象卫星、军用导航卫星、军用测地卫星、军用通信卫星和拦击卫星。战时，一些民用卫星也可用于军事用途。如低轨道的多接口通信卫星、KH-11大鸟侦察卫星、SPOT遥感卫星、Leasat同步轨道卫星、高轨道的GPS卫星网等。

2. 图像摄影卫星

Lacrosse（长曲棍球）雷达图像侦察卫星。此外，商用的EOSAT（美国地球观察卫星）、LANDSAT（美国陆地卫星）及法国SPOT卫星也用于军事。

3. 导航定位卫星

美国的环球定位系统（GPS）卫星网，计划由24颗卫星组成。其星座分布是：每个轨道面包括4个卫星，共有6个轨道面。轨道倾角55°，轨道高度20233km。载波频率L（D1）=1227MHz，L（D2）=1575MHz。导航信息码速率50bit/s，每个GPS卫星重2032kg，共有16个卫星在轨运行。GPS系统有两种体制，一种为C/A码，定位精度规定为100m，据报道这种编码实际可达精度是35m，因为这个精度已接近军用要求，因此把它降到100m供商用。另一种是P码，专供军用，其定位精度为18m。在海湾战争中，曾限制非美国用户使用GPS信号，在C/A码中加了专用码，供战场使用。美国计划在20世纪90年代中期发射新的GPS卫星，其定位精度将进一步提高。

4. 导弹预警卫星

美国和前苏联都发展了战略导弹预警卫星。美国的预警卫星称为DSP（防御支持计划）。卫星重量为900千克，位于赤道上空的定点轨道上，利用大的红外望远镜探测导弹发射发出的红外信号，通过分析这些信号的强度以及与地球冷背景的差别，判别出导弹的型号，并把这些信号送到地面的弹道导弹预警系统，计算出导弹的落点。在海湾战争中，美军至少将两颗DSP卫星转到战区上空，用于监视伊拉克飞毛腿战术导弹的发射。卫星上的红外望远镜每12秒扫描一次，提供近实时的信息，这些信息经美国空军的计算机处理，在导弹发射后120秒预报落点，给前线提供90秒钟的预警时间。这种信息同时引导爱国者导弹进行拦击，还给出飞毛腿导弹的发射点，以组织对其发射架的轰炸。从 1994 年开始，美国研制新的一代预警卫星，并加强对战术导弹的预警。

5. 军用通信卫星

正在使用的有代表性的军用通信卫星系统是美国的国防卫星通信系统 DSCS－Ⅲ卫星，与它类似的还有欧洲的 Skynet4 卫星及美国的 Fleetsatcom（舰队卫星通信系统）等。DSCS－Ⅲ卫星重 1042 千克，卫星本体呈立方体形，三轴稳定，一副太阳帆板指向太阳。卫星有反干扰，抗堵塞措施。星上装有两种天线，一种为多波束天线，具有接收 61 个波束的能力；另一种是两个 19 波束的接收天线。天线的波形图由地面控制，可选择卫星的覆盖区。卫星的工作寿命 10 年。

在海湾战争中，盟军动用了 11 颗通信卫星进行通信与指挥，其中包括 Leasat（租赁卫星）及试验型的 MAC 卫星。由于现代战争的情报、指挥、通信等信息流量很大，上述通信卫星没有满足需要，特别是基层部队经济联络不上。因此战后美国及其盟国一致呼吁加速发展小型军用通信卫星来解决战时通信拥挤问题。

正在发展的美国军用通信卫星有 Milstar（军用战略、战术和中继卫星），以及小型的 Tacsat 通信卫星，Milstar 采用 EHF 频段（上行 44GHz，下行 20GHz），增加星上处理能力，加强核加固及抗激光武器能力，提高生存能力。星座由 4 颗在同步卫星轨道的卫星及 4 颗在大椭圆轨道的卫星组成，其中各有一颗是备份星。在星座各卫星之间有交叉通信链（频段 60GHz），以减少对地面站的依赖；在失去地面站支持的情况下，通信网能自主工作半年之久。为了加强抗堵塞能力，Milstar 在频段选择及天线设计方面都采取了措施，使性能大大提高。

6. 电子窃听卫星

美国和苏联都发展并部署电子窃听卫星系统。据报道，苏联的窃听卫星系统由 6 个卫星组成星座，轨道高度 650km。美国的电子窃听卫星经过了两代的发展，使用的两种卫星的代号是旋风（Vortex）及大酒瓶（Magnum）。电了窃听卫星的主要功能是收集地面雷达系统的信息，监听导弹试验的遥测信息，从而判断导弹的性能，在作战期间还可窃听敌方的作战命令及密码等。由于电子窃听卫星是一项高度机密的计划，公开的情报甚少。

7. 军用载人航天器

（1）载人飞船：载人飞船能保障航天员在外层空间生活和工作以执行航天任务并返回地面的航天器，又称宇宙飞船。载人飞船可以独立进行航天活动，也可作为往返于地面和空间站之间的“渡船”，还能与空间站或其他航天器对接后进行联合飞行。载人飞船容积较小，受到所载消耗性物质数量的限制，不具备再补给的能力，而且不能重复使用。1961 年苏联发射了第一艘东方号飞船，后来又发射了上升号和联盟号飞船。美国也相继发射了水星号、双子星座号、阿波罗号等载人飞船。阿波罗号是登月载人飞船。

(2) 空间站：空间站又称航天站、太空站、轨道站。是一种在近地轨道长时间运行，可供多名航天员巡访、长期工作和生活的载人航天器。空间站分为单一式和组合式两种。单一式空间站可由航天运载器一次发射入轨，组合式空间站则由航天运载器分批将组件送入轨道，在太空组装而成。在空间站中要有人能够生活的一切设施，不再返回地球。

(3) 航天飞机：航天飞机正式名称为太空梭或太空穿梭机，是可重复使用的、往返于太空和地面之间的航天器。航天飞机并不是飞机，也不属于飞机的范畴。它既能像运载火箭那样把人造卫星等航天器送入太空，也能像载人飞船那样在轨道上运行，还能像滑翔机那样在大气层中滑翔着陆。航天飞机为人类自由进出太空提供了很好的工具，它大大降低航天活动的费用，是航天史上的一个重要里程碑，最早由美国研发。

(三) 军事航天技术对现代高技术战争的影响

军事航天技术可为军事行动，如情报获取、敌情监视、通信导航以及未来的空间作战提供最现代化的手段，作用日益显著，在军事上的地位日益重要，已成为现代军事技术不可或缺的组成部分。军事航天技术的监视、支援、作战和勤务保障等功能都要通过军用航天工程系统来实现。

1. 对国家安全战略的影响

在高技术战争条件下，从保卫国家的安全角度来说，仅仅考虑核威胁、核保护战略已远远不够了。航天战略（或宇宙战略）将成为国家战略的重要内容。一个国家的高技术水平是这个国家威慑力量中不可分割的一部分。国家的安全除了有赖于必要的常规武器、核武器外，更加有赖于高技术武器。

2. 对国防经济的影响

一方面，高技术的发展，对国防经济要求很高，国家要以相当的经费来支持高技术武器的发展。另一方面，很多军事高技术与国家科技的发展密不可分，如用于外层空间的一些武器和设备，对开发宇宙资源和地球资源大有益处。开始需要国家经济投资，但不久就可受益，反而促进国家经济的发展。高技术战争的基础是高技术，发展高技术仅仅用有限的国防经费是不够的，还需要有国防经济整个系统来支撑。而且光有钱还不是唯一的条件，国防技术人才和国防技术设施要与高技术的发展相适应。为了发展高技术，需要动员整个国家的尖端技术力量，而不单纯是军事技术力量。经费和技术，是发展高技术的必不可少的物质基础。

3. 对战争样式和作战方式的影响

高技术武器用于战争，使战争的样式和作战方式有了很大发展。除了已经出现的用高技术手段进行的军事冲突和小型局部战争之外，还有可能出现如外层空间的军事冲突和小型战争，以及星球大战和世界性高技术战争等新的战争样式。这些新的战争样式，反映了现代复杂的国际关系，影响着战争的规模和结局。对于核武器，美国等正在从高技术中寻找防御的积极手段。现在已有不少人相信，运用高技术武器就可以有效地抗击核武器。因而，风靡一时的核威胁战略将受到挑战。高技术战争发动的方式和进行的方式与以往也有很大不同。远战可能多于近战，导弹战可能多于枪炮战，电子战可能充斥整个战场。作战双方利用智能武器和借助现代指挥工具进行的斗争将日益凸显。

4. 对军队编制装备的影响

高技术战争将影响军队的组成、编制和装备。如将增加新的军种和兵种——天军、深海部队、机器人部队、飞行器分队等。军兵种的比例也将发生变化，天军、空军的比例将逐渐增大，陆军的比例将缩减，海军中深海潜艇的比例也将加大。军队人员的知识结构，必须要与高技术的装备水平相适应。军队的文化水平将大大提高，工程科技人员的比例将增大。军队人员要有高度的政治觉悟，高度的组织纪律性，坚强的体魄，娴熟的军事技能，能吃苦耐劳，克服困难，坚韧不拔，具有献身精神。军队有良好的训练水平和科学的管理水平。

5. 对作战行动的影响

作战空间增大，不光是同一作战单位的任务，正面、纵深大于以往作战，而且空中的支援和防护一般可分为超低空、低空、中空、高空、超高空以及高天（外层空间）6 个层次。从几万米高空扩大到几百千米的外层空间。由于远程火器增多，部队机动速度加快，作战部队的任务纵深大大地加大了。

作战行动的突然性增大。在谋略思维上能够跳出常规，在复杂的战争现象中，寻找出其不意攻其不备之点，在谋求突然性的优势中居主导地位。但是指挥决策的快速性和作战行动的快速性，无疑有助于突然性的达成。而后者，在高技术战争中是司空见惯的。杀伤破坏程度空前残酷。既有大面积杀伤武器，又有精确制导的杀伤点状目标的武器。点面结合，破坏面积大，杀伤目标准，对人类带来的灾难超过以往。如果高能激光武器使用于战场，对其破坏杀伤力目前还没有找到抗御的方法。战场探测器材十分发达，凡是暴露的目标，一般都可侦知，凡是侦知的目标，一般都可摧毁。在这种情况下，如何保存战场上的有生力量是个十分重要的问题。如果进攻者不能在冲击前对防御一方进行十分有效的压制，那么防御者就有可能在瞬间将暴露的进攻军队予以毁伤，而将在此以前的损失和消耗捞回来。克劳塞维茨说防御是较强的作战形式，在高技术战争中这句名言将再次得到证实。电磁频谱的斗争更加激烈。这方面的斗争不单单是像以往那样主要反映在干扰和反干扰方面，除了干扰反干扰的斗争外，还将反映在侦察反侦察、制导反制导、C3I 系统与反 C3I 系统等方面。高技术战争中，雷达是双方很注目的目标。电子干扰对方制导系统也变得日益重要。破坏对方的指挥控制系统更有积极意义。电子压制斗争是火力压制的前提，否则，很难保障火力压制的效果。所以电磁环境的优势往往伴随着胜利。在高技术作战中，发现目标是第一位的，包括侦察卫星在内的众多的探测器对战场目标的发现并不难。由于作战双方采取的伪装、隐形、隐蔽、设置假情报、发射假信号等手段，发现的目标是鱼龙混杂、真假难辨的。如何在发现目标之后识别真假是个复杂的问题。打击目标是继发现识别目标后的积极行动。打击一般指火力打击，主要是空中火力和地面火力打击，同时包括采取电子摧毁的打法，或将目标杀伤，或使目标摧毁，或将目标给予破坏。这是高技术战争中最积极的手段。能否大量地歼灭对方的有生力量，在任何战争中都是有决定意义的，高技术战争也不例外。占领或保护目标一般是作战的目的，这是继火力打击以后的行动，往往是歼灭敌方有生力量的结果。就一般的进攻（或防御）作战行动来说，占领（或保护）目标是衡量完成作战任务的标志之一。有利的地形如制高点、战役战术要点，仍是兵家必争之地。

6. 对指挥的影响

由于卫星技术和其他遥感遥测技术广泛使用于军队指挥系统，获取战略情报和战场情报已不是十分困难的事；由于电子计算机成为军队指挥的重要工具，大大提高了对信息的储存、处理能力；而使用激光通信、光纤通信、传真通信和数据通信等手段，通信的可靠性和适时性提高了。自动化的指挥控制系统使军队指挥既快速又准确，尤其运用人工智能专家系统，可以提出决策建议和行动方案供指挥员选择参考，做出最佳抉择。以高技术为支撑的 C3I 系统，可供战略指挥（全国、全球甚至外层空间）使用，也可供战役、战斗指挥使用，甚至单舰、单机、单车、单兵都可使用。这就要求指挥员和参谋人员必须既是军事专家，又是科学家和工程技术专家，熟悉自动化指挥程序和具有运用指挥设备的知识与能力。

7. 对后方保障的影响

高技术战争的极大消耗量对后勤保障提出了一个十分现实的问题：供应补给量与消耗量要成正比，要以极大的供应量来保障高技术战争的极大消耗量。假设消耗量为 N，那么供应量应大于 N。只有这样，才能保证战争的持续进行，如果供应量小于消耗量，那就要影响战争的进行，甚至发生粮尽弹绝的危险情况。做到及时大量地供应补给，要掌握四个环节：①预见和准备。对一场战争的可能消耗情况，预先要有足够的估计，并据以做充分的准备。如做好各类物资弹药油料等的预先储备等。②有充足而可靠的输送力量。根据战争的进展情况和各作战方向、作战地域的消耗情况，能够及时地组织输送力量，迅速地将所需物资送到。③现代化的多种输送、管理手段，包括两个方面，一是多种输送手段，如铁路、公路、飞机输送，或人力兽力输送。二是运用现代化的管理手段，掌握战场上消耗情况，控制输送力量，保障重点方向、重点物资的筹划和供应。④有应急措施和掌握预备力量。智者千虑，必有一失。问题是当出现“失着”时，有裕如的应急措施，手里有预备力量可供使用。由于高技术战争使前方后方的界限更趋淡薄，为了组织后方的有效保障，必须注意组织对后方机构的有效防御，防止空中袭击、远程武器袭击及空降兵袭击、敌方迂回穿插部队的袭击等。

因此，后方地域必须组织防空、防炮、防导弹以及对地面和对外层空间的防御。这样，才能可靠而有效地组织后方保障。

四、电子对抗技术

电子对抗技术，简单地说是直接应用于信息对抗的各种技术的总称。它是军用信息技术的一个分支和现代军事高技术之一。由于军队广泛应用先进的电子技术和装备进行战场侦察、目标监视、作战指挥、通信联络、武器控制与制导，从而大大提高了作战能力和快速反应能力。电子对抗的目的就在于：削弱或破坏敌方而同时又保护己方的这种能力，为掌握战场主动权，夺取战役、战斗的胜利创造有利条件。随着电子技术在军事上的广泛应用，电子对抗将成为对抗敌方自动化指挥系统和武器控制系统的重要手段。

（一）电子侦察与反侦察

反侦察是电子防护的一个重要组成部分。之所以如此，是因为电子攻击通常要以电子侦察作为辅助支持，当希望电子攻击能发挥最大效能的时候更是如此。为了对某一部雷达实行干扰，需要利用侦察接收机测定雷达的工作频率和脉冲重复周期，以及雷达所处的方位，从而控制干扰机在这个频率和方向上集中功率，取得最佳干扰效果。所以如果雷达采取某种防护技术，例如低截获概率雷达技术，让敌方难以发现雷达的存在，那么就起到了保护自己的目的。现代四大反侦察技术巧妙伪装隐真示假现代伪装技术是通过巧妙的伪装来隐真示假，蒙蔽敌方的侦察。

1. 无线电通信侦察

无线电通信侦察是使用无线电收信器材，截收和破译敌方无线电通信信号，查明敌方无线电通信设备的配置、使用情况及其战术技术性能的一种侦察手段。

2. 无线电通信反侦察

反电子侦察的关键是严格控制己方电子设备的电磁发射活动，即将电子设备的电磁辐射减少到完成任务必不可少的最低限度。控制的范围包括电子设备的发射频率、工作方式、发射时间、次数、方向、功率和地点等。主要措施有以下几方面。

（1）电子设备设置隐蔽频率和战时保留方式，平时则采用常用频率工作。

（2）缩短发射时间，减少发射次数。如无线电通信网路一旦开通，就要使用缩语呼号，使用预先拟定的文电以及采用突发传输。条件允许时，尽量采用有线电通信、运动通信、可视信号通信等通信手段。

（3）使用定向天线，或充分利用地形的屏蔽作用，以减少朝敌方向的电磁辐射强度。

（4）将发射功率降至恰好能完成任务的最低电平。

（5）不定期地转移发射阵地并使发射活动无规律。

3. 雷达侦察

雷达侦察技术是指利用雷达侦察机接收敌方雷达辐射信号，从而获得敌方雷达的空间位置和技术参数的技术。雷达侦察系统通常由天线、天线控制设备、接收机和终端设备四部分组成。

4. 雷达反侦察

侦察与干扰是雷达对抗的重要内容，与反侦察和抗干扰形成了对抗和反对抗的矛盾的两个对立面，本文通过对雷达侦察、干扰以及反侦察、抗干扰技术的论述，从矛盾双方的多方面介绍了雷达反侦察、抗干扰的技术特点和实现途径，并对未来雷达对抗与反对抗发展趋势进行了展望。

(二) 电子干扰与反电子干扰

为使敌方电子设备和系统丧失或降低效能所采取的电波扰乱措施，是电子对抗的组成部分。目的是削弱或破坏敌方使用各种电子设备和系统遂行战场侦察、作战指挥、通信联络和兵器控制与制导的能力，为隐蔽己方企图和提高己方飞机、舰艇的生存能力创造有利条件。通常按产生的方法、作用的物理性质和作用的对象对其进行分类。

1. 按产生的方法

(1) 有源电子干扰，是用专门的干扰发射机发射或转发某种形式的电磁波，使敌方电子设备和系统工作受到扰乱或破坏。发射的干扰信号载频、功率和调制方式（干扰样式）是根据欲干扰的电子设备的类型、工作频率和技术体制等确定的。

(2) 无源电子干扰，是用本身不发射电磁波的箔条、反射器或电波吸收体等器材，反射或吸收敌方电子设备发射的电波，使其效能受到削弱或破坏。这类干扰，主要用于干扰雷达、激光测距装置等以接收反射电波来工作的电子设备。

2. 按干扰的作用性质

(1) 压制性电子干扰，是指造成电子设备的接收系统过载、饱和或难于获取有用信号的干扰。

(2) 欺骗性电子干扰，是以与有用信号相同或相似并含有假信息的信号，使电子设备或操纵人员真假难辨，造成错误的识别和判断的干扰。

3. 按干扰的对象

电子干扰可分为无线电通信干扰、无线电导航干扰、雷达干扰、无线电遥控干扰、无线电遥测干扰、红外干扰、激光干扰等。一些国家还将对声呐等水声电子设备的干扰也列入电子干扰的范围。实施编辑电子干扰的实施，通常是按统一的电子对抗计划，同部队战斗行动协调地进行。由于陆、海、空军的作战特点不同，它们对电子干扰的战术应用也不完全相同。在航空兵突防作战中，一般有远距支援电子干扰、近距支援电子干扰、随行电子干扰和自卫电子干扰四种基本战术。远距支援电子干扰，即用电子干扰飞机（见电子对抗飞机）在作战地域（敌地面防空武器有效射程）以外，对目标附近的主要电子设备和系统施放大功率综合电子干扰，掩护攻击机群的战斗行动。近距支援电子干扰，即电子干扰飞机作为攻击机编队的先导机随编队一起突防，并在距目标的一定距离上盘旋飞行，施放电子干扰，掩护攻击飞机遂行作战任务。随行电子干扰，即电子干扰飞机在突防和作战过程中，在编队中施放电子干扰，掩护攻击机群作战。自卫电子干扰，即作战飞机自身携带电子干扰设备和器材，在执行任务中施放电子干扰，保护自身安全。水面舰艇、潜艇作战，偏重于自卫电子干扰。地面部队作战，不论是进攻还是防御，都强调合理配置电子干扰群，干扰压制敌方通信指挥系统。

（三）电子摧毁与反电子摧毁

多年来，作为“反电子设备高功率微波先进导弹工程”的一部分，科学家一直想创造出这样一种武器。而美国空军近日宣布，他们已经掌握了该项先进技术。该技术可以配合隐形联合空地防区外导弹一起展开部署。2012 年，飞机制造商波音公司在一次时长一小时的飞行中对该武器试验成功，成功使整个军营的计算机陷入瘫痪状态。在波音公司进行的实验中，导弹低低地飞过犹他测试与训练场上方，向七个目标发射了电磁脉冲，结果永久摧毁了它们的电子系统。波音公司表示，这次测试是如此成功，以至于无法用摄像机进行记录。虽然本次项目向外界保密，但专家认为导弹上配备了电磁脉冲炮。通过一台超大功率的“微波炉”，电磁脉冲炮可以产生一束高度集中的能量束，从而在电子设备中引起极高的浪涌电压，这一过程时间极短，浪涌电压保护器还来不及做出反应，电子设备就已经报废了。

（四）电子对抗在现代战争中的应用

电子对抗的实质就是敌我双方为争夺电磁频谱的控制权（即制电磁权）所展开的斗争。夺取了制电磁权就意味着己方能自由使用电磁频谱，不受对方的电磁威胁；同时剥夺了对方自由使用电磁频谱的权利。其作用主要体现在以下几个方面：

（1）获取地方军事情报，为作战指挥提供依据；

（2）破坏敌方作战指挥，使其战斗陷入困境；

（3）通过电子斗争隐蔽己方作战战略意图和行动；

（4）干扰敌方武器系统，掩护突防和攻击；

（5）保卫重要军事目标；

（6）夺取战场主动权。

五、指挥控制技术

指挥信息系统功能的发挥离不开指挥控制技术。指挥控制技术，就是为了便于指挥员和指挥机关对所属部队的作战和其他行动进行指挥，对获取的信息实现快速和优化处理的一系列信息技术的统称。它以电子计算机技术为核心，是集侦察、监视、情报、指挥、控制、通信等于一体的综合技术体系。

(一) 指挥控制技术的产生与发展

为适应联合作战、信息作战等要求，海湾战争后，美军开始建设全球指挥控制系统（GCCS），以逐步取代原有的全球军事指挥控制系统（WWMCCS）。建设该系统的目的是为了解决联合指挥控制的互操作性问题，把各军种专用的不兼容指挥控制系统发展成为一个综合的指挥控制系统。GCCS 是实施危机管理和多军兵种/多国联合作战的指挥控制系统。系统最高一级由联合参谋部、战区总部和特种作战部队总部等九个分系统组成；第二级从最高一级网络延伸，组成战区/总部级自成系统的网络；第三级由战区内各军、兵种司令部局域网组成。网络内部可根据需要临时增设用户终端，采用“开放式”系统结构，可实现各网之间的互通。每一个指挥控制系统站都可提供局域网桌面服务，还可起到用户接口的作用，用户通过密码进入全球指挥控制系统的应用系统。全球指挥控制系统的软件应用系统分为核心系统、通用操作环境（COE）、通用应用软件和应用任务软件四类。GCCS 将把各军兵种分别建设的烟囱式 C4I 网络连成高度融合的全球系统，可满足 21 世纪指战员对一体化战斗空间图像的需求，随时随地为指战员提供战场信息和综合图像信息，能支持用户对图像、部队态势、智能辅助决策、战斗指令、相关装备信息、空中作战指令等信息的互操作和共享。

(二) 指挥控制技术组成和分类

在功能上，指挥信息系统大体由信息获取、信息处理、信息传输和综合控制四个分系统构成。因此，对应上述功能，指挥控制技术可分为信息获取技术、信息处理技术、信息传输技术和综合控制技术。在指挥、控制、计算机和通信系统中，其主体是计算机技术和通信技术。此外，由于指挥信息系统向一体化方向发展的趋势越来越明显，使得综合集成技术和体系结构技术成为新的技术生长点。因此，对智慧控制技术的研究，主要是围绕计算机技术、现代通信技术、系统综合集成技术和网络系统技术展开。

1. 计算机技术

第一台通用电子计算机 ENIAC（电子数字积分计算机）就是以当时雷达脉冲技术、核物理电子计数技术、通信技术等为基础的。电子技术，特别是微电子技术的发展，对计算机技术产生重大影响，二者相互渗透，密切结合。应用物理方面的成就，为计算机技术的发展提供了条件：真空电子技术、磁记录技术、光学和激光技术、超导技术、光导纤维技术、热敏和光敏技术等，均在计算机中得到广泛应用。机械工程技术，尤其是精密机械及其工艺和计量技术，是计算机外部设备的技术支柱。随着计算机技术和通信技术各自的进步，以及社会对于将计算机结成网络以实现资源共享的要求日益增长，计算机技术与通信技术也已紧密地结合起来，将成为社会的强大物质技术基础。离散数学、算法论、语言理论、控制论、信息论、自动机论等，为计算机技术的发展提供了重要的理论基础。计算机技术在许多学科和工业技术的基础上产生和发展，又在几乎所有科学技术和国民经济领域中得到广泛应用。

2. 现代通信技术

通信技术和通信产业是20世纪80年代以来发展最快的领域之一。不论是在国际还是在国内都是如此。这是人类进入信息社会的重要标志之一。通信就是互通信息。从这个意义上来说，通信在远古的时代就已存在。人之间的对话是通信，用手势表达情绪也可算是通信。以后用烽火传递战事情况是通信，快马与驿站传送文件当然也可以是通信。现代的通信一般是指电信，国际上称为远程通信。

纵观通信的发展历史，可分为以下三个阶段：第一阶段是语言和文字通信阶段。在这一阶段，通信方式简单，内容单一。第二阶段是电通信阶段。1837年，莫尔斯发明电报机，并设计莫尔斯电报码。1876年，贝尔发明电话机。这样，利用电磁波不仅可以传输文字，还可以传输语音，由此大大加快了通信的发展进程。1895年，马可尼发明无线电设备，从而开创了无线电通信发展的道路。第三阶段是电子信息通信阶段。从总体上看，通信技术实际上就是通信系统和通信网的技术。通信系统是指点对点通信所需的全部设施，而通信网是由许多通信系统组成的多点之间能相互通信的全部设施。而现代的主要通信技术有数字通信技术，程控交换技术，信息传输技术，通信网络技术，数据通信与数据网，ISDN与ATM技术，宽带IP技术，接入网与接入技术。其中，程控交换技术即是指人们用专门的电子计算机根据需要把预先编好的程序存入计算机后完成通信中的各种交换。程控交换由当初电话交换的人工转接、自动转接、电子转接、程控转接技术，到后来，由于通信业务范围的不断扩大，交换的技术已经不仅仅用于电话交换，还能实现传真、数据、图像通信等交换。程控数字交换机处理速度快，体积小，容量大，灵活性强，服务功能多，便于改变交换机功能，便于建设智能网，向用户提供更多、更方便的电话服务。随着电信业务从以话音为主向以数据为主转移，交换技术也相应地从传统的电路交换技术逐步转向基于分组的数据交换和宽带交换，以及适应下一代网络基于IP的业务综合特点的软交换方向发展。

现代网络通信技术发生了革命性的变化，网络通信具有三点优势：一是可以满足多业务通信传输的需要；二是可以传输多媒体信息；三是实现信息传递的宽带化和高速化。由于网络通信的发展，自动交换技术、光纤通信技术、卫星通信技术等新的通信技术得到了长足的发展和应用，使军事通信发生了深刻的变化。军事战略通信网、指挥自动化通信系统、战略战术通信网联成一个整体，使战场上瞬息万变的态势可实时传输，供指挥员进行决策；使远程精确打击成为可能，毁伤效能大幅度提高；使作战效果得到及时反馈，作战节奏大大加快，彻底改变了现代战争的面貌。

3. 系统综合集成技术

信息与信息系统无处不在，信息化已成为当今的时代特征。本书通过对这一时代特征的透视，首先阐明计算机信息系统的确切含义和基本结构；然后指出，为适应信息世界的不断变化和发展，一体化信息系统所需的综合集成是柔性的，并揭示支持随需应变的若干敏捷软件技术；进而就相关的平台软件，包括基础中间件和各类应用集成中间件，以及领域应用框架进行分类并作必要诠释；最后讨论信息系统的发展趋势和云计算等若干热点问题。

4. 网络系统技术

Internet的应用范围由最早的军事、国防，扩展到美国国内的学术机构，进而迅速覆盖了全球的各个领域，运营性质也由科研、教育为主逐渐转向商业化。网络系统技术的发展和运用于军事领域，使军队的指挥体系由过去的树状结构变为平面网状结构，战场指挥变得更加及时有效。

(三) 指挥控制技术在军事上的运用

为处理复杂的战术情景，综合指挥与控制系统要提供资源管理的决策支援。在军事范围，这通常意味着对威胁的匹配对抗。这包括数据融合支援、态势估计、威胁评估、资源分配和响应方案的选择。在建造指挥与控制系统时，设计师必须根据作战要求决定人机之间的功能分配。关于执行的策略是人工智能还是常规方法最合适，这只能根据使某一功能自动化的决策进行判断。在指挥与控制系统自动化计划中，有一些功能最好用人工智能技术实现，而另外一些功能最好用常规方法实现。可以根据问题的类型和解决问题的策略定义人工智能。首先让我们看一些适当的问题，它的功能的实现是利用人类知识和推理方法实现的，这种方法类似于人类用数值和算术解题法解决计算问题。所谓知识，我们一般是指领域目标的抽象描述和目标之间关系的认识。在数字计算中，人是不可靠的，而在根据真实世界事件之间相互关系的认识进行推理时，人是有能力的。

1. 军队战斗力的“倍增器”

在军事领域，科学技术是战斗力的“倍增器”，是新武器和新军事战略产生的物质基础。社会上习惯于把科学和技术联在一起，统称为“科技”。实际上二者既有密切联系，又有重要区别。科学解决理论问题，技术解决实际问题。科学要解决的问题，是发现自然界中确凿的事实与现象之间的关系，并建立理论把事实与现象联系起来；技术的任务则是把科学的成果应用到实际问题中去。科学主要是和未知的领域打交道，其进展，尤其是重大的突破，是难以预料的；技术是在相对成熟的领域内工作，可以做出比较准确的规划。

2. 军队一体化作战体系的“黏合剂”

现代指挥信息系统可以将诸军兵种的各个系统有机地融为一体，充分发挥整体威力。现代高技术战争是一体化联合作战，参战军兵种多，武器平台多，战场分布广，如果没有一个高效率、高度集中统一的指挥信息系统作为军队的神经中枢，那么这支军队只能是一盘散沙，无法发挥应有的效能。20世纪90年代以来，从海湾战争、科索沃战争、阿富汗战争到伊拉克战争，都充分表明了这一点。阿富汗军队基本上没有指挥信息系统，因此无法与美军直接对抗；南联盟的指挥信息系统是不完整的，因此只能组织有限的防护，难以与美国为首的北约军队抗衡；伊拉克虽然建立了较为先进的指挥信息系统，但却无法确保在战时正常工作，或系统运行不稳定、不可靠，或缺少防护手段易遭摧毁，从而不能发挥应有的效能，也同样逃脱不了失败的命运。

3. 提高了军队指挥控制的效能

随着科学技术的迅速发展，特别是核技术、电子技术和航天技术等的迅速发展及其在军事上的广泛应用，军队指挥进入了一个新的阶段。许多国家的军队都利用科学技术的最新成果，发射各种侦察和通信卫星，建立电子侦察系统，扩大获取情报的手段和范围，提高传递处理情报的速度和能力；发展尖端电子设备，加强电子对抗能力；装备现代化指挥器材，建立指挥自动化系统等。这些都使军队的指挥效能得到不断的提高。

4. 打赢信息化条件下局部战争的重要保证

指挥信息系统是进行信息化条件下局部战争的基础，也是打赢信息化条件下局部战争的重要保证。在信息化条件下的局部战争中，作战力量的指挥控制将更加受制于复杂的战场环境。在包含大量信息化武器装备的数字化、网络化战场上，指挥控制系统能使信息与能量实现最佳结合，既能为战场上所有作战单位提供“无缝”的信息传输能力和互操作能力，又能在任何时间、地点，接收到实时的战场图像，准确提供敌人各种信息。另外，信息战的主要任务是压制、削弱、破坏和摧毁敌方指挥信息系统，同时确保己方指挥控制系统免遭这种攻击。因此，能否建立和拥有指挥信息系统的优势，是决定未来信息化战争能否取得胜利的重要因素。

六、隐身伪装技术

隐形技术俗称隐身技术，准确的术语应该是“低可探测技术”。即通过研究利用各种不同的技术手段来改变己方目标的可探测性信息特征，最大限度地降低对方探测系统发现的概率，使己方目标、己方的武器装备不被敌方的探测系统发现和探测到。隐形技术是传统伪装技术的一种应用和延伸，它的出现，使伪装技术由防御性走向了进攻，由消极被动变成了积极主动，增强部队的生存能力，提高对敌人的威胁力。

（一）伪装技术

伪装就是进行隐真示假，为欺骗或迷惑对方所采取的各种隐蔽措施，是军队战斗保障的一项重要内容。伪装的基本原理是减小目标与背景在可见光、红外、微波等电磁波波段的散射或辐射特性上的差别，以隐蔽真实目标或降低目标的可探测性特征，模拟或扩大目标与背景的这些差别，以构成假目标欺骗敌方。

一方面，要减小目标与背景在光学、热红外、微波波段等电磁波的散射或辐射特性的差别，以隐蔽目标或降低目标的可探测特征；另一方面，要模拟或扩大目标与环境的这些差别，以构成假目标欺骗敌方。

有两种基本的分类方法：一是按军事伪装的运用范围分类，可分为战略伪装、战役伪装、战术伪装；二是按伪装所对付的侦察器材分类，可以分为反雷达侦察伪装、反可见光及红外侦察伪装、反声测伪装。

伪装的技术措施主要包括：天然伪装、迷彩伪装、植物伪装、人工遮障伪装、烟幕伪装、假目标伪装、灯火及音响伪装。

（二）隐身技术

雷达和通信设备工作时会发出电磁波，表面会反射电磁波，运转中的发动机和其他发热部件会辐射红外线，以及物体（如飞机）会反射照射向它的雷达波，这样，就使武器装备与它所处的背景形成鲜明对比，容易被敌人发现。通过多种途径，设法尽可能减弱自身的特征信号，降低对外来电磁波、光波和红外线反射，达到与它所处的背景难以区分，从而把自己隐蔽起来，这就是“低可探测技术”。

借助于中国古典武侠小说中所谓“隐身术”一说，所以，俗称隐身技术。隐形技术涉及电子学、材料学、声学、光学等许多技术领域，是第二次世界大战后的重大军事技术突破之一。

隐形技术包括雷达隐形、红外隐形、磁隐形、声隐形和可见光隐形等。很多武器装备，如飞机（见图 4－8）、导弹、舰船、坦克、战车、水雷、大炮等，都可以采取隐身措施把自己隐蔽起来。首先出现的是隐形飞机，通过降低雷达截面和减小自身的红外辐射实现隐形。

图 4－8

（三）隐身兵器

1. 隐身飞机

隐身飞机是研制最早、发展最快、隐身技术含量最高的隐身兵器。它的发展经历了利用单一技术对飞机进行局部隐身和运用综合技术对飞机进行全面隐身两阶段。具有代表性的隐身飞机主要有F-22隐身战斗机、B-2隐身战略轰炸机、F-35联合攻击战斗机等。F-22作为第四代战斗机代表，是目前世界上公认的最先进的隐身战斗机，该机综合运用了多种隐身技术，整体采用带高位梯形机翼的带尾翼的综合气动力系统，垂尾向外倾斜27度，恰好处于一般隐身技术设计的边缘，在机体上广泛使用含热塑（12%）和热作用（10%）的聚合复合材料，两侧进气口做了抑制红外辐射的隐身性设计，雷达反射面积只有0.1平方米左右，在雷达上看就像是一只大鸟。“暗星”无人机是美国正在研制中的具有当今先进水平的高空长航时无人机，也是世界上第一种全隐身无人侦察机。X-45A无人驾驶侦察机是美国波音公司研制的无人机，其机体完全采用特殊材料制成并加敷了涂层，具有极好的隐身能力。

2. 隐形舰船

隐身舰船的概念是近年来才提出的，也是由于各种侦察系统、红外寻的反舰导弹、新一代鱼雷和水雷迅速发展，要求降低舰船可探测概率的结果。隐身舰艇采用的隐形措施主要有：为减少雷达反射截面，改进舰体及上层建筑形状，使用吸波、透波材料，采用尾流隐蔽技术，千方百计地降低噪声辐射，抑制红外辐射，控制电磁特征。美海军装备的SSN-688“洛杉矶”级、“海狼”级潜艇都是隐身潜艇。

七、新概念武器

（一）高能激光武器

就战术激光武器而言，可以分为两类——软杀伤激光武器和硬杀伤激光武器。所谓软杀伤激光武器，是指以容易被激光破坏的光电传感器、光电系统甚至人眼等为目标的激光武器，而硬杀伤激光武器则指能直接毁伤导弹、飞机等目标的激光武器。到目前为止，硬杀伤激光武器的研究工作已经取得了很大的进展。40年来，科学家们先后研制出气体动力学激光器、氟化氘化学激光器、氟化氢化学激光器、氧碘化学激光器、钕玻璃固体激光器、自由电子激光器等不同工作原理的高能激光器；发展了自适应光学技术，解决高能激光大气传输问题；研制了精确激光束定向系统；深入研究了激光与靶材的相互作用，获得了大量有用的数据。在激光射击实验中，高能激光束曾成功地击落了飞行的靶机、反坦克导弹、火箭弹等目标。这些研究工作的成功证明了研制激光武器的可行性（见图4-9）。

图 4－9

战术高能激光武器是美国和以色列联合研制的，以高能氟化氘化学激光器为基础，用于对付战术火箭之类目标的硬杀伤激光武器。以色列北部经常有黎巴嫩游击队用火箭炮进行攻击，以色列对此缺少有效的防御手段。于是以色列和美国合作，制订“鹦鹉螺”计划进行试验，用美国的高能化学激光器和光束瞄准系统射击飞行的火箭弹，于 20 世纪 90 年代中期开始研制。1995 年，美国陆军和以色列国防部开始合作研制车载“鹦鹉螺”激光反火箭系统。

（二）高功率微波武器

高功率微波武器又称为射频武器，是利用高功率微波束毁坏敌方的电子设备和杀伤作战人员的一种定向能武器。该武器的辐射频率通常在 1～300 吉赫兹（“吉”是数量级名称）范围内，输出脉冲功率在 100 兆瓦以上。高功率微波武器属“软杀伤”武器，可从远距离把电子器件“烧”坏，使整个武器失效，也能使人精神错乱、行为失常、眼睛失明、心肺功能衰竭甚至死亡。高功率微波武器的核心是微波振荡器，提高振荡器的输出功率是其中的一项关键技术。

一种新型的非杀伤性武器——高功率微波（HPM）武器已研制成功，并可以随时投入战场使用。美军之所以在对南联盟的空袭中没有使用它，是因为想暂时保留这种武器的神秘感，以便在未来的战争中对付军事技术更先进的敌人。

这种被称为 HPM 的武器是由制导炸弹或巡航导弹来进行投掷，当飞到目标附近几米时，爆炸产生的脉冲可以使计算机和通信设备中的电路失效，或擦除计算机内存。其作用距离在 400 米内，在天气好时该系统的有效范围有足球场大小，天气不好时范围会大大缩小。

洛斯·阿拉莫斯实验室研制非杀伤性武器的前负责人在《未来战争》一书中说，HPM和电磁脉冲（EMP）武器的破坏原理就像近距离的雷电，极强的电磁脉冲通过“前门”和“后门”两途径进入电子设备。“前门”是指设备对外开放的通道（如天线），强电磁脉冲被直接导向目标设备。如果知道设备的接收频率，甚至可以通过巧妙的设计，造成更大的破坏效果。“后门”是指设备的导线、动力电缆、电话线、失效的屏蔽部件甚至屏蔽箱上的孔洞，驻波能量通过它们耦合到设备而造成破坏。HPM和EMP的脉冲特性各异，电子设备的屏蔽措施难免顾此失彼，因此全面抗脉冲加固的费用是很大的。

功率较低的微波武器还可以在维护社会治安方面起作用：将它射向某一区域时，在那一区域的人会很烦躁，但一旦离开那个区域便会立即恢复正常。所以功率较低的微波武器还有驱散示威人群等诸多作用。

（三）粒子束武器

粒子束武器是指将质子、中子、电子和重离子等粒子，由加速器加速到接近光速，并用磁场将它们聚集成一束高能量的粒子束流，经定向辐射装置发射出去，利用粒子束携带的能量摧毁目标的武器。粒子束武器分为中性粒子束武器和带荷粒子束武器。中性粒子束武器适用于外层空间，带荷粒子束武器适用于大气层内。

粒子束武器依靠高速粒子束流击穿目标，并在目标体内积聚大量的能量，对目标产生三种破坏作用：一是使结构材料气化或融化。二是提前引爆目标中的炸药（击中飞行中的导弹）或破坏目标中的热核材料。三是破坏目标的电路，使电子装置失灵。即使粒子射束不是直接射向目标，也会因粒子束在穿越大气的过程中产生的电离辐射而干扰和破坏武器系统电子设备的正常工作。

粒子束武器有多种分类方法，按射程可分为近程、中程、远程和超远程武器；按部署方式可分为陆基、舰基和天基武器。但最基本的分类是带电粒子束武器和中性粒子束武器。带电粒子束武器所发射出的束流是带电粒子。在带电粒子束武器中研究得较多的是高能带电粒子束武器，由于高能带电粒子束很容易以高束流脉冲群的形式产生，对目标具有极强的穿透能力，因而被认为是一种很有前途的、杀伤率非常高的粒子束武器。中性粒子束武器所发射出的粒子束流是不带电的中性粒子。由于高能中性粒子束与物质的相互作用非常强烈，因而无法在大气层中传输，所以中性粒子束武器只适于部署在太空。

（四）动能武器

动能武器是能发射超高速飞行的具有较高动能的弹头，利用弹头的动能直接撞毁目标，可用于战略反导，反卫星和反航天器，也可用于战术防空，反坦克和战术反导作战。如电磁炮发射的射弹速度最大可达几十千米每秒，带数枚或数十枚射弹，火力强，拦截面积大，毁伤效果好。

(五) 非致命武器

非致命武器是一种利用声、光、电、磁和化学等技术手段，使敌军训人员和作战设备暂时或永久地丧失正常机能，而不造成人员伤亡的新概念武器，又称失能武器或软杀伤武器。早在20世纪70年代，美、苏、英等国家就开展了非致命武器的研究并取得一定成效，但在当时并未引起足够重视。直到20世纪90年代，随着世界人道主义呼声的日渐强烈和非战争军事行动的需求，非致命武器的研究才得到世界各国特别是美国的重视，并得到迅速发展。目前，世界上已经研制成功和正在研制的失能武器种类多样，功能各异，失能机理和作用对象也各不相同，主要分为反人员武器和反器材武器两大类。

1. 反人员非致命武器

反人员非致命武器，就是利用低能激光、高功率微波、声波发生器，以及光学弹药、软杀伤弹头、非致命化学战剂等，使人员致盲、致晕，从而暂时失去作战能力的武器。目前发展的反人员非致命武器有激光致盲武器、声能武器、化学战剂、动能弹以及电能武器等。

2. 反器材非致命武器

反器材非致命武器主要是利用一些物质所具有的特殊物理、化学性质，阻止飞机正常起飞、车辆正常行驶、舰船正常航海，以及破坏能源的供应、毁坏基础设施，以影响战争的物质基础和设备的正常运转等，从而达到影响敌方作战行动，为己方争取有利战机的目的。反器材非致命武器主要分为物理类和化学类。物理类反器材非致命武器是指利用物理学原理，使器材或设施在不改变本身特性的情况下丧失能力的武器，主要包括超级润滑剂弹、阻燃弹、碳纤维炸弹及电磁能非致命武器等。化学类反器材非致命武器是指利用物质的化学特性，使目标改变本身特性而丧失能力的一种武器。主要包括金属脆化剂和超强腐蚀剂等。

(六) 其他新概念武器

1. 气象武器

所谓“气象武器”是指运用现代科技手段，人为地制造地震、海啸、暴雨、山洪、雪崩、热高温、气雾等自然灾害，改造战场环境，以实现军事目的的一系列武器的总称。随着科学和气象科学的飞速发展，利用人造自然灾害的“地球物理环境”武器技术已经得到很大提高，必将在未来战争中发挥巨大的作用。

2. 基因武器

基因武器是指利用基因工程技术研制的新型生物战剂，又称作第三代生物战剂。基因武器将是现代新概念武器的又一发展方向。

基因武器，运用先进的遗传工程这一新技术，用类似工程设计的办法，按人们的需要通过基因重组，在一些致病细菌或病毒中接入能对抗普通疫苗或药物的基因，或者在一些本来不会致病的微生物体内接入致病基因而制造成生物武器，尤其合成生物学的发展，可实现人工设计与合成自然界并不存在的生物或病毒等。它能改变非致病微生物的遗传物质，使其产生具有显著抗药性的致病菌，利用人种生化特征上的差异，使这种致病菌只对特定遗传特征的人产生致病作用，从而有选择地消灭敌方有生力量。

3. 军用机器人

军用机器人是一种用于军事领域的具有某种仿人功能的自动机。机器人的国际名称叫“罗伯特”(Robot)。原意是用人手制造的工人。20 世纪 80 年代末，美国国防部已经明确把军用机器人与人工智能车辆的研制列入 21 世纪的长远发展计划之中。将机器人技术用于军事目的，最早是 20 世纪 60 年代在越南战场上，当时美国使用夜视机器人站岗以防越军在夜晚的偷袭。自那时以来，军用机器人技术已获得了重大进展，一些国家已研制并试验了能完成战场上某些危险的、笨重的战斗保障任务的多种机器人，如侦察机器人、警戒机器人、布雷与扫雷机器人、弹药装填机器人、消除核及生化武器污染的“三防”机器人等。但由于技术上还不成熟，这些机器人大都未能真正在装备部队投入使用。不过，理论和试验已经证明，军用机器人有超人的效能，以战斗机器人为代表的军用机器人在未来的高技术战争舞台上必将发挥不可忽视的作用。

第三节　高技术与新军事变革

一、历史上的几次军事变革

人类历史上发生过的新军事变革，往往与技术社会形态或兵器时代的演变密切相连。目前对历史上发生过的军事变革的划分有两种观点，第一种观点认为，在人类历史上曾经出现过三种技术社会形态，即游牧社会、农业社会和工业社会。在游牧社会向农业社会过渡和农业社会向工业社会过渡的两次技术社会形态转型中，也出现了两次全面军事变革，即冷兵器军事变革和热兵器或机械化军事变革。现在，人类技术社会形态正在发生第三次大变革，世界处于由工业社会向信息社会的过渡时期。相伴着这次技术社会形态大变革的，便是第三次全面的军事变革，我们称之为新军事变革。

第二种观点认为人类历史上发生了四次大的军事变革。第一次是从徒手及木石兵器发展到金属兵器的军事变革；第二次是从冷兵器发展到热兵器的军事变革；第三次是从热兵器发展到机械化兵器的军事变革；第四次即目前进行的由机械化兵器向信息化兵器发展的军事变革，也即新军事变革。

二、新军事变革的实质

新军事变革即是把工业时代的机械化军事形态改造成为信息时代的信息化军事形态的过程。这就是新军事变革的实质。军事形态，一般指战争过程、军事理论、武器装备、军事组织、军事人员、军事训练、军事制度、战争动员等所有军事表现形式的总和。军事形态是技术社会形态的一部分。新军事变革，是以工业社会向信息社会转型为根本动因，以高技术特别是信息技术的飞速发展为直接动力，以信息为核心，以信息化军队建设为重点，以打赢信息化战争为目标的不断改革和建设的过程。

三、新军事变革的基本内容

新军事变革是一项内容丰富的系统工程。主要包括以下方面。

(1) 武器装备由机械化向信息化转变，最终实现信息化兵器主导战场。

(2) 机械化军队向信息化军队转型，建设新型的信息化军队。

(3) 机械化战争的作战手段向信息化战争的作战手段转变，创新以信息资源争夺为主要内容的新作战手段。

(4) 机械化战争的作战理论向信息化战争的作战理论转变，构建信息化战争的理论体系。

(5) 最终完成由机械化战争形态向信息化战争形态转变，驾驭信息化战争，取得信息化战争的胜利。

四、高技术促使武器装备的智能化

(一) 信息化作战平台的大量涌现

发达国家的军队已经或准备多种信息化作战平台，如 M－1080 型智能坦克、RAH－66“科曼奇”武装直升机、“联合先进技术”飞机、1.42 战斗机等。以 1.42 战斗机为例，它是俄罗斯研制的第四代作战飞机，机上装有由雷达、激光、红外组成的火控系统，相控阵火控雷达的探测距离达 400 千米，可同时跟踪与识别 1520 个目标，同时攻击其中的 68 个目标，挂载的空空精确制导导弹射程达 400 千米，具有远、中、近距离全向、同时攻击多个目标和“发射后不用管”的能力。信息化作战平台的一个重要发展方向是隐身化、无人化。军事技术和武器装备的发展往往是相反相成的。现代高技术战争中侦察与反侦察的斗争越来越激烈，为了对付各种侦察的威胁，就是采取相应的反侦察措施和手段，让敌人“看不见”“摸不着”。隐形技术和隐身武器装备应运而生。隐身化就是运用材料、结构、电子、红外光学等隐形技术，减小雷达反射面积，降低红外辐射强度，减弱噪声、缩小目视探测距离，达到提高武器装备战场生存能力的目的。目前，隐身技术已被广泛应用于飞机、坦克、舰船等作战平台。第三代 B－2

轰炸机和 F－117A 战斗轰炸机的雷达反射面积只有 0.1m^2。第四代隐身战斗机 F－22，具有全频谱隐身性能，雷达反射面积仅为 0.08m^2。此外，隐身通信系统、人体隐身器、隐身军用机场等装备和设施也已研制成功，可以预见，隐身技术和隐身作战平台将给未来战场带来更加深远的影响。

（二）精确制导武器成为主要打击兵器

世界上第一枚初级制导的巡航导弹是德国在第二次世界大战中研制成功的 V－1 型导弹。20 世纪 70 年代中期，美国在越南战争中大量使用了精确制导炸弹。由于它具有精确的制导装置，在战场上取得了惊人的作战效果，因而引起人们的极大注意。我军对精确制导武器的定义是：采用精确制导技术，直接命中概率在 50％以上的武器。主要包括精确制导导弹、制导炮弹、制导地雷等。直接命中指制导武器的圆概率误差（也叫圆公算偏差，表示符号 CEP，即英文 Circular Error Probable 的缩写）小于该武器弹头的杀伤半径。

1972 年，美国在越南战争中大量使用激光和电视制导炸弹，作战效能约比无制导武器高百倍，西方称之为“灵巧炸弹”。在 1973 年第四次中东战争中，埃及使用的苏制雷达制导 SA－6 地空导弹和有线制导 AT－3 反坦克导弹，以色列使用的美制电视制导的“小牛”空地导弹和有线制导“陶”式反坦克导弹，作战效果引人注目。自 1974 年以后，西方军事界把这些导弹和制导炸弹统称为“精确制导武器”或“精确制导弹药”，西方国家为抵消苏联在坦克、装甲车、飞机等武器装备上的数量优势，非常重视发展精确制导武器。美国装备的电视和激光制导炸弹，命中目标的圆公算偏差均已减小到 2 米左右。1981 年装备的“铜斑蛇”激光制导反坦克炮弹，由 155 毫米口径榴弹炮发射，最大射程 17 千米，直接命中概率达 80％以上。

随着光电器件、微波半导体器件、集成电路和信息处理等技术的迅速发展，相继制成了各种小型化、高精度、低成本的制导系统。它们可装在弹体很小的导弹、炮弹和炸弹上，使打击面目标的无制导弹药变为能攻击点目标的精确制导武器。其制导方式，已精确制导武器采用的有有线指令制导、电视制导、红外制导、激光制导和微波雷达制导等。射程较远的则通常采用复合制导，先用精度较低的制导系统把武器引导到目标附近，后用高精度末制导系统引向目标（见图 4－10）。

20 世纪 80 年代初使用的精确制导系统，在全天候、自主寻的制导、抗干扰能力和制导精度等方面，还存在一些缺陷，今后将在改进现有制导系统的同时，发展综合性能较完善的由红外成像、毫米波和合成孔径雷达探测器等构成的制导系统。精确制导武器的发展，对未来战争的战略、战术运用，武器系统的发展和装备体制均将产生深远的影响。

图 4－10

五、高技术给军队编制带来根本性变革

(1) 军队规模将大幅度压缩。安德鲁·马歇尔指出："人数少、职业化程度高的军队将取代大规模军队。"这主要是因为：在未来广泛使用高技术兵器的战场上，军队的数量、质量与战斗力之间的关系将发生根本变化；质量将升至主导地位，数量将退居次要地位；质量可以弥补数量的不足，数量往往难以抵消质量上的差距。有鉴于此，再加上大战更加遥远、军费拮据等原因，进入 20 世纪 90 年代以后，各大国都在大幅度压缩军队规模。

(2) 指挥体制将"扁平网络化"。在工业时代，军队指挥体制的构成形态为从最高统帅部到基层部（分）队、从上到下横向不联结、纵长横窄的"树"状结构。这种结构的弊端是：信息流程长，平级单位之间、侦察系统与武器系统之间不能横向沟通，必须经上级中转；抗毁力差，被切断"一枝"就影响一片，切断"主干"，则全部瘫痪。因此，美军指出，海湾战争中伊军的惨败证明，自上而下高度集中的指挥体制已经过时。

(3) 部队编制将小型化、一体化。美军计划以旅取代目前的师，使旅成为编有各种作战和保障分队的基本战术单位，在作战中遂行目前师的职能。俄军也准备由"集团军—师"制改为"军—旅"制。日军的设想是，陆军全部撤销师一级编制，代之以编有 3000 人左右的旅。

六、高技术使作战理论发生重大变革

作战理论亦即用兵之道，是作战实践的理性升华，因而对作战起着主要的指导作用。无论何种作战理论，其核心问题都涉及作战的方针、思想、原则、样式和方法。由于高科技的迅速崛起，第二次世界大战以来形成的传统的作战理念逐渐失去了对作战的指导意义。这就迫使军事理论家们严肃地正视高技术的进步及其带来的军事影响，并在一种全新的观念指导下以崭新的理论体系和方法，建立起高科技条件下的作战理论。传统的作战理论在宏观上产生的变化表现在以下几个方面。

1. 观念的转变

作战观念的转变历来是变革作战理论的重要前提条件。目前在作战观念转变上集中表现为如何认识高技术，如何看待高技术在现代作战中的地位，以及由高技术引发的新的战场观念、力量观念、时空观念、战法观念、效益观念、胜负观念等。技术决定战术，一切战术都离不开技术水平的制约。冷兵器时代不可能奢望出现热兵器时代特有的战法，热兵器时代也不可能使用核兵器时代特有的战法。一旦技术水平有了突破和飞跃，也必将促成战术的变革。当前，高技术已经表现出巨大的优势和无穷的活力，代表着今后相当长一段时期的技术发展方向。只有对技术发展的这种大趋势有着深入明确的认识，才会有观念的转变。

2. 思路的更新

在作战理论的研究上历来存在着强调技术为主的思路和强调谋略为主的思路，高技术在军事上的运用给这两种思路带来合一的契机。高技术条件下的作战对技术与谋略的要求是同等重要的，只顾及或侧重一方的作战理论都会暴露出明显的缺点和不足。在海湾战争的作战指导上，伊拉克过分侧重技术，想方设法购置和装备先进武器装备，忽略谋略研究，以致从始至终被动挨打、遭到惨败。同样过分侧重谋略不能从技术思考问题也会在高技术条件下的作战中吃大亏。必须重视加强从技术角度的思考，将谋略的制定和运用建立在高技术的基础上，才能发挥出高技术条件下的谋略作用。在高技术条件下必须舍得放弃片面的习惯性的老思路，更换成合乎作战本来面目的新思路，才能有助于研究出切实可行的作战理论。

3. 方法的改进

高技术条件下的作战，技术作用和技术运用的特点更为突出，因此研究作战理论的方法必须改进。首先是要注重体系化。高技术武器装备的大量应用，更加强化了作战是体系与体系的对抗，而且使这种对抗更具技术本身的特征。因此，宜更多地以技术特征为线索，系统地进行分析和研究，力避单纯地、孤立地、静止地去看问题。作战理论的体系应更接近技术构成和运用的体系。真正反映出未来作战是体系对抗的特点。其次是要采用高技术仿真模拟协助研究作战理论。现代作战，除了战场庞大、因素复杂、进程加快、耗费巨大等特点外，高技术在军事上的广泛应用，使战争变得更加惟妙惟肖、异常复杂和难以把握。定性研究作战问题，粗放式的指挥控制作战，肯定是行不通的。事物发展变化都是由量变到质变，仅靠人脑的思考很难把握作战情况的变化。这就需要借助先进的作战模拟设备，快速、反复地仿真模拟各种作战过程，用于作战理论的研究。最后是强调运筹法的应用。高技术条件下的作战参与因素多，信息流量大，进程变化快。特别是兵力的投送、火力的运用、力量的构成、战法的选择、各种保障计划的制订等，都需要广泛地使用运筹的方法来谋划，找出最合理的方案，避免浪费和低效。

4. 样式的变化

作战的基本类型是进攻与防御。进攻、防御的形式可以因作战目的、作战地域、作战时间、作战环境的不同而不同，但是最容易引发作战样式改变的还是武器装备的更新。采用导弹战、电子战、空袭战、突袭战、远程火力打击战等，形成了立体进攻、立体防御，都是高技术武器装备走上战场后形成的一些新的作战样式。这就需要我们在实践中不断探索、认真总结，使作战样式适合武器装备的发展变化。

5. 战法的创新

新战法是对老战法的补充和改进，是在继承基础上的扬弃。纵观战争史，胜利者除了基础条件外，关键是作战理论的进步和新战法的运用。第二次世界大战中的德军、马岛战争中的英军、海湾战争中的美军都是如此。失败者的基础条件并不差，上述三场战争中的法军、阿军、伊军皆因作战理论陈旧和囿于老战法导致惨败。创新战法的前提是对技术进步、技术运用的深入了解，高技术为现代作战提供了大量的作战新手段，使创新战法成为可能。战法的创新也是激烈的智力竞赛和作战理论竞争。战法越新，新战法越多，就越有益于作战理论的发展。

七、高技术促进作战样式和作战方法的更新

（一）军事高技术的进步需要作战理论的牵动

第一，军事高技术的竞争性极强，究竟应该确立哪些高技术优势，程度怎样，如何保持等，必须要有理论上的高层次指导。否则竞争将是盲目的和低效的。第二，军事高技术的发展，必须适应作战系统化程度高、关联性很强的特点，从作战需求的综合角度考虑，谋求总体上的牵动。第三，军事高技术发展的投资大、周期长，甚至还具有风险性，必须从作战理论需求的角度，有针对性地牵动，才能抓住机遇、争取主动、防止浪费、缩短时间。

（二）牵动军事高技术进步的作战理论必须具有超前性

不具备超前性的牵动（同期牵动）弊端很多，一是限制军事技术与作战理论两者的大跨度发展，不利于造成军事技术的跳跃进步；二是同期生产出的武器装备的技术水平在研制阶段、定型阶段就落后了，有的在列装配发时不落后，但是5年、10年之后就有惨遭淘汰的可能；三是短周期频繁换装，造成经济上的极大浪费和国家的沉重负担。来自作战理论超前发展的超前牵动可以克服上述弊端，提出超前的作战理论也有实现的可能。可以预测形势的发展提出超前需求，可以立足技术的现状展望超前指标。依据对军事高技术进步远景全面深入的了解，凭借对军事高技术发展趋势的把握，

完全能够创造出超前的作战理论。考虑到武器装备的研制、生产、配发、训练等周期，超前性牵动的时间应为15～20年。

（三）牵动军事高技术进步的主要方面

首先是整体发展方向的牵动。未来作战将会遇到不同的环境、不同的规模、不同的强度和不同的对象。直接决定军事高技术的发展方向的主要问题是：主要威胁来自何方，最可能发生的战争是什么性质，应当采用何种作战样式，运用哪些有效的战法。其次是发展领域的牵动，由未来作战将会涉及的范围分析出需要牵动哪些军事高技术领域发展，同时明确牵动发展的重点、目的和进程。最后是对武器装备技术、战术性能的牵动，由作战理论的需求，决定发展什么样的武器，从而确定这些武器装备的战术、技术性能指标。最后是对武器装备构成与规模的牵动，由超前的作战理论根据作战需要，确定构成的原则、趋向以及应具备的规模。

八、高技术对作战指挥产生深刻影响

第二次世界大战以来，由于核武器的出现和发展，形成了核战略作战理论。后因使用核武器的可能性减小，使作战理论转向比较现实的高技术常规局部战争。同时，由于新技术进步的推动和作战理论超前发展的牵动，使新世纪武器装备有了新的发展趋势：使精确制导、先进平台、隐身防护、夜视夜瞄、新型弹药等高技术的最新成果在武器装备中广泛应用；建设集指挥、控制、通信、计算机、情报、监视、侦察于一体的C4ISR自动化指挥系统；发展射程距离远、命中精度高的远程火力打击武器；发展反应速度快、制导技术高的防空武器；抢先试验定向能、动能、智能等新概念武器。这些趋势对作战理论提出了新的研究方向。

（一）要注意研究作战的新情况、新特点

由于全天候、全时辰、全地域使用的武器装备在增加，作战已不存在空间、地域、天候、时间的障碍；由于导弹和飞机进攻性能的提高，突然袭击将被广泛使用，作战的突然性、快速性和远战性明显提高；由于打击手段能对不同性质的众多目标进行有效的杀伤摧毁，使得打击的破坏性、消耗性和残酷性增大；由于诸军兵种的参战，协同和一体化程度越来越突出；由于指挥装备的改善，通信网络的使用，自动化水平明显提高；由于技术性强、消耗量大，指挥、后勤、装备必须成系统、成建制地全面形成保障能力；由于进攻的距离越来越大，防御的范围也应不断增大，常使用先制和反制的手段，使防御由被动式转为主动式。

（二）要注意研究作战的新方针、新原则

高技术的进步给作战的方针、原则带来了实质性的变化。首先是强调灵活反应，

在战略目的、力量运用和发起时机上都要灵活反应。其次是强调攻防并举，实施积极进攻和积极防御，在高技术条件下积极主动比消极被动更为有利，防御一方不能消极静等对方的进攻打击摧毁；进攻一方不能错误低估对方的防御反制能力。最后是强调集中用兵，高技术条件下的集中用兵就是集中精兵利器远程择要打击。

(三) 要注意研究作战的新样式、新战法

首先是慎重初战，其方式可采取突然、强大、多方位的首次突击和实施宽正面、大纵深、高速度的进攻，一举达成战略目的，使初战成为决战。其次是战略进攻，可以采取攻城略地、外科手术的硬打击；也可以采取信息封锁、电子对抗的软打击；甚至可能出现外层空间的进攻作战等样式。最后是战略防御，在高技术条件下主要有反空袭、反渗透、反占领、防天、防远程打击、先制、反制等样式。

1. 现代侦察监视技术有哪些特点?
2. 谈谈你对高技术与新军事变革的看法。

第五章　信息化战争

信息化战争是在信息时代核威慑条件下，以信息化军队为主体，以信息化武器装备为基础，以信息化战场为依托，以争夺制信息权为基本目标，以获取信息优势为先决条件的一体化战争。其内涵主要表现为五个方面：一是信息时代的产物，是信息时代生产力水平和生产方式在战争领域的客观反映；二是必须以信息化军队为主体的作战力量；三是主要作战工具是信息和信息化武器装备；四是信息起主导作用；五是战争在多维空间展开。

第一节　信息化战争的产生和形成

钱学森指出："从人类历史的过程看，最初出现的战争是徒手战，然后有了冶炼技术，才出现了冷兵器战争，继之，是由于火药的发明，才出现热兵器战争。科学技术的进一步发展又导致内燃机的制造和其他机械兵器的制造，于是战争又演化为机械化战争。到了20世纪50年代，更因核技术和火箭技术的发展，出现了远程核武器。远程核武器的巨大破坏力，再加上现在高度发展的信息技术和电子计算机技术，就形成现阶段和即将到来的21世纪的战争形态：在核威慑下的信息化战争。从中可以看到，战争形态的发展与科学技术的发展紧密相连，根据不同历史阶段科学技术的发展状况，使当时的战争形态发生了相应的变化，一共经历了四个战争形态，即冷兵器战争、热兵器战争、机械化战争和信息化战争。因此，信息化战争的形成过程是与当时的科学技术发展程度相关的。

实际上，对信息化战争的认识，也是逐渐从信息技术、信息战的认识走过来的。20世纪70年代起，随着以微电子技术为主要发展方向的新一代高科技技术群诞生，信息技术和电子计算机技术不断深入人类生活的各个领域，人类各种活动对信息的依赖性增大，世界跨入了信息时代，"瞬间信息传遍全球"成为现实。时代的变革是一场深刻的革命。社会学家预言：信息技术将像蒸汽机、电气化一样，使世界经济获得前所未有的繁荣。军事家预言：信息时代必将引起军事领域的重大变革，当信息技术发展到一定的程度，信息技术便被广泛应用于军事领域，以信息对抗为目标的作战行动——信息战便逐渐成为战争的重要样式，从20世纪70年代的越南战争到海湾战争前，大多数局部战争都充斥着各种各样的信息战行动，如越南战争中的美军大规模空袭中的电子干扰，叙以战争中，以色列运用情报战、电子战、C31 系统对抗和精确制导弹药击落叙利亚 80 架飞机和摧毁了叙利亚 19 个导弹阵地，而以军只损失 1 架飞机。英阿马岛战争中，交战双方都利用了信息战为己方的作战取得了不少的战果。海湾战争前，可视为信息化战争的准备阶段，这个阶段，虽然存在着信息化战争的要素，但由于战争形态的不完善，尚无具备信息化战争特征的战争实践，还不能做出较为中肯的结论，或是限于从心理战、电子战等信息战角度去理解。

进入 21 世纪，高技术的迅猛发展和广泛应用，推动了武器装备的发展和作战方式的演变，促进了军事理论的创新和编制体制的变革，由此引发新的军事革命。信息化战争最终将取代机械化战争，成为未来战争的基本形态。信息化战争是指发生在信息时代、以信息为基础、以信息化武器装备为战争工具的战争。信息化战争不会改变战争的本质，但战争指导者必须考虑到战争的结局和后果，在战略指导上首先追求如何实现“不战而屈人之兵”的全胜战略，那种以大规模物理性破坏为代价的传统战争必将受到极大的约束和限制。

信息化战争中的信息是指一切与敌我双方军队、武器和作战有关的事实、过程、状态和方式直接或间接地被特定系统所接收和理解的内容。就对信息（数量和质量）的依赖程度而言，过去的任何战争都不及信息化战争。在传统战争中，双方更注重在物质力量基础上的综合较量。如机械化战争，主要表现为钢铁的较量，是整个国家机器大工业生产能力的全面竞赛。信息化战争并不排斥物质力量的较量，但更主要的是知识的较量，是创新能力和创新速度的竞赛。知识将成为战争毁灭力的主要来源，“计算机中一盎司硅产生的效应也许比一吨铀还大”。火力、机动、信息，是构成现代军队作战能力的重要内容，而信息能力已成为衡量作战能力高低的首要标志。信息能力，表现在信息获取、处理、传输、利用和对抗等方面，通过信息优势的争夺和控制加以体现。信息优势，实质就是在了解敌方的同时阻止敌方，了解己方情况，是一种动态对抗过程。它已成为争夺制空权、制海权、陆地控制权的前提，直接影响着整个战争的进程和结局。当然，人永远是信息化战争的主宰者。战争的筹划和组织指挥已从完全以人为主发展到日益依赖技术手段的人机结合，对军训人员素质的要求也更高。从信息优势的争夺到最终转化为决策优势，更多的是知识和智慧的竞争。

第二节　信息化战争的基本特征

如果说冷兵器战争的主导兵器是金属武器装备；热兵器战争的主导兵器是以化学能为基础的火枪火炮；机械化战争的主导兵器是飞机、坦克、军舰等机械化武器装备，那么，信息化战争的主导兵器则是以信息技术为主导的武器装备。通过对近期爆发的几场局部战争的分析，信息化战争呈现出鲜明的时代特征。

一、信息成为战争的主导因素

不同的战争形态、战争体系中的制胜要素是不同的。冷兵器战争是“人力”要素为主，热兵器战争是“人力＋火力”，机械化战争是“人力＋火力＋机动力”，而信息化战争则是“人力＋火力＋机动力＋信息”。虽然各种战争中都有信息要素的作用，但信息化战争与其他战争相区别，“信息化”是核心、是关键，是信息时代战争的根本标志和主要特征。信息化战争从机械化战争中发展而来，从战争制胜的各种要素来看，从“数量规模主导”到“信息主导”，是信息化战争与机械化战争的根本区别。

在信息化战争中，由于信息技术已经渗透到战争的各个领域，信息作战能力已经成为战斗力的关键要素，战场主动权的争夺不是从兵力和火力突击开始，而是从信息领域开始，制信息权已经成为信息化战争的第一制高点。信息优势已经取代火力、机动力成为衡量双方力量的首要标志，制信息权已经成为军队行动的自由权，成为整体作战和高效作战的前提和制胜基础。从信息优势中谋求整体对抗优势，成为信息化战争制胜的根本途径，直接影响到信息化战争的结局。战争实践已经证明，一旦具有信息优势，就能够把整个作战体系的效能水平由机械化时代提高到信息化时代。

二、战争行动在多维化战场空间同时开展

20 世纪之前的战争基本上在陆地和海洋进行，所以，战场是平的、一维的。第一次世界大战后期，当时的机械化战争新秀——飞机首次运用于战场，虽然主要用于执行战场侦察任务，但是开辟了陆地和海洋之外的战场新空间——天空。第二次世界大战时期，大规模的空战和飞机轰炸将空间争夺几乎发展到了极致，人类对战场空间陆、海、空立体化的认识不断神话。第二次世界大战时期和战后的主导战争形态——机械化战争，是以陆、海、空为基本领域的三维对抗。

19 世纪末，无线电远距离通信技术被引入军队通信，解决了当时棘手的海上远距离通信的难题。同时也带来了新的斗争领域——电磁斗争。经过第一次、第二次世界大战和战后几场局部战争的发展，以电磁通信为核心的电子战发展为电子侦察、电子干扰、无线电欺骗、模拟佯攻等多种样式。电子战成为现代战场作战的重要组成部分，电磁空间已经成为独立的战场争夺空间。

第二次世界大战后，天体物理和航天技术的发展，促使人们将探索的目光投向从未涉足过的太空。人造卫星、航天飞机相继上天，标志着人类的活动领域已经扩展到太空。现代战场上的卫星通信和定位的使用，天基武器的出现，真正把太空变成了另一个战场。许多国家已经着手组建航天部队，并提出了高边疆战略和“制天权”学说，将战争的空间扩展到了太空。

计算机网络技术是首先用于军事通信领域的，而且当前计算机网络已经成为军队日常管理和作战指挥中必不可少的一部分。对网络的破坏、干扰和防护已经成为军队

作战的重要组成部分：1999 年的科索沃战争，南联盟使用多种计算机病毒和组织“黑客”实施网络攻击，使北约军队的一些网站被垃圾信息阻塞，一些计算机网络一度瘫痪。北约则一方面强化网络防护措施，另一方面实施网络反击战，将大量病毒和欺骗性信息送到南军计算机网络和通信系统。围绕计算机网络的攻防斗争已经成为现代战场作战的重要部分，计算机网络也已经成为现代战场电磁空间的重要组成部分。

心理空间已经成为信息化战争的一个重要作战空间。心理空间主要指人的感知空间、思维空间和情绪空间，它属于人的内心世界，是最深刻、最神秘的领域。虽然人是有国界的，但心理空间本身却是开放的，遵循人类心理活动的基本规则，并没有国界之分。在信息时代，心理空间被视为人类的“第六维战争空间”。

三、信息化战争是体系对体系的一体化对抗

随着科学技术的进步，尤其是信息技术的发展，一体化对抗已经成为信息化战争的一个重要特征。未来的信息化战争将是系统对系统、体系对体系、整体对整体的一体化对抗。交战双方为了赢得战争，必须调动一切积极因素，充分发挥各个系统的最大整体作战能力，并通过整合各个系统，使其融合成一个完整的体系，通过系统对系统、体系对体系的对抗，夺取战场主动权。一体化完整的体系，一体化的体系对抗主要体现在作战力量一体化、作战行动一体化、作战指挥一体化和综合保障一体化。战争实践证明，缺少了一体化的体系对抗，作战效能就无法得到充分发挥。

四、非接触作战成为重要的作战样式

非接触作战，是指敌对双方在不接触的情况下，使用信息系统和远程作战武器实施防区外打击的作战行动样式。战争实践证明，非接触作战能充分发挥信息化武器装备的威力；易于隐藏作战企图，达成战争的突然性；能提高生存能力，减少伤亡；可实施全纵深同时进行攻击，增大作战效能；可减少战争的政治风险，增强战争的可控性。从近期几场局部战争尤其是科索沃战争来看，以美国为首的北约部队从上万千米之外出动战略轰炸机进行轰炸，从数百千米至上千千米外发射导弹实施精确打击，从数千千米至上万千米外实施电磁和网络攻击，表明非接触作战已经走上战争舞台。未来随着 C4ISRK 信息平台以及远程精确武器的发展，非接触作战有可能发展成为信息化战争的基本作战样式。

五、信息化作战行动趋向精确

信息的实时性实现了各参战单元从指挥员到战斗员的信息共享，发现即摧毁，先发得主动，速度即胜利，彻底改变了战争的基本作战形态。具备远程立体兵力投送和具有远程精确打击敌方的作战力量，能在信息获取的第一时间实施精确打击，使信息

效能最快捷、最有效地转化为杀伤力。美军就是利用信息武器系统、情报侦察、指挥控制和综合保障连为一体，使武器系统、侦察情报系统和决策者之间构成一个闭合回路，形成“从发现到打击再到评估的链路”，实现作战系统和作战要素的互联互动和整体调控，使部队能够快速、决定性地精确打击任何敌人。

第三节　信息化战争的主要作战样式

作战样式是战争形态的具体表现，有什么样的战争形态就必然会出现什么样的作战样式。信息化战争也不例外，也有其特定的作战样式，主要有网络战、电子战、精确战、情报战和心理战等。

一、网络战

网络战也称信息战，是为干扰、破坏敌方网络信息系统，并保证己方网络信息系统的正常运行而采取的一系列网络攻防行动。其成为高技术战争的一种日益重要的作战样式，破坏敌方的指挥控制、情报信息和防空等军用网络系统，甚至可以悄无声息地破坏、瘫痪、控制敌方的商务、政务等民用网络系统，不战而屈人之兵。

网络战分为两大类：一类是战场网络战；另一类是战略网络战。战场网络战旨在攻击、破坏、干扰敌军战场信息网络系统和保护己方信息网络系统，其主要方式有：利用敌接收路径和各种“后门”，将病毒送入目标计算机系统；需要时利用无线遥控等手段将其激活；采用各种管理和技术手段，对己方信息网络系统严加防护。当然，战场网络战的作战手段也可用于战略网络战。战略网络战又有平时和战时两种。平时战略网络战是，在双方不发生有火力杀伤破坏的战争情况下，一方对另一方的金融网络信息系统、交通网络信息系统、电力网络信息系统等民用网络信息设施及战略级军事网络信息系统，以计算机病毒、逻辑炸弹、黑客等手段实施的攻击。而战时战略网络战则是，在战争状态下，一方对另一方战略级军用和民用网络信息系统的攻击。

2014 年 3 月，韩国国防部高调宣布正在对朝鲜实施网络战，他们以此前成功攻击伊朗核设施的“超级工厂病毒”（Stuxnet）为蓝本，正在研发一种类似的网络病毒，旨在对朝鲜核设施造成物理性破坏，而且，这种病毒攻击只是韩国对朝鲜的大型网络战的第二阶段，战役的第一阶段，即对朝网络宣传战，则早在 2010 年就已经打响。

二、电子战

电子战是指敌对双方争夺电磁频谱使用和控制权的军事斗争，包括电子侦察与反侦察、电子干扰与反干扰、电子欺骗与反欺骗、电子隐身与反隐身、电子摧毁与反摧毁等。

新一代电子战装备技术的发展，将使武器装备发生划时代的变革。大功率强激光干扰机的发展，即成为激光武器。小功率激光干扰系统可以干扰光电设备。大功率微波发射装备的发展，即成为微波波束武器，不仅可以干扰破坏电子设备，而且可以作为武器摧毁或破坏目标。未来电子战将开辟一个全方位、多层次、大纵深、广频谱、宽频带的非线性战场。

现代战争是高技术战争，电子战是其中主导部分，电子战装备则是电子战的主要作战手段。通常来说，电子战，是为削弱、破坏敌方电子设备使用效能和保护自己一方电子设备正常工作而采取的综合措施，是敌对双方利用电子设备所进行的电磁较量。这个定义虽说简单易懂，但是随着电子战装备技术的发展，这样的定义已经不能涵盖电子战的全部内涵了，因为自电子战出现以来，电子战装备已经历了从单机到系统，系统到组合系统等发展阶段，现在正向综合一体化以及高能辐射武器譬如定向能等电子战系统发展。

三、精确战

精确打击战有以下几个特点：作战距离远；直接摧毁重心；作战节奏快；战场生存难；作战效益高；附带伤亡小；作战可控性强。

精确战思想的精髓是充分发挥所拥有的战场感知和信息处理能力，精确选择和优先打击最有价值的要害目标，对敌作战体系产生结构性破坏，对敌心理和意志产生强大的震撼力。海湾战争中，躲过部队发射的精确制导弹药，虽然只占发射弹药总量的8%，却摧毁了约80%的重要目标。精确作战的高效益，促使其在战争中的运用日益广泛。到1999年的科索沃战争时，精确制导弹药占到35%；在阿富汗战争中，精确制导弹药占56%；伊拉克战争中，美军发射的精确制导弹药超过了70%，精确打击已成为支撑战争的主要的作战手段。

但任何一种武器都不可能尽善尽美，不可战胜。只要我们避其所长，攻其所短，也可以叫精确制导武器精确不起来，大失准头。这已经为实战所证实。

四、情报战

围绕获取和运用情报而展开的斗争，又称情报作战。狭义的情报战是指敌我双方为获取对方情报和防御对方收集己方情报而进行的各种对抗活动。

一般来说，情报战是指某个国家、集团为了满足某些利益或政治驱动，特别是以战争为目的需要，采取各种手段，有意识、有目的地搜集、窃取和控制、利用对方的有关情报，同时防止对方的类似行动，削弱或摧毁敌情报侦察能力，影响、制止或改变敌决策而展开的对抗和斗争，是现代化战争中一种非常重要的作战样式。

广义的情报战是指敌我双方为最终达成军事斗争的胜利、保障己方的安全和利益而展开的以争夺信息控制为中心的情报系统的对抗。取得情报优势，是军事斗争胜利的重要保证。

如雷达、光学探测装置（可见光遥感装置、红外遥感装置、多光谱遥感装置、微光夜视器材、激光探测装置）、电子侦察设备、声学探测设备、地面传感器等。与传统的情报战相比，信息化战争中情报战的对抗更加激烈，形式更加多样。海湾战争期间，为获取更多的情报信息，用于侦察的卫星有 34 颗，同时还使用了 15 颗国防通信卫星；300 多架电子侦察与监控飞机和直升机；设有 39 个无线电监听站；8 个电子侦察营和 5～7个电子情报连；11 个航空和装甲侦察中队 13000 余人。

五、心理战

心理战即运用心理学的原理原则，以人类的心理为战场，有计划地采用各种手段，对人的认知、情感和意志施加影响，在无形中打击敌人的心志，以最小的代价换取最大胜利和利益。通过宣传等方式从精神上瓦解敌方军民斗志或消除敌方宣传所造成的影响的对抗活动。

心理战的目的是从心理上打击敌方，从而不战而胜或战而胜之。主要利用人在对抗环境中的心理变化规律，通过大量的信息传递，瓦解敌方士气，削弱抵抗意志，使其放弃抵抗、逃避战斗乃至缴械投降。

运用的心理学原理主要有注意律、需要律、错觉律、思维定式律、从众心理律、逆反心理律等。借助的媒介主要有传单、书报、广播、电影、电视、通信等。手段主要有威慑、谋略、佯动、伪装、欺诈、恐吓、诱惑、收买、谣言、宣传等。

历史上曾有一些军事家论证过精神因素和心理现象与军事的关系，也注意在作战中运用心理因素等问题。1879 年心理学学科的诞生，为心理战的创立提供了理论支柱。第一次世界大战的战争实践催生了心理战。第二次世界大战期间，心理战得到了长足发展。20 世纪 50 年代初，西方一些国家相继成立了心理战学校和心理战中心，心理战又有了新的发展。随着高技术战争的发展，心理战的战略地位越来越受到世界各国的重视；运用范围趋向多元化，手段趋向多样化，器材趋向智能化，实施人员趋向专业化，信息传播越来越依赖大众传媒。

六、太空站

太空战是指利用天基武器系统，以争夺制天权为目的的作战行动，是以地球的外层空间为战场所进行的攻与防的作战。它既包括作战双方天基武器系统之间的格斗，也包括天基武器系统对地面和空中目标的打击以及从地面对天基系统发动的攻击。其目的就是剥夺对方对太空的使用权。

随着科学技术的发展，人类战争的领域范围不断扩展。从最初的陆地逐步发展到海洋，又从海洋发展到空中，再发展到外层空间。美军指出，天空和海洋是 20 世纪的战场，而太空将成为 21 世纪的战场。太空已成为现代化战争的战略制高点，在未来战争中，谁夺取了制天权，控制了太空，谁就可以进一步夺取制空权和制海权，并最终赢得战争的胜利。

自20世纪60年代以来，美国和苏联太空争霸了几十年，逐渐将陆海空战场扩展到外层空间，使战争的“时空观”发生了重大变化。由于太空战场上的军事活动不受地球、国界、天候等因素的影响，作战的双方可以在轨道机动能力允许的范围内采取全方位的作战行动，这就使作战达到了真正意义上的灵活度和协调性。

特别是在未来的信息化战争中，位于太空战场上的各种侦察、预警、通信卫星，将作为军队指挥自动化系统的核心部件，成为对方首先攻击的目标。作战双方为获得陆海空立体战场上的主动权，必将首先抢占太空战场这一“制高点”。

世界上一些军事大国，为了满足其政治、经济和军事利益的需要，绝不会放弃对太空战场的争夺。特别是随着高新技术广泛运用于军事领域，军队增兵太空，争夺太空的能力极大地提高，实施太空作战已非难事。因此，未来在太空战场上的争夺，将会突破以往单纯在技术兵器方面的较量，而重点运用太空部队，采取太空破袭、太空突击、太空封锁等战法，在广阔的外层空间进行军事大较量。届时，一场前所未有的太空大战将以崭新的面貌，出现在世界战争的舞台。

第四节　信息化战争的发展趋势

信息化战争作为一种崭新的战争形态，正处于机械化战争向信息化战争转型的时期，并将继续向更加成熟的阶段发展。信息化战争几乎所有兵器都是信息技术兵器，从信息化战争已经显露出来的基本特征及可预期的信息技术和军事理论的发展状况来看，信息化战争未来的发展趋势，除作战方式将不断变化、战场感知力持续提升、战场反应速度持续加快、精确打击能力持续增强、战场效能持续提高外，还包括以下几个方面：

一、军队组织将趋于智能化、多功能化

信息化战争将通过优化军队组织体制，来实现军事上的战略优势。在未来信息化战争中，军队的作战任务具有多样性和不确定性，战场具有信息量大、变化快的特点。因此，军队的组织编成将趋于作战单位多功能化，作战指挥智能化。

(一) 作战单位多功能化

作战单位多功能化主要是指信息化战争中作战单位编成将打破军兵种界限，遵循“系统集成、合成一体”的原则，按任务需求进行综合编成，使之具有执行多种作战任务的功能。如美军提出要彻底打破军兵种界限，将传感器材、精确打击兵器、快速机

动装备、智能型后勤保障系统等多种功能融为一体来编组作战部队。俄罗斯拟在未来5～10年内组建三种新型的一体化部队：一是横跨三个军种和一个独立兵种，集各军兵种作战能力于一体的“多用途机动部队”；二是由地面、空中和太空兵力组成的适合进行“空天战”的“航空航天部队”；三是由各军种非战略核力量组成的“非核战略威慑部队”。

（二）作战指挥智能化

军队组织的高度智能化，一是指未来军队的指挥控制手段的高度自动化和智能化，其标志是C4ISRK系统的高度成熟与发展。未来的C4ISRK系统将真正实现侦察监视、情报搜集、通信联络、指挥控制及打击的无缝链接，可以高度自动化地确保指挥员实时地感知战场、定下决心，协调、控制部队和武器平台的作战与打击行动。二是大量的智能化武器系统和平台将装备军队并投入作战。在未来信息化战争中，具有发射后不用管和自动寻的功能的智能化弹药将得到更加广泛的应用，无人驾驶的智能化坦克、飞机和舰船也将规模化投入战场。尤其是随着纳米技术的发展，大量微型或超微型机器人可能大量投放于战场，代替人在战场上执行各种作战任务。

二、软杀伤与硬摧毁有机结合将成为作战的基本手段

在未来信息化战争中，软打击与硬杀伤组合运用将成为信息化作战的鲜明特征。一方面，随着信息化战场的形成，电子领域、网络领域、心理领域的斗争更加激烈，交战双方主要运用信息和信息系统在电子空间和网络空间进行“软”攻防对抗，这种“不流血的战争”蕴含着巨大的破坏和毁伤能力。另一方面，信息化战争并不排斥传统的硬打击方式，传统的硬打击往往有信息化软杀伤与之配合，使硬打击的效果更佳。软杀伤与硬打击的有效组合，既可以成为强者对抗强者的利器，也可以成为弱者对抗强者的手段。

未来信息化战争中软杀伤与硬打击有机结合，主要体现在三个方面：一是电子杀伤与物理摧毁并举。近期几场局部战争表明，暴风骤雨般的电子压制通常是战争开始的序幕，然后伴随着强大的火力打击和硬杀伤。二是网络攻击与火力攻击并重。在传统战争中，集中兵力与火力对敌实施硬打击是夺取胜利的基本方法，而在信息化战争中，火力打击作为一种硬打击，仍然发挥重要作用，但网络攻击等新的杀伤方法，将成为主要的制胜手段。三是心理战与歼灭战结合。信息化战争中，心理战上升到战略地位，已经超出单纯的军事斗争领域拓展到政治、经济、外交、文化等各个方面。信息化战争中的心理战贯穿战争的始终，可以极大地震撼敌方军民的心理，甚至摧毁和剥夺敌方的抵抗意志，从而极大地提高战争效益。

三、网络中心战将成为信息化战争的新样式

网络中心战（Network－Centre Warfare）是指利用信息网络系统，把地理上分散

部署在陆、海、空、天广阔区域内的各种探测系统、指挥系统和武器系统，集成为一个一体化的作战体系，使各级作战人员能够利用该网络共享战场态势、交流作战信息、指挥与实施作战行动。网络中心战的核心是将力量从过去的以平台为中心转移到以网络为中心。网络中心战的基础是以计算机系统为核心的高度智能化的综合网络，由传感器栅格、信息栅格和交战栅格三个互联互通无缝链接的网络组成。

未来的网络中心战主要在物理域、信息域、认知域三个领域发生。与传统的“平台中心战”相比，网络中心战的主要特点是：依托网络整合兼容各种武器平台、装备器材和作战人员等诸要素；运用网络工作原理，成指数式倍增提高作战效能；极大地提高一体化联合作战指挥控制能力；充分发挥一体化联合作战的各种潜能。简而言之，网络中心战是将分布在广大区域的部队集成为一个系统行动，形成“分散的集中”，即部队可分散在陆、海、空、天战场，但是依托网络中心战的三个系统能够迅速集中精确武器从不同的方向对几百千米甚至上千千米之外的目标实施攻击。部队无须机动，无须靠近目标，就可以达到打击的目的。网络中心战使平行作战成为可能，同时也使集中和节约兵力的原则得到充分体现。它不仅可以在战术层次运用，而且可以在战役和战略层次运用。

四、信息化战争将更加依赖于强大的国家战略能力、组织能力和保障能力

战争历来都是综合实力的竞赛，信息化战争也不例外。要打赢信息化战争，不仅需要强大的军事能力，还需要政治、经济、科技、文化、外交等因素结合在一起的国家战略能力。所谓国家战略能力，是一个国家要进行战争或应对突发事件时所能调动的各种力量的总和，包括由经济实力、国防实力、民族凝聚力等构成的全部综合国力，以及使其能在较短时间内迅速聚合并发挥出来的国家战略组织力。

（一）国家综合国力是信息化战争的基础

信息化战争的实施，如果没有强大的经济实力作支撑，战争就难以进行和持久。例如，南联盟抗击以美国为首的北约的空中军事打击，只坚持了78天，与其经济实力不够是分不开的。信息化战争与国家的科技实力、知识创新能力也密不可分。一个国家能否打赢信息化战争，不仅取决于战场上的对抗，更取决于国家在和平时期的科学技术发展水平及知识创新能力，如果在技术和创新能力上落后，就没有办法形成强大的信息优势，而信息优势已经成为信息化战争力量优劣的主要标志。

因此，在国防建设中，国家要通过在综合国力不断增长的基础上，不断增加国防费，来实现对军队信息化建设中以信息技术为核心的高新技术的发展的支持。国家还可以运用其权力，通过推动以信息技术为核心的高新技术的发展，通过要求地方信息产业实施“军民结合、平战结合”方针，通过各类院校科研单位为军队信息化建设提供智力和人才支持等方式，来实现对军队信息化建设的支持。另外，国家信息化建设

战略必须把军队信息化建设纳入其中统筹安排，为军队信息化建设的快速发展提供良好的政策环境。

（二）国家战略组织是实施信息化战争的保障

信息化战争虽然战争目的更加有限、规模更小、持续时间相对短暂、直接交战空间缩小、暴力性更弱，但它所涉及的领域却比以往任何战争都更多更大。信息化战争的胜负，涉及并取决于国家战略能力的各个方面的发挥。而一个国家如果没有强大的战略组织能力，在战争临近时就没有能力迅速统一国民和盟国的认识并形成强大的战争能力，在战争中也难以有效运用政治外交等手段，采取战略制衡措施营造有利态势和控制战局及战争进程，从而失去战略主动权。因此，我们在考虑国防建设和经济建设时，从宏观规划到人力、物力和财力的动员，从经济基础建设到国防工程、交通信息、防汛和医疗卫生等建设都必须对打赢信息化战争通盘考虑、规划和建设。

（三）信息化战争呼唤高素质新型军事人才

军事竞争，说到底是人才的竞争。建设信息化军队，打赢信息化战争，关键要靠人才。信息化军队是一支由信息化人才集聚起来的、按照信息化作战需要编组、装备和熟练运用信息化武器装备并以信息化作战理论为指导的军队，因此，军事人才的能力素质是新军事变革成败的关键，必须高度重视信息时代高素质复合型军事人才队伍建设，培养和造就大批德才兼备的高素质人才，为我军现代化建设和未来作战提供强有力的人才和智力支撑。

我国信息技术人才异常匮乏，所以必须下大力采取多种措施以加强国防信息技术人才的培养、引进与保留，建设一支雄厚的信息人才队伍，确保我国的信息基础建设能够持续不断的发展。一方面，要依托地方进行信息化人才的双向培养；另一方面，军事院校教学中要加大高新技术知识的比重，提高部队信息化条件下的训练水平，创造良好的信息化环境和信息化文化氛围。

1. 什么是信息化战争？
2. 信息化战争的基本特征是什么？
3. 简述信息化战争的发展趋势。

第六章　条令教育与训练

军队条令是用简明条文规定并以命令形式颁布的关于军队战斗、工作、训练、生活方面的法规。军队条例是军队制定的以命令形式颁布的关于某项工作的法规。条令条例是军事法规的重要组成部分。

第一节　条令教育

条令是用简明条文规定的通过命令颁布的关于军队战斗、工作、训练和生活方面的行动准则。我军的条令通常分为战斗条令和共同条令。战斗条令主要规定了战役战斗的准备、组织、部署、实施。指挥和保障等基本原则，用来指导训练和作战，如《海军战斗条令》《空军战斗条令》和《步兵战斗条令》等。共同条令通常指的是我军的“三大条令”，即《内务条令》《纪律条令》和《队列条令》，主要规定了军训人员的职责、军队的内务生活、军队纪律、队列训练和勤务方面的内容。它是中央军委颁布的军事法规，是全军建立良好的内外关系和正规的内部秩序，履行职责，维护纪律，培养良好作风和进行行政管理的依据，是全军将士必须共同遵守的行为准则。

本章重点选择《内务条令》和《队列条令》中的部分内容。

一、军容风纪

（一）着装

军训人员必须按照规定着装，保持军容严整。

（1）军训部队的官兵严格按照授予军衔的命令佩戴军衔标志。

（2）训练学员严格按照规定佩戴帽徽、肩章、符号、领花等。

（3）训练学员着军服时，应当戴训练帽。戴训练帽时，男学员帽檐前缘与眉同高，女学员帽稍向后倾。帽徽位于左眼上方，帽口下缘距眉一指，帽顶向右下倾斜。大檐帽饰带应当并拢，并保持水平。大檐帽风带不用时应当拉紧并保持水平。大檐帽松紧带不使用时，不得露于帽外。

（4）作训服应当保持整洁，配套穿着，不得混穿。不得在训练服外罩便服，不得披衣、敞怀、挽袖、卷裤腿。扣好领钩、衣扣。着长袖衬衣（内衣）时，下摆扎于裤内。作训服内穿毛衣、绒衣、棉衣等内衣时，下摆不得外露。

着礼服、春秋常服、夏常服时，必须内穿配发的衬衣，系配发的领带。着冬装时，内衣领不得高于军衣领，女学员内衣领外露部分颜色应当与军服颜色相近。长、短袖制式衬衣与夏裤、裙配套穿着时，通常戴贝雷帽，不系领带，不扣第一个纽扣；集会或大型活动等由军训师、团规定统一着装。

（5）操课和集体活动时通常穿军鞋。着便鞋（含凉鞋）时，只准穿黑色鞋（女军人可以穿浅色凉鞋），鞋跟高度男学员不超过 3 厘米，女学员不超过 4 厘米。除工作需要和洗漱外，不得穿拖鞋、赤脚和赤脚穿鞋。

（二）仪容

（1）军训人员头发应当整洁。男学员不得留长发、大鬓角和胡须，蓄发（戴假发）不得露于帽外，帽墙下发长不得超过 1.5 厘米；女学员发辫不得过肩，不得烫发。师以上首长可以在规定的发型内决定所属人员蓄一种或者几种发型（见图 6－1）。军训人员染发只准染与本人原发色一致的颜色。

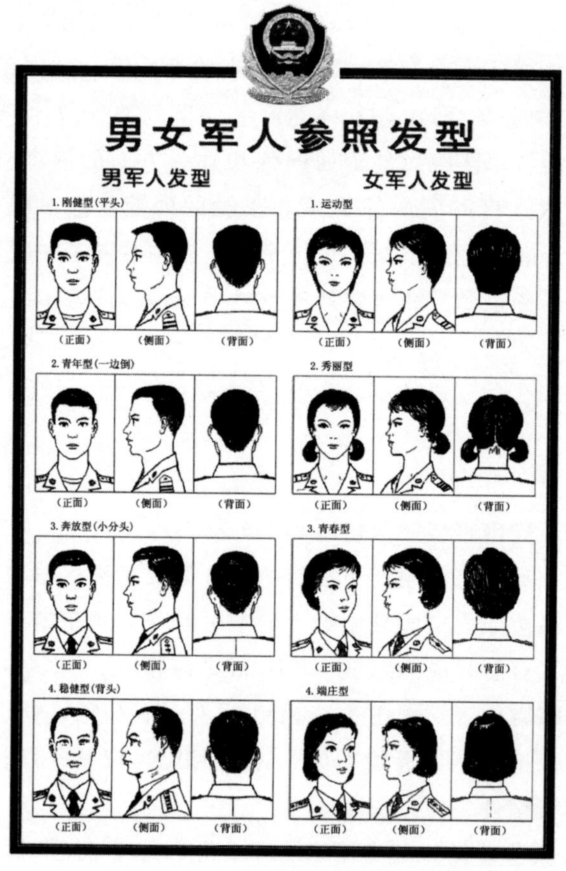

图 6－1

（2）军训人员不得文身。着作训服时，不得化妆，不得留长指甲和染指甲，不得戴围巾，不得在外露的腰带上系挂钥匙和饰物，不得戴耳环、项链、领饰、戒指等首饰。除工作需要和眼疾外，不得戴有色眼镜。

（三）举止

（1）军训人员必须举止端正，谈吐文明，精神振作，姿态良好。不得袖手、背手和将手插入衣袋，不得边走边吸烟、吃东西、扇扇子，不得搭肩挽臂。

（2）军训人员参加集会、晚会，必须按照规定的时间和顺序入场，按照指定的位置就座，遵守会场秩序，不得迟到早退。散会时，依次退场。

（3）军训人员着训练服进入室内通常脱帽。脱帽后，无衣帽钩时，立姿可以将大檐帽夹于左腋下（帽顶朝外，帽徽朝前）；坐姿置于桌（台）前沿左侧或者膝上（帽顶向上，帽徽朝前），也可以置于桌斗内。宿舍内军帽可以统一放在床铺上。戴贝雷帽脱帽不便放置时，将帽左右向内折叠，置于左肩绊下（帽顶向上，帽徽朝前）。因特殊情况不适宜脱帽时，由在场最高首长临时规定。

二、军训的礼节

为体现军队内部的团结友爱和互相尊重，军训人员必须有礼节。军训人员敬礼分为举手礼、注目礼和举枪礼、着军服戴军帽或者不戴军帽，通常行举手礼。携带武器装备不便行举手时，可以行注目礼。举枪礼仅限于执行阅兵和仪仗任务时使用。

军训人员之间通常称职务，或者姓加职务，或者职务加同志。首长和上级对部属和下级以及同级间的称呼，可以称姓名或者姓名加同志；下级对上级，可以称首长或者首长加同志。在公共场所和不知道对方职务时，可以称军衔加同志或者同志。

军训人员听到首长和上级呼唤自己时，应当立即答“到”。回答首长问话时，应当自行立正。领受首长口述命令、指示后，应当回答“是”。

（一）军训人员在下列时机和场合的礼节

（1）每天第一次遇见首长或者上级时，应当敬礼，首长、上级应当还礼。

（2）军训人员进见首长时，在进入首长室内前，应当喊“报告”或者敲门，得到允许后方可以进入并向首长敬礼；进入同级或者其他人员室内前，应当敲门，经允许后方可以进入。

（3）同级因事接触时通常互相敬礼。

（4）在室内，首长或者上级来到时，应当自行起立。

（5）营门卫兵对出入营门的分队、首长和上级应当敬礼，分队带队指挥员、首长和上级应当还礼。

（6）卫兵交接班时，应当互相敬礼。

(7) 军训人员受上级首长接见时，应当向上级和首长敬礼，问候“首长好”。

(8) 上级和首长到下级单位检查工作离开时，送行人员应当敬礼。

(二) 分队在下列时机和场合的礼节

(1) 分队在行进间相遇，由带队指挥员互相敬礼；遇见首长和上级，由带队指挥员敬礼。

(2) 分队在停止间，当上级首长来到时，带队指挥员向分队发出“立正”口令，而后向首长敬礼和报告；当上级首长两人以上到场时，应当向职务最高的首长敬礼和报告团；当职务相当的首长先有一人在场，对后到的首长只由本分队在场职务最高者向其敬礼和报告。

(3) 未列队的分队，不论在室内室外，当上级首长来到时，由在场职务最高者或者先见者发出“立正”口令（当人员处于坐姿时，应当先发出“起立”口令），并由在场职务最高者向首长敬礼和报告。

(三) 军训人员和部队（分队）对军外人员的礼节

军训人员同党政机关工作人员、人民群众和外宾接触时，应当讲文明、有礼貌。

(1) 进见和遇见党和国家领导人时，应当敬礼。

(2) 与地方党政机关领导人员接触时，对比自己职位高的应当敬礼。

(3) 遇见军队首长陪同的来队外宾时，对比自己职位或者军衔高的应当敬礼。

(4) 参加外事活动与外宾接触时，对比自己职位或者军衔高的应当敬礼。

分队遇见党和国家领导人或者有军队首长陪同的外宾和地方党政机关负责同志的礼节，视同分队在行进间遇见军队首长和上级，在停止间或在未列队的分队当军队上级首长来到时的礼节。

(四) 升国旗和迎送国旗时的礼节

升国旗时，列队军训人员应当自行立正，行注目礼，位于指挥位置的军官、文职干部，行举手礼；单个活动的军训人员，应当自行立正，着军服时行举手礼，着便服的行注目礼。奏国歌时，应当自行立正。部队迎送军旗时当听到主持迎送军旗的指挥员下达“向军旗——敬礼——”的口令后，位于指挥位置的军官行举手礼，其余人员行注目礼。

(五) 军训人员不敬礼的时机和场合

(1) 在实验室、机房、厨房、病房、诊室等处进行工作时。

(2) 正在操作兵器和位于射击、驾驶位置时。

(3) 进行文体活动和体力劳动时。

（4）乘坐公共交通工具时。

（5）在浴室、理发室、餐厅、商店时。

（6）着便服时。

（7）其他不便于敬礼的时机和场合。

（六）分队不敬礼的时机和场合

（1）在就餐、文体活动和体力劳动时（集体学唱歌曲时除外）。

（2）在演习、实弹射击中和行军休息时。

（3）在修理间、飞机库（场）、船坞（码头）、车场、炮场、机械场等处进行作业时。

（4）其他不便于敬礼的时机和场合。

三、内务建设与个人卫生

搞好内务建设和个人卫生，是提高训练效率和参训人员身体健康素质的基础。讲究个人卫生可以防止疾病传播，提高参训人员的健康水平，为圆满完成备战训练、施工生产等项任务，适应未来复杂、艰苦的战争环境和非军事行动，要求参训人员必须注重健康，养成良好的卫生习惯。

（一）个人卫生的总要求

军训人员必须有强健的体魄。因此，对个人卫生应做到：饭前便后要洗手，不吃不洁净的食物，不喝生水，不暴饮暴食，防止病从口入；实行分餐制，行军或外出时要自带饮食用具，不用公共脸盆和毛巾，防止疾病传播；不随地吐痰，不随地大小便，不乱扔果皮、纸屑和其他废物，保持室内和环境卫生清洁；勤洗澡、勤理发、勤剪指甲、勤洗晒衣服被子，不在禁烟场所吸烟，保持军训人员良好风貌。

（二）个人卫生的内容

1. 饮食卫生方面

（1）生吃瓜果要洗净。

（2）不喝生水。

（3）不吃腐败变质的食物。

（4）不挑食和偏食。

（5）饭后不马上进行剧烈活动。

2. 运动锻炼方面

（1）坚持每天早起锻炼，呼吸新鲜空气。

（2）每天应至少运动一小时，增强体质，提高抵抗力。

3. 勤洗手方面

（1）饭前便后应洗手。

（2）吃东西前应洗手。

（3）劳动（干活）后应洗手。

（4）做游戏后应洗手。

（5）触摸脏东西后应洗手。

（6）触摸传染病人的东西后应洗手。

（7）从公共场所回来后应洗手。

4. 用眼卫生方面

（1）看书写字时要注意姿势正确，光线适宜，眼与书本的距离应保持一尺左右（30～35 厘米），时间不可过久。

（2）走路乘车时不看书，不躺着看书。

（3）坚持做眼保健操。

5. 保护牙齿方面

（1）吃东西后漱口。

（2）早晚刷牙。

（3）不咬过硬的东西。

（4）不吃过冷过热的东西。

（5）睡前不吃东西。

（6）患牙病及时治疗。

（7）不咬笔头和手指。

6. 保护鼻腔方面

（1）早晚各使用等渗盐水和专用的洗鼻器，如鼻舒乐洗鼻器清洗鼻腔，清除鼻腔中的病菌、病毒，防治感冒、鼻炎等呼吸道疾病。

（2）在尘埃较重的环境中，佩戴口罩，避免过多粉尘进入鼻腔，削弱鼻腔生理功能。

（3）避免抠鼻子损伤鼻腔黏膜。当存在鼻屎的时候，用水清洗干净鼻屎，消除鼻腔炎症。避免鼻屎再度产生。

（三）寝室内物品放置

（1）床及被子：床上被子应叠整齐，一律放于床头，枕头、枕巾放于其上，床单平整，床上不放其他物品。

（2）床下：在床下每人至多只能摆放三双日常用鞋，且摆放整齐。

（3）床下其他物品应盛入纸箱内靠墙整齐摆放，不可以在地面乱放。

（4）墙壁：墙壁无张贴图画，无乱挂衣物。

（5）脸盆：脸盆一律放于床下面摆放整齐。

（6）洗漱用品：用品一律放于脸盆中，不可以在桌子或洗漱间摆放。

（7）窗台或桌面：统一要求整齐摆放水杯、饭盒、书籍等，窗台或桌面下整齐摆放热水瓶。

（8）椅子：椅子统一靠墙摆放整齐，不可随意摆放。

（9）地面：不可以有其他物品。

第二节　队列训练

为了规范参训人员的队列动作、队列队形和队列指挥，正确组织实施队列训练，培养良好的军姿、严整的军容、协调一致的动作和严格的组织纪律性，提高参训人员的军事素质，以适应技术、战术训练和增强战斗力，必须进行队列训练。

一、队列指挥、队列队形和队列纪律

（一）队列指挥位置（指挥员的位置）

指挥位置应当便于指挥和通视全体。通常是：停止间，在队列中央前；行进间，纵队时在左侧中央前，必要时在中央前，横队、并列纵队时在左侧前或者左侧，必要时在右侧前（右侧）或者左（右）后侧。

（二）队列指挥方法

队列指挥通常用口令。行进间，动令除向左转走和齐、正步互换时落在左脚，其他均落在右脚。变换指挥位置，通常用跑步（5 步以内用齐步），进到预定的位置后，成立正姿势下达口令。纵队行进时，可以在行进间下达口令。

（三）队列指挥要求

（1）指挥位置正确。

（2）姿态端正，精神振作，动作准确。

（3）口令准确、清楚、洪亮。

（4）清点人数，检查着装。

（5）严格要求，维护队列纪律。

（四）队列纪律

（1）指挥位置正确。

（2）姿态端正，精神振作，动作准确。

（3）口令准确、清楚、洪亮。

（4）清点人数，检查着装。

（5）严格要求，维护队列纪律。

（五）列队的间隔、距离

队列人员之间的间隔（两肘之间）通常约 10 厘米，距离（前一名脚跟至后一名脚尖）约 75 厘米。需要时，可以调整队列人员之间的间隔和距离。

（六）队列队形

（1）班队形：班的基本队形，分为横队和纵队。需要时，可以成二列横队或者二路纵队。

（2）排队形：排的基本队形分为横队和纵队。排横队由各班的班横队依次向后排列组成；排纵队由各班的班纵队依次向右并列组成。

（3）连队形：连的基本队形由连横队、连纵队、连并列纵队。连横队由各排的排横队依次向左并列组成；连纵队由各排的排纵队依次向后排列组成；连并列纵队由各排的排纵队依次向左排列组成。

（4）营队形：营的基本队形分为横队、纵队和并列纵队。营横队由各连的并列纵队依次向左并列组成；营纵队由各连的连纵队依次向后排列组成；营并列纵队由各班的连纵队依次向左并列组成。

（5）团队形：团的基本队形分为营横队的团横队、营并列纵队的团横队的团纵队。营横队的团横队由各营的营横队依次向左并列组成，营并列纵队的团横队由各营的营并列纵队依次向左并列组成；团纵队由各营的营纵队依次向后排列组成。

（七）对参训人员在队列中的要求

（1）坚决执行命令，做到令行禁止。

（2）按规定的顺序列队，牢记自己的位置，姿态端正，精神振作。

（3）集中精力听指挥员的口令，动作要迅速、准确、协调一致。

（4）保持队列整齐、肃静、自觉遵守队列纪律。

（5）将学到的队列动作，自觉地用于训练、执勤和日常生活中。

二、单个军训人员的队列动作

（一）立正、稍息、跨立

立正、稍息、跨立，是军训人员的基本姿势，是队列动作的基础。在队列训练中具有承前启后的作用。

1. 动作要领

口令：立正，稍息，跨立

要领：立正时，两脚跟靠拢并齐，两脚尖向外分开约60度；两腿挺直；小腹微收，自然挺胸；上体正直，微向前倾；两肩要平，微向后张；两臂自然下垂，手指并拢自然微屈，拇指尖贴于食指的第二节，中指贴于裤缝；头要正，颈要直，口要闭，下颌微收，两眼向前平视。稍息时，左脚顺脚尖方向伸出约全脚的1/3，两腿自然伸直，上体保持立正姿势，身体重心大部分落于右脚。携枪（筒，炮），携带的方法不便，其余动作同徒手。稍息较久，可自行换脚。跨立时，上体保持立正姿势，左脚向前跨出约一脚之长，同时两手后背，左手握右手手腕，左手手腕上沿约与外腰带下沿（内腰带上沿）同高。

2. 动作基本要求

立正时，要着装整齐，精神振奋，姿态端正，表情自然，要求做到：挺腿，挺胸，挺颈，自然睁大眼睛。

挺腿：两膝里合向后挺时两腿挺直，并向前上收臀。

挺胸：腰杆挺直，向后上收腹提气，同时两肩微向后张。

挺颈：头正直向上定，下颌微收，使颈后部与衣领轻贴，保持颈部挺直。

立正时，眼睛要自然睁大，精力集中，向前平视时，眼皮微向上挑，使黑眼珠保持在眼睛中央，注视正前方一个目标，做到目不斜视、少眨眼。

稍息时，出、收脚要迅速，方向要正，距离准确，保持上体姿态不变。

跨立时，要军姿端正，精神振作，左脚跨出与两手后背协调一致，定位准确。

3. 训练重点和难点

立正，稍息训练时，重点练好军姿，着重掌握三点：一是身体重心大部分落于两脚前脚掌上，保持立正时身体的稳固和持久站立；二是掌握正确的呼吸方式，保证吸气时胸部自然挺出，呼气时胸部不下塌，小腹不鼓胀；三是掌握好两膝后压与并拢相协调，收小腹，收臀部与自然挺胸相协调，收下颌与挺颈，头上顶相协调。上体保持立正姿势，左脚跨出迅速，同时两手在背后交叉定位准确。

4. 训练步骤

口令：手型练习，一，二。

要领：听到“手型练习”的口令，两手手型不变，平行前举，约与肩同宽；听到“二”的口令，两手放下成立正姿势，而后按“一，二”的口令反复练习。

主要解决的问题：手型的准确和定位。

立正时，四指自然微屈，不要绷成三角形，拇指尖内侧贴于食指第二节，拇指与食指略平，两臂自然下垂，中指贴于裤缝。

（二）行进与立定

1. 齐步

齐步是军训人员的常用步伐，一般用于队列的整齐行进。

要领：当听到“齐步走”的口令，左脚向正前方迈出约75厘米，按照先脚跟后脚掌的顺序着地，同时身体重心前移，右脚照此法动作：上体正直，微向前倾；手指轻轻握拢，拇指贴于食指第二节；两臂前后自然摆动，向前摆臂时，肘部弯曲，小臂自然向里合，手心向内稍向下，拇指根部对正衣扣线，并与最下方衣扣同高，离身体约25厘米；向后摆臂时，手臂自然伸直，手腕前侧距裤缝线约30厘米。行进速度每分钟116～122步。

2. 正步

正步主要用于分列式和其他礼节性场合。

要领：听到“正步走”的口令，左脚向正前方提出约75厘米（腿要绷直，脚尖下压，脚掌与地面平行，离地面约25厘米），适当用力使全脚掌着地，同时身体重心前移，右脚照此法动作，上体正直，微向前倾；手指轻轻握拢，拇指伸直贴于食指第二节；向前摆臂时，肘部弯曲，小臂略成水平，手心向内稍向下，手腕下沿摆到高于最下方衣扣约10厘米处，离身体约10厘米，向后摆臂时（左手心向右，右手心向左），手腕前侧距裤缝向约30厘米。行进速度每分钟110～116步。

3. 跑步

跑步主要用于快速行进。

要领：听到“跑步”的预令时，两手迅速握拳（四指蜷握，拇指贴于食指第一关节和中指第二关节），提到腰际，约与腰带同高，拳心向内，肘部稍向里合。听到“走”的动令后，上体微向前倾，两腿微弯，同时，左脚利用右脚掌的蹬力跃出约85厘米，前脚掌先着地，身体重心前移，右脚照此法动作；上体保持正直，两臂前后自然摆动，向前摆臂时大臂略直，肘部贴于腰际，小臂略平，稍向里合，两拳内侧各距衣扣线约5厘米；向后摆臂时，拳贴于腰际。行进速度每分钟170～180步。

4. 便步

便步用于行进、操练后恢复体力及其他场合。

要领：用适当的步速、步幅行进，两臂自然摆动，上体保持良好姿态。

5. 踏步

踏步用于调整步伐和整齐。

要领：两脚在原地上下起落（抬起时，脚尖自然下垂，离地面大约15厘米；落下时，前脚掌先着地），上体保持正直，两臂按齐步或跑步摆臂的要领摆动。

6. 移步（5步以内）

移步用于调整队列位置。

要领：右（左）跨步时，上体保持正直，每跨 1 步并脚一次，其步幅约与肩同宽，跨到指定步数停止。向前移步时，应当按照单数步要领进行（双数步变为单数步）。向前 1 步时，用正步，不摆臂；向前 3 步、5 步时，按照齐步走的要领进行。向后退步时，从左脚开始，每退 1 步靠脚一次，不摆臂，退到指定步数停止。

7. 礼步

礼步用于纪念仪式中礼兵的行进。

要领：左脚向正前方缓慢抬起（腿要绷直，脚尖上翘，与腿约成 90 度，脚后跟离地面约 30 厘米），按照脚跟、脚掌顺序缓慢着地，步幅约 55 厘米，右脚照此法动作；上体正直，两臂下垂自然伸直、轻贴身体（抬祭奠物除外）；手指并拢自然微曲，拇指尖贴于食指第二节，中指贴于裤缝。行进速度每分钟 24～30 步。

8. 携枪行进

持枪时，听到行进口令的预令，将枪提起，使枪身略直，拇指贴于右胯，使枪身稳固，其余要领同徒手。

背枪、肩枪、挂枪、托枪、提枪时，听到行进口令，保持携枪姿势，其余要领同徒手。

9. 携便携式折叠写字椅行进

携折叠写字椅行进时，左手提握支脚上横杠，左臂下垂自然伸直，写字板面朝外。

10. 立定

口令：齐步——走，立——定。

要领：左脚向正前方迈出约 75 厘米着地，身体重心前移，右脚照此法动作；上体正直，微向前倾；手指轻轻握拢，拇指贴于食指第二节；两臂前后自然摆动，向前摆臂时，肘部弯曲，小臂自然向里合，手心向内稍向下，拇指根部对正衣扣线，并与最下方衣扣同高（着夏季作训服时，与第四衣扣同高，着冬季作训服时与第五衣扣同高，着水兵服时与腰带同高），离身体约 25 厘米，向后摆臂时手臂自然伸直，手腕前侧距裤缝线约 30 厘米。行进速度每分钟 116～122 步。

听到“立——正”的口令，左脚再向前大半步着地，两腿挺直，右脚取捷径迅速靠拢左脚，成立正姿势。

（三）行进间转发

1. 齐步、跑步向右（左）转

口令：向右（左）转——走

要领：左（右）脚向前半步（跑步时，继续跑两步，再向前半步），脚尖向右（左）约 45 度，身体向右（左）转 90 度，左（右）脚不转动，同时出右（左）脚按照原步法向新方向行进。

半面向右（左）转步，按照向右（左）转走的要领转 45 度。

2. 齐步、跑步向后转

口令：向后转——走。

要领：左脚向右脚前迈出约半步（跑步时，继续跑两步，再向前半步），脚法向右约45度，以两脚的前脚掌为轴，向后转180度，出左脚按照原步法向新方向行进。

3. 转动过程

要领：转动时，保持行进时的节奏，两臂自然摆动，不得外张；两腿自然挺直，上体保持正直。

（四）步伐变换

步伐变换，均从左脚开始。齐步、正步互换，听到口令，右脚继续走1步，即换正步或者齐步行进。齐步换跑步，听到预令，两手迅速握拳提到腰际，两臂前后自然摆动；听到命令，即换跑步行进。齐步换踏步，听到口令，即换踏步。跑步换齐步，听到口令，继续跑两步，然后，换齐步行进。跑步换踏步，听到口令，继续跑两步，然后换踏步。踏步换齐步或者跑步，听到“前进”的口令，继续踏两步，再换齐步或者跑步行进。

（五）敬礼

敬礼分为举手礼、注目礼和举枪礼。

1. 举手礼

口令：敬礼、礼毕。

要领：听到“敬礼”的口令后，上体正直，右手取捷径迅速抬起，五指并拢自然伸直，中指微接帽檐右角前约2厘米处（戴无檐帽或不戴军帽时微接太阳穴，与眉同高），手心向下，微向外张（约20度），手腕不得弯曲，右大臂略平，与两肩略成一线，同时注视受礼者。听到“礼毕”的口令，将手放下，成立正姿势。

2. 注目礼

口令：敬礼、礼毕。

要领：面向受礼者成立正姿势，同时注视受礼者，并目迎目送（右、左转头角度不超过45度）。听到“礼毕”的口令，将头转正，恢复立正姿势。

3. 举枪礼（用于阅兵式或者执行仪仗任务）

口令：向右看——敬礼、礼毕。

要领：听到“向右看——敬礼”的口令后，右手将枪提到胸前，枪身垂直并对正衣扣线，枪面向后，离身体约10厘米，枪口（半自动步枪准星护圈）与眼同高，大臂轻贴右肋；同时左手接握表尺上方（持半自动步抢时虎口对准枪面并与标尺上沿取齐），小臂略平，大臂轻贴左肋；同时转头向右注视受礼者，并目迎目送（右、左转头角度不超过45度）。听到“礼毕”的口令将头转正，右手将枪放下，使托前踵（半自动步枪枪托底板）轻轻着地，同时左手放下，成持枪立正姿势。

4. 单个军训人员敬礼

要领：单个军训人员在距受礼者5～7步处，行举手礼或注目礼。徒手或者背枪时，停止间，应当面向受礼者立正，行举手礼，待受礼者还礼后礼毕；行进间（跑步时换齐步），转头向受礼者行举手礼（手不随头转动），并继续行进，左手仍自然摆动，待受礼者还礼后礼毕。

携带武器（除背枪）等不便于行举手礼时，不论停止间或者行进间，均行注目礼，待受礼者还礼后礼毕。

（六）脱帽、戴帽、坐下、蹲下、起立

1. 脱帽

口令：脱帽。

要领：立姿脱帽时，双手捏帽檐或者帽前端两侧，将帽取下，取捷径置于左小臂，帽徽朝前，掌心向上，四指扶帽檐或者帽墙前端中央处，小臂略成水平，右手放下。

2. 戴帽

口令：戴帽。

要领：双手捏帽檐或者帽前端两侧，取捷径将帽迅速戴正。

3. 坐下

口令：坐下。

要领：左小腿在右小腿后交叉，迅速坐下（坐凳子时，听到口令，左脚向左分开约一脚之长；女军训人员着裙服坐凳子时，两腿自然并拢），手指自然并拢放在两膝上，上体保持正直。

4. 蹲下

口令：蹲下。

要领：右脚后退半步，前脚掌着地，臀部坐在右脚跟上（膝盖不着地），两腿分开约60度（女军训人员两腿自然并拢），手指自然并拢放在两膝上，上体保持正直。蹲下过久，可以自行换脚。

三、班、排、连的队列动作

（一）集合、离散

1. 集合

集合，是使单个军训人员、分队、部队按规范队形聚集起来的一种队列动作。

集合时，指挥员应先发出预告或信号，如“全连（或×排）注意”，然后，站在预定队形的中央前，面向预定队形成立正姿势，下达“成××队——集合”的口令。所

属人员听到预告或信号，原地面向指挥员成立正姿势；听到口令，跑步到指定位置面向指挥员集合（在指挥员后侧的人员，应从指挥员右侧绕过），自行对正、看齐，成立正姿势。

（1）班集合：

口令：成班横队（二列横队）——集合。

要领：基准兵迅速到班长左前方适当位置，成立正姿势；其他士兵以基准兵为准，依次向左排列，自行看齐。

成班二列横队时，单数士兵在前，双数士兵在后。

口令：成班纵队（二路纵队）——集合。

要领：基准兵迅速到班长前方适当位置，成立正姿势；其他士兵以基准兵为准，依次向后排列，自行对正。

成班二路纵队时，单数士兵在左，双数士兵在右。

（2）排集合：

口令：成排横队——集合。

要领：基准班在指挥员前方适当位置，成班横队迅速站好；其他班成班横队，以基准班为准，依次向后排列，自行对正、看齐。

口令：成排纵队——集合。

要领：基准班在指挥员右前方适当位置，成班纵队迅速站好；其他班成班纵队，以基准班为准，依次向右排列，自行对正、看齐。

（3）连集合：

口令：成连横队——集合。

要领：队列内的连指挥员或基准排，在指挥员左前方适当位置，成横队迅速站好，各排和连部成横队，以连指挥员或基准排为准，依次向左排列，自行对正、看齐。

口令：成连纵队——集合。

要领：队列内的连指挥员或基准排，在指挥员前方适当位置，成纵队迅速站好；各排和连部成纵队，以连指挥员或基准排为准，依次向后排列，自行对正、看齐。

（4）营集合：

营集合，通常规定集合的时间、地点、方向、队形、基准分队以及应携带的武器、器材和装具等事项。

各连按照营的规定，由连长整队带往营的集合地点，随即向基准分队取齐，然后，跑步到距主持集合的指挥员5～7步处报告人数。例如，“营长同志，步兵第×连，应到×××名，实到××名，请指示”。

2. 离散

离散，是使列队的单个军人、分队、部队各自离开原队列位置的一种队列动作。

(1) 离开：

口令：各营（连、排、班）带开（带回）。

要领：队列中的各营（连、排、班）指挥员带领本队迅速离开原列队位置。

(2) 解散：

口令：解散。

要领：队列人员迅速离开原列队位置。

(二) 整齐、报数

1. 整齐

整齐，是使列队人员按照规定的间隔、距离，保持行、列齐整的一种队列动作。整齐分为向右（左）看齐和向中看齐。

(1) 向右（左）看齐：

口令：向右（左）看——齐。向前——看。

要领：基准兵不动，其他士兵向右（左）转头（持枪、炮时，听到预令，迅速将枪、炮稍提起，看齐后自行放下），眼睛看右（左）邻士兵腮部，前四名能通视基准兵，自第五名起，以能通视到本人以右（左）第三个为度。后列人员，先向前对正，后向右（左）看齐。听到“向前——看”的口令，迅速将头转正，恢复立正姿势。

(2) 向中看齐：

口令：以×××为准，向中看——齐。向前——看。

要领：当指挥员指定“以×××为准（或者以第×名为准）”时，基准兵答“到”，同时左手握拳高举，大臂前伸与肩略平，小臂垂直举起，掌心向右。听到“向中看——齐”的口令后，其他士兵按照向左（右）看齐的要领实施。听到“向前——看”的口令后，基准兵迅速将手放下，其他士兵迅速将头转正，恢复立正姿势。

一路纵队看齐时，可以下达“向前——对正”的口令。

2. 报数

口令：报数。

要领：横队从右至左（纵队由前向后）依次以短促洪亮的声音转头（纵队向左转头）报数，最后一名不转头。数列横队时，后列最后一名报“满伍”或者“缺名”。连集合时，由指挥员下达“各排报数”的口令，各排长在队列内向指挥员报告人数，如“第×排到齐”或者“第×排实到××名”。必要时，连也可统一报数。

连实施统一报数时，各排不留间隔，要补齐，成临时编组的横队队形。报数前，连指挥员先发出“看齐时，以一排长为准，全连补齐”的预告，而后下达“向右看——齐”口令，待全连看齐后，再下达“向前——看”和“报数”的口令，报数从一排长开始，后列最后一名报“满伍”或者“缺×名”。

(三) 出列、入列

1. 单个军人出列

口令：×××（或者第×名），出列。

要领：出列军人听到呼点自己姓名或者序号应当答“到”，听到“出列”的口令后，应当答“是”。

(1) 位于第一列（左路）的军人，按照本条上述规定，取捷径出列。

(2) 位于中列（路）的军人，向后（左）转，待后列（左路）同序号的军人向右后退1步（左后退1步）让出缺口后，按照本条的上述规定从队尾（纵队时从左侧）出列；位于“缺口”位置的军人，待出列军人出列后，即复原位。

(3) 位于最后一列（右路）的军人出列，先退1步（右跨1步），然后，按照本条有关规定从队尾出列。

2. 单个军人入列

口令：入列。

要领：听到“入列”口令后，应当答“是”，然后，按照出列的相反程序入列。

3. 班、排出列

口令：第×班（排），出列。

要领：听到“第×班（排）”的口令后，由出列班（排）的指挥员答“到”，听到“出列”的口令后，由出列班（排）的指挥员答“是”，并用口令指挥本班（排），以纵队形从队尾（位于第一列的班取捷径）入列。

4. 班、排入列

口令：入列。

要领：听到“入列”口令后，由入列班（排）的指挥员答“是”，并用口令指挥本班（排），按照本条的有关规定，以纵队形从队尾（位于第一列的班取捷径）出列。

(四) 行进、停止

横队和并列纵队行进以右翼为基准，纵队行进以左翼为基准（一路纵队行进以先头为基准）。

1. 行进

指挥员应下达“×步——走”的口令。听到口令，基准兵应向正前方前进，其他士兵向基准翼标齐，保持规定的间隔、距离行进。纵队行进时，排、连通常成三路纵队，也可成一、二路纵队。行进中，可用“一二一”（调整步伐的口令）、“一二三四”（呼号）或唱队列歌曲，以保持步伐的整齐。

2. 停止

指挥员应下达“立——定”的口令。听到口令，按照立定的要领实施，分队的动作要整齐一致。停止后，听到“稍息”的口令，先自行对正、看齐，再稍息。

(五) 队形变换

队形变换，是列队后，由一种队形变为另一种队形的队列动作。

1. 横队和纵队的互换

(1) 横队变纵队：

停止间口令：向右——转。

行进间口令：向右转——走。

(2) 纵队变横队：

停止间口令：向左——转。

行进间口令：向左转——走。

要领：停止间，按照单个军训人员向右（左）转的要领实施。行进间按照单个军训人员向右（左）转走的要领实施。分队动作要整齐一致。队形变换后，排以上指挥员应进到规定的列队位置。

2. 停止间班横队和班二列横队，班纵队和班二路纵队互换

(1) 班横队变班二列横队：

口令：成班二列横队——走。

要领：变换前，先报数。听到口令，双数士兵左脚后退 1 步，右脚（不靠拢左脚）向右跨 1 步，左脚向右脚靠拢，站到单数士兵之后，自行对正、看齐。

(2) 班二列横队变班横队：

口令：间隔×步，向左离开；成班横队——走。

要领：听到“间隔×步，向左离开”的口令，取好间隔，听到“成班横队——走”的口令，双数士兵左脚左跨 1 步，右脚（不靠拢左脚）向前 1 步，左脚向右脚靠拢，站到单数士兵左侧，自行看齐。

(3) 班纵队变班二路纵队：

口令：成班二路纵队——走。

要领：变换前，先报数。听到口令，双数士兵右脚右跨 1 步，左脚（不靠拢右脚）向前 1 步，右脚向左脚靠拢，站到单数士兵右侧，自行对正、看齐。

(4) 班二路纵队变班纵队：

口令：距离×步，向后离开；成班纵队——走。

要领：听到“距离×步，向后离开”的口令，取好距离；听到“成班纵队——走”的口令，双数士兵右脚后退 1 步，左脚（不靠拢右脚）站到单数士兵之后，自行对正。

3. 连纵队和连并列纵队的互换

(1) 连纵队变连并列纵队：

停止间口令：成连并列纵队，齐步——走。

行进间口令：成连并列纵队——走。

要领：连指挥员或基准排踏步，其他排和连部逐次进到连指挥员或基准排左侧踏步并取齐，然后，听口令前进或停止。连、排指挥员位置的变换方法：听到口令，连长左脚继续踏1步，右脚向右前1步，进到政治指导员前方仍踏步，政治指导员继续踏步，副连长向左前2步，进到连长左侧，排长、司务长进到预定列队位置，继续踏步并取齐。

(2) 连并列纵队变连纵队：

停止间口令：成连纵队，齐步——走。

行进间口令：成连纵队——走。

要领：连指挥员或基准排照直前进，其他排和连部停止间和行进间均踏步，待连指挥员或基准排离开原位后，各排按排长、连部和炊事班按司务长的口令依次跟进。

(六) 方向变换

方向变换，是改变队列面对的方向的一种队列动作。

1. 横队和并列纵队方向变换

停止间口令：左（右）转弯，齐步——走，或左（右）后转弯，齐步——走。

行进间口令：左（右）转弯——走，或左（右）后转弯——走。

要领：一列横队方向变换时，轴翼士兵踏步，并逐渐向左（右）转动，同相邻士兵动作协调；外翼第一名士兵以大步行进并逐步变换方向，其他士兵用眼睛余光向外翼取齐，愈接近轴翼者，其步幅愈小，并保持规定的间隔和排面整齐，转到90度时踏步并取齐，听口令前进或停止。

数列横队和前列纵队方向变换时，第一列轴翼士兵停止间用踏步，行进间用小步，外翼士兵用大步行进，保持排面整齐，边行进边变换方向，转到90度或180度后，听口令前进或停止；后续各列按上述要领，保持间隔，距离，取捷径进到前一列转弯处，转向新方向跟进。

2. 纵队方向变换

停止间口令：左（右）转弯，齐步——走，或左（右）后转弯，齐步——走。

要领：一路纵队方向变换时，基准兵在左（右）转弯时，按单个军训人员行进间转法要领实施，在左（右）后转弯时，用小步边行进边变换方向，转到90度或180度后，照直前进；其他士兵逐次进到基准后的转弯处，转向新方向跟进。

数路纵队方向变换时，按照数列横队和并列纵队方向变换的要领实施。

四、阅兵分列式

(一) 军旗的掌持

军旗由部队首长指派一名掌旗员掌持，两名护旗兵护旗。护旗兵携冲锋枪成挂枪姿势，位于掌旗员两侧。掌旗员通常由连、排职军官或军士充任，护旗兵通常由军士或士兵充任。掌旗员和护旗兵应具备良好的军政素质和魁梧匀称的体形。

1. 持旗、扛旗、端旗

掌持军旗的姿势分为持旗、扛旗和端旗。

持旗要领：立正时，左臂自然下垂，右手持旗杆，使旗杆垂直立于右脚外侧。稍息时，持旗姿势不变。

扛旗要领：听到行进的预令后，左手握旗杆套下约 10 厘米处，两手协力将旗上提，扛于右肩，旗杆套稍高于肩，右臂伸直，右手掌心向下握旗杆，左手放下。听到命令，开始行进。

端旗要领：右手握旗杆套下约 10 厘米处，右臂向前伸直，右手约与肩同高，左手握旗杆下部，左小臂斜贴于腹部。

2. 迎军旗

将展开的军旗持入队列时，部队应整队举行迎军旗仪式。步兵团迎军旗时，通常成营横队的团横队。特殊情况下，可由机关和指定的分队参加，按部队首长临时规定的队形列队。

步兵团迎军旗时，主持迎送军旗的指挥员下达“立正”“迎军旗”的口令，听到口令后，掌旗员（扛旗）、护旗兵齐步走，当由正前或左前方向本团右翼进至距队列 40～50 步时，主持迎送军旗的指挥员下达“向军旗——敬礼——”的口令，听到口令后，位于指挥位置的军官行举手礼，其余人员行注目礼；掌旗员（由扛旗换端旗）、护旗兵换正步，取捷径向本团右翼排头行进，当超过团机关队形时，主持迎送军旗的指挥员下达“礼毕”口令，部队礼毕；掌旗员（由端旗换扛旗）、护旗兵换齐步。军旗进至团指挥员右侧 3 步处时，左后转变立定，成立正姿势。

3. 送军旗

将军旗持出队列时，部队应整队举行送军旗仪式。步兵团送军旗时，参加人员和队形与迎军旗同。

步兵团送军旗时，主持迎送军旗的指挥员下达“立正”“送军旗”的口令。听到口令后，掌旗员（成扛旗姿势）、护旗兵按迎军旗路线相反方向齐步行进。军旗出列后行至团机关队形右侧前时，主持迎送军旗的指挥员下达“向军旗——敬礼——”的口令。听到口令后，掌旗员（由扛旗换端旗）、护旗兵换正步，全团按照迎军旗的规定敬礼。当军旗离开距队列正面 40～50 步时，主持迎送军旗的指挥员下达“礼毕”的口令，部队礼毕；掌旗员（由端旗换扛旗）、护旗兵换齐步，返回原出发位置。

（二）阅兵

阅兵的程序如下：

（1）迎军旗。

（2）阅兵式：其程序是阅兵首长接受阅兵指挥报告；阅兵首长向军旗敬礼；阅兵首长检阅部队；阅兵首长上阅兵台。

（3）分列式：其程序是标兵就位；调整部队为分列式队形；开始行进；接受首长检阅（用正步行进通过主席台）。

（4）阅兵首长讲话。

（5）送军旗。

第三节　体能训练

这里所讲的体能是军事体能，是指士兵在各种复杂、艰苦的环境条件下，为了完成各种战斗任务所具备的融体力、脑力、心力为一体的综合生物学能力。军事体能是构成单兵战斗力的重要组成部分。一个体能素质好的士兵，必须具备强壮的体力、充沛的精力、坚韧的毅力、高度的注意力、敏锐的观察力、快速的反应力和良好的动作协调能力，以及快速掌握各自兵种专业技能所需的生物学能力。

体能训练分为基础体能训练和专业体能训练两部分。基础体能是新兵训练的重要课目之一。本节将介绍基础体能训练的有关内容。

一、基本动作训练

（一）俯卧撑

要做到俯卧撑的一个完美起始姿势，身体必须保持从肩膀到脚踝成一条直线，双臂应该放在胸部位置，两手相距略宽于肩膀。这样可以确保每个动作都能更有效地锻炼肱三头肌。做俯卧撑时，应该用2～3秒时间来充分下降身体，最终胸部距离地面应该是2～3厘米；然后，要马上用力撑起，回到起始位置。如果做不到一个完整的俯卧撑，也可以膝盖着地。这也是当正式的俯卧撑已经无法完成，而又想继续锻炼时可以选择的方法。俯卧撑主要锻炼的肌肉群有胸大肌和肱三头肌，同时还锻炼三角肌前束、前锯肌和喙肱肌及身体的其他部位。其主要作用是提高上肢、胸部、腰背和腹部的肌肉力量。

（二）指卧撑

作用：提高指关节、上肢伸肌和躯干肌肉力量，锻炼上肢的推掌力量和胸大肌力量。

动作：以两手五指尖触地为支撑点，在平地上成俯掌，做两臂屈伸动作（要领同俯卧撑）。

(三) 引体向上

动作过程：用背阔肌的收缩力量将身体往上拉起，当下巴超过单杠时稍作停顿，静止一秒钟，使背阔肌彻底收缩。然后逐渐放松背阔肌，让身体徐徐下降，直到回复完全下垂，重复再做。可以弯曲膝关节、将两小腿向后交叉，使身体略微后倾，能更好地锻炼背部肌肉（见图 6－2）。

图 6－2

(四) 翻身上

动作：按引体向上的动作跳起抓杠，成正握直臂悬垂；两手用力屈臂拉杠，同时含胸，收腹举腿，上体后倒（臂紧贴身体，眼看脚），继续用力拉杠，腿向上方伸出过杠，使腹部贴于杠上，翻转手腕，抬头挺胸，伸直两臂成正撑。落下时，含胸收腹，重心前移，两臂用力，缓冲下落成直臂悬垂。依此反复做，完成后落地。

作用：增强上肢肌肉的悬垂拉引力量，提高腹肌和大腿前部肌群的上举力量。

(五) 腿部练习

(1) 原地展腹跳：在原地站立，屈膝下蹲，然后双脚用力蹬地全身向上做展腹动作，然后落地成屈膝。所做次数，根据个人的体质与计划而定。

(2) 蛙跳：原地屈膝下蹲，两手后背相握，利用双腿的蹬力向前跃出。根据个人的体质情况，要求尽量跳得高、跳得远。以前脚掌着地，起跳时蹬地有力。

(3) 立定跳远：在站立的基础上，屈膝下蹲，两手摆动，借助双脚的蹬力向前跳出着地。要求两手摆动有力，下蹲起跳速度快。此方法主要锻炼腿部的爆发力。

(4) 原地跳台阶：选择合适的台阶（20～50 厘米），做双脚或单脚的上下跳动。

(5) 跳远：在助跑的基础上做跳远、三级跳远的技术动作来提高腿部的力量。

(6) 跳绳：跳绳可以双脚或单脚起跳，也可以一跳双摇绳；可以原地起跳，也可以边跳边移动步法。

（六）腰、腹肌与柔韧性练习

1. 仰卧起坐

动作：仰卧，两腿并拢，两手上举，利用腹肌收缩，两臂向前摆动，迅速成坐姿，上体继续前屈，两手触脚面，低头；然后还原成坐姿。如此连续进行。

作用：提高腹肌力量，增强腰背部肌力和柔韧性。

2. 俯卧伸屈腿

动作：在平地上成俯卧撑姿势后，双手撑地姿势不变，同时迅速收腿至腹部，再迅速向后伸出，再收至腹部，如此反复练习。

作用：发展腰腹肌力量，提高腰背肌肉韧带的柔韧性和灵活性，增强人体内部器官的功能。

3. 立位体前屈

动作：直立，两臂上举并随上体前屈下潜，两腿挺直，臀部稍后移，胸部尽量与腿相贴。

作用：提高腰部及腿部后侧肌肉、肌腱及皮肤的弹性和伸展性，增强腿、腰部关节的柔韧性。

（七）跑步

1. 100 米跑

动作：由起跑、途中跑和终点跑三部分组成。

（1）起跑："各就位"的口令下达后，运动员抖抖身体，放松心情。调节好起跑器，把有力的脚放在靠近起跑线的后蹬器上，全脚掌着起跑器。另一只脚放在另一个后蹬器上，前脚掌着起跑器。形成左、右手，左、右脚，力量稍微薄弱腿的膝盖共五点着地。动作要自然放松。"预备"口令下达后，运动员身体前倾，两臂自然下垂，身体重心低并稍向前移，在此环节中，应做到两个动作，即重心前移，臀部高于肩部。枪响后，靠脚的力量迅速蹬离地面，双臂应迅速脱离地面，做有效而有力的摆臂，当两脚蹬离起跑器后，双脚做有力的侧蹬，侧蹬可以使自己尽快达到最高速度，缩短加速时间，增强加速效果。最后，双臂的动作做到后摆的幅度与力量应超过前摆的幅度和力量。这样可以使大臂与三角肌充分用力，使摆臂的力量增加，有助于大腿快速交换，频率加快。

（2）途中跑：要求大腿迅速前摆，步幅要大，两臂自然用力摆动，加大腿的前摆幅度，加快步频。

（3）终点跑：在离终点 15～20 米处，尽量保持上体的前倾，距离终点 2～3 米处上体急速前倾，撞压终点线。

作用：提高速度素质，改善心肺功能，发展反应能力、协调能力和快速出击的作战能力。

2.5000 米和 3000 米跑

动作：尽量做到放松自然、步幅均匀，用前脚掌或前脚掌外侧先着地；上体正直或稍向前倾，两臂前后自然摆动；采用“二步一呼，二步一吸”或“一步一呼，一步一吸”的呼吸方法；在距终点 400 米左右时，应尽全力进行冲刺跑，一直跑过终点。

作用：提高耐力素质，培养吃苦耐劳、坚忍不拔的品质。

3. 背沙袋跑

动作：协助者将负重物置于练习者背上，练习者两手穿过背带，将重物固定于背上并起身站立，两脚分开略与肩同宽。跑动中弯腰约 25 度，使重心前移，目视前方，两手自然运动，或放于重物下沿托扶重物，或抓住背带。至终点时，在协助者的帮助下，将重物取下。

作用：提高人体腰、腿部肌肉力量，增强受重快速运动的技能及身体平衡能力。

二、格斗训练

格斗术是由拳打、脚踢、摔打、夺刀等搏击、散打的基本动作组成。练习格斗，能使全身各部位得到比较全面的活动，尤其是能使上下肢肌肉的爆发力、各关节的灵活性和柔韧性，以及快速的反应能力得到提高。此外，格斗还有自卫和制敌的作用。本节主要介绍格斗的基本功。

（一）手型

（1）拳：四指并拢握紧，拇指扣在食指的第二关节上。通常分为立拳、反拳、平拳三种（见图 6－3）。

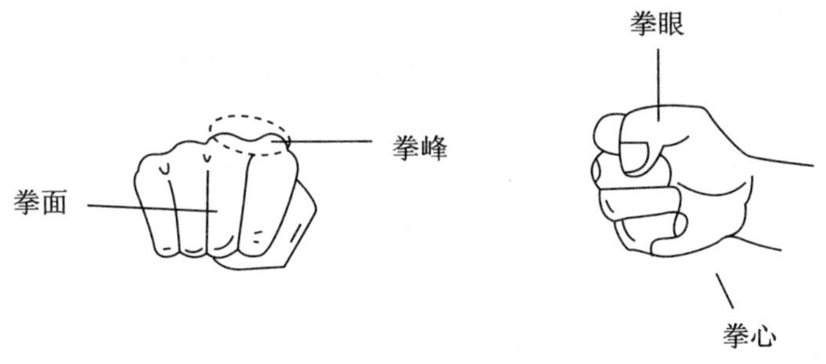

图 6－3

（2）掌：四指并拢伸直，拇指弯曲紧扣于虎口处。分为立掌、横掌、插掌、八字掌四种（见图 6－4）。

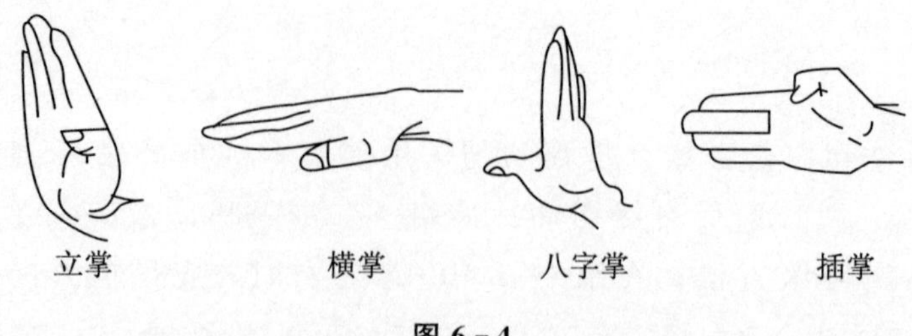

图 6-4

(3) 勾：五指第一节拢在一起，屈腕（见图 6-5）。

(4) 爪：五指的第一、二关节向掌心方向弯曲并用力张开（见图 6-6）。

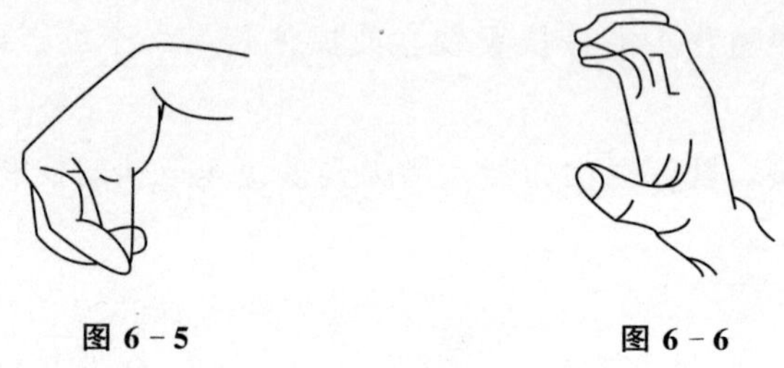

图 6-5　　图 6-6

(二) 步法

(1) 弓步：是武术五大基本步型（五大步型：弓步、马步、仆步、虚步、歇步）之一。俗称弓箭步，用于桩功练习时，称为弓步桩。一腿向前方迈出一大步，约为脚长的 4～5 倍，同时膝关节弯曲，大腿近于水平膝盖与脚尖垂直，另一腿挺膝伸直。两脚全脚掌着地，上体正对前方。左腿在前为左弓步，右腿在前为右弓步。要求：前腿弓，后腿蹬；挺胸、塌腰、沉髋；两脚左右相距约一脚。动作有：左弓步推掌、弓步下插掌、弓步冲拳等（见图 6-7）。

(2) 马步：是许多门派的根基功夫，各派的马步大同小异，站马步桩主要有两个目的，一是练腿力；二是练内功。站桩就是聚气。马步是练习武术最基本的桩步，因此有“入门先站三年桩”“要学打先扎马”的说法。马步桩双脚分开略宽于肩，采半蹲姿态，因姿势有如骑马一般，而且如桩柱般稳固，因而得名。马步蹲得好，可壮肾腰，强筋补气，调节精气神，而且下盘稳固，平衡能力好，不易被人打倒，还能提升身体的反应能力（见图 6-8）。

(3) 仆步：一脚向一侧伸出，两脚全脚掌着地，身体尽量下扑，同时，保持身体重心平稳。主要动作有扑步亮掌等（见图 6-9）。

(4) 虚步：两脚平行开立，宽约脚长的三倍，屈膝半蹲，大腿接近水平全脚掌着地，重心于两腿之间。两手握拳于腰侧或平伸。挺胸，塌腰，脚跟外蹬，膝不过脚尖（见图 6-10）。

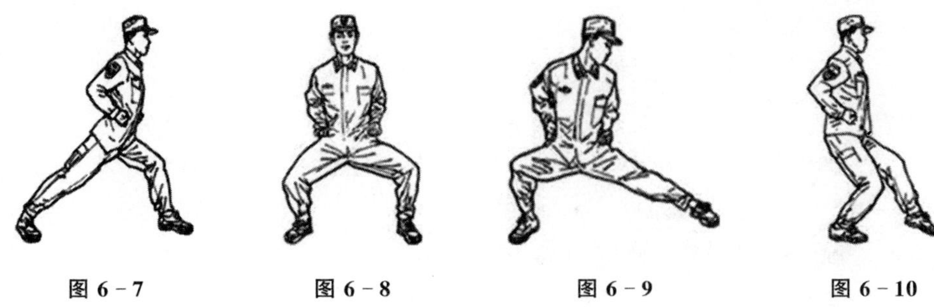

图 6－7　　图 6－8　　图 6－9　　图 6－10

（三）拳法

1. 预备式

身体稍左转时，右脚向右后撤一步，约比肩宽，右膝微屈，右脚尖外斜 45 度，脚跟稍抬起；左脚尖稍里扣，膝微屈，重心落于两脚之间；两臂在胸前前后拉开，左臂微屈，左掌心向右下，指尖朝右上，高与眉齐；右臂弯曲，肘尖自然下垂，右拳位于左腮处，身体侧立，下颌微收，收腹含胸，目视前方。

2. 直拳

（1）左直拳：由实战预备姿势开始，左臂迅速用弹力伸直，同时左肩前送，上体略向右转，以加大出拳的速度和力量。在臂向前伸直的同时，左拳向内转至拳心向下成一条线击出，肘关节随着拳心内转向上抬平。在出击同时，后脚用力蹬地，前脚（左脚）顺势向前滑出，用前脚掌的内侧着地，后脚蹬地后，脚跟提起，后腿略伸直，身体重心移到前脚上。在出拳的同时还要利用腿、腰、髋发力以增加击打力量，使力量通过肩、臂、腕关节和拳峰沿一条直线作用在被击目标上。在出拳过程中应放松臂和肩部肌肉，在即将击中目标时，拳突然握紧，使最后阶段更为有力。右手随左拳出击而自然前移，保护下颏和面部。待击中目标后，拳迅速放松由原路收回，恢复原姿势（见图 6－11）。

图 6－11

（2）右直拳：由基本姿势以右脚掌蹬地开始发力，右腿发出的力量使右侧髋关节前送，带动腰部迅速向前转动，同时右肩前送，能够增加右直拳的力量和攻击距离。

3. 摆拳

（1）左摆拳动作要领：在格斗式的基础上，上体稍向左转，随即身体向右转髋转体，左膝内扣，左脚跟提起外摆，同时，左臂上抬与肩平，左肘弯曲约 130 度，拳心向下稍向外，拳面向右，拳由左侧划弧线向右摆击，拳不超过身体中线，上体转身不超过 90 度，着力点在拳面，右拳护颌，目视攻击方向。击出后，将拳收回，成格斗式。摆拳是从侧面袭击对手的有力拳法。由于从侧面击打，身体向相反方向移动，起到分散对手注意力的作用。但摆拳走的路线较长，容易被对手发现，而且因力量大，一旦击空容易失去平衡。摆拳速度比直拳慢，一般不作开始的引拳（见图 6－12）。

（2）右摆拳动作要领：在格斗式的基础上，身体向左转髋转体，其余动作同左摆拳方向相反（见图 6－13）。

图 6－12

图 6－13

4. 勾拳

（1）平勾拳。平勾拳是横向性的勾击，击打目标以对方的头部侧面、太阳穴及颌关节，中盘以肝脏、胰脏和腹等处。左实战姿势站立，上体微右旋腰，右肩向右拉的瞬间，右脚蹬跟，转髋送力的同时，左旋体拧身，右拳向前横勾出，肘部始终保持略大于 90 度的角，左拳护于颌下，然后，向右拧身，左拳向前横勾出，右手收护颌下。

平勾拳发力以上身为纵轴。拳头平直打出去时，上峰伴随拳头击打方向转动 10 度左右，以上身转动和身体重力增加拳头击打分量，如连着左平勾拳，则上身随着拳头向右转动 15 度左右。左右平勾拳一般都是连击的，或与侧上勾拳组合击打。不论打左平勾拳或右平勾拳，或是其他勾拳的组合击打，上身向左右转动时，头部要保持不动。双目监视对手的举动，身体重心和脚步要保持稳定，这样拳头打出去才有分量。平勾时肘尖向下，不要抬肘耸肩。与摆拳的区别在于，横平勾拳需要屈肘，在近距离拧腰抽击，而摆拳是将手伸出，突然含胸收腹产生力量摆击。

（2）上勾拳。上勾拳击打方向目标是拳由下向上击打对方的胸心部或正面下巴处。

发力方法基本同平勾拳，与平勾拳所不同的地方是上勾拳手臂弯曲度成锐角（小于直角）。按左侧实战姿势开始，前脚支撑腿展髋，脚后跟向外旋转，抬身同时将身体重心转移到后脚上，后脚支撑腿展髋抬身的同时，后脚跟向外旋辗，拳由下向上击打。开始时，拳心由朝上转向外，当击中目标前瞬间，拳心猛然旋转成拳心向内。上身转动幅度稍大于平勾拳，继打右手（即后手勾拳）上勾拳。上身向左转动 15 度左右，后脚支撑腿随着身体向左转动到 15 度最后阶段。后脚跟向外旋转，后脚支撑腿同时展髋抬起上身，右勾拳向前打出。

（3）侧勾拳。侧勾拳是横向击打的拳法，所击目标是从对方头部侧面击打其腮面下颏部。按左侧实战姿势开始，右手拳背朝上，拳心内扣，肘部要略高于前臂，上身向左侧方转动 15 度左右时，右侧勾拳向前打出。拳至身体垂直线时立即制动，垂肘屈臂收回，紧随前脚跟向外旋转同时展髋，把身体重心转移到右脚上，上体右转 15 度左右的同时，左手侧勾拳向前打出。

在打出侧勾拳的同时，身体重心要稳定，脚步要站稳，拳才有打击力量。如在打出侧勾拳时，脚步在移动和身体重心浮空，拳头就得不到下肢的支撑反作用力，凡是这样打出的侧勾拳不但打击力量不大，而且身体重心容易失控。

（4）斜上勾拳。斜上勾拳的主要击打目标为敌方的腹肋，为闪身出击性的打法，但又是相当近身贴打的拳法，按左侧实战姿势开始，左脚朝左侧方摆一步的同时，左肘向后下收，至脚步一踏稳，左拳成拳心向上朝正前方勾击出，高与腹平。接着，右肘后下收，重心落于右脚，左拳上收拦臂于胸前的同时，右拳朝前勾出（见图 6－14）。

图 6－14

（四）腿法

1. 横踢

横踢是横向攻击的腿法。主要用于攻击敌腹、肋、腰、头部和腿部。横踢包括左横踢和右横踢。

左横踢的动作要领：在格斗式的基础上，右脚前垫步，重心移至右脚，右腿支撑，微屈，身体稍向右转的同时，左腿展髋屈膝，大小腿夹角约130度，边侧抬边向右方弹击，脚背绷直，着力点在脚背或小腿胫部末端；踢腿时，支撑腿以前脚掌为轴跟随转动，脚跟斜向前。上体挺腰侧倾，右拳护于颌前，左拳自然下摆，目视攻击方向（见图6-15）。击出后，膝关节挺直瞬间，迅速屈膝收腿落步，成格斗式。

图6-15

右横踢的动作要领：在格斗式的基础上，重心移至左脚，左腿支撑，微屈，左膝左脚外摆，身体向左转的同时，右腿展髋屈膝，大小腿夹角约130度，边侧抬边向左方弹击，脚背绷直，着力点在脚背或小腿胫部末端；踢腿时，支撑腿以前脚掌为轴跟随转动，脚跟斜向前。上体挺腰侧倾，左拳护于颌前，右拳自然下摆，目视攻击方向。击出后，膝关节挺直的瞬间，迅速屈膝收腿落步，右脚后撤一步，成格斗式。

2. 侧踹

侧踹是直线攻击的腿法。主要用于攻击敌腹部及胸、头部。侧踹包括左侧踹和右侧踹。

左侧踹的动作要领：在格斗式的基础上，右脚前垫步，重心移至右脚，右腿支撑，微屈，左腿展髋扣膝，勾脚尖，大小腿略成90度，脚掌正对攻击目标，上体侧后仰，左脚展髋伸膝向前方直线踹出，腿充分伸直，着力点在脚跟；踹腿时，支撑腿以前脚掌为轴跟随转动，脚跟斜向前。上体挺腰侧倾，右拳护于颌前，左拳自然下摆，目视攻击方向。击出后，膝关节挺直的瞬间，迅速屈膝收腿落步，成格斗式。

右侧踹的动作要领：在格斗式的基础上，重心前移，左腿支撑，微屈，右腿展髋扣膝，勾脚尖，大小腿略成90度，脚掌正对攻击目标，上体侧后仰，右脚展髋伸膝向前方直线踹出，腿充分伸直，着力点在脚跟；踹腿时，支撑腿以前脚掌为轴跟随转动，脚跟斜向前。上体挺腰侧倾，左拳护于颌前，右拳自然下摆，目视攻击方向（见图6-16）。击出后，膝关节挺直的瞬间，迅速屈膝收腿落步，右脚后撤一步，成格斗式。

图 6-16

3. 弹踢

弹踢是由下向上攻击的腿法。主要用于攻击敌下颌、裆部或持凶器的手臂。弹踢包括左弹踢和右弹踢。

左弹踢的动作要领：在格斗式的基础上，右脚前垫步，重心移至右脚，右腿支撑，微屈，上体微后仰，左腿提膝上抬，压脚尖。随即以大腿带动小腿向前上方纵向弹击，脚背绷直，着力点在脚背。踢击时，上体保持格斗式，目视攻击方向。击出后，迅速收腿落步，成格斗式。

右弹踢的动作要领：在格斗式的基础上，重心前移，左腿支撑，微屈，身体稍向左转的同时，右腿提膝上抬，压脚尖。随即以大腿带动小腿向前上方纵向弹击，脚背绷直，着力点在脚背。

攻击的技法：踢击时，上体保持格斗式反式，目视攻击方向（见图 6-17）。击出后，迅速收腿落步，右脚后撤一步，成格斗式。

图 6-17

三、军体拳

1. 直拳横踢

动作要领：左直拳，接右直拳，接右横踢，右脚落步，出左直拳（不收回），右拳置于下颌，两眼目视前方（见图 6－18）。要求：击打迅猛连贯。

图 6－18

2. 抱腿顶摔

动作要领：左脚在右脚后垫步，左拳置于下颌，随即起右腿前蹬，右脚向前落步，上体前俯，成右弓步，同时两手前伸，与膝同高，掌心相对；随即肩向前顶，两手后拉置于腹前，两眼目视前下（见图 6－19）。要求：垫步前蹬快，抱腿顶摔猛。

图 6－19

3. 勾摆连击

动作要领：左脚向前上步，左勾拳，接右勾拳，接左摆拳（不收回），右拳置于下颌，两眼目视前方（见图 6－20）。要求：上步勾拳连贯迅猛。

图 6－20

4. 抱臂背摔

动作要领：进步同时，左手向外挡抓，掌心向外，右脚向左前上步，右手前伸上挑，掌心向上，置于左手前，随即左脚向右脚后背步，两腿弯曲；上体迅速向左后转体弯腰，两手猛力下拉，同时两腿蹬直（两脚左右相距约一脚之长），臀部上顶，两手变拳置于身体左侧；身体左转，右脚下踹，左拳置于下颌，右拳置于大腿外侧，两眼目视前下方（见图 6-21）。要求：转体、弯腰、下拉、蹬腿迅速连贯。

图 6-21

5. 侧踹勾拳

动作要领：右脚在左脚后垫步，左侧踹，左脚落地，左臂左上格挡；接右勾拳（不收回），左拳置于下颌，目视前方（见图 6-22）。要求：侧踹快，勾击狠。

图 6-22

6. 拉肘别臂

动作要领：进步的同时，左手由下向前上方插掌，掌心向右，略低于肩，右拳置于下颌；随即右手抓握左手腕，左手握拳，身体向右转体成右弓步，同时两手猛力后拉，身体下压，两手置于腹前，两眼目视前下方（见图 6-23）。要求：插掌快，后拉下压猛。

图 6－23

7. 掀腿压颈

动作要领：身体向左后转 180 度，左抄抱，右脚向左前踢腿（与小腿同高），同时身体右转，左手上挑与头同高，掌心向后，右手下压后摆，掌心向后；右脚踢腿后在左脚后落步，并用力下踏，同时左脚高前上步，左手臂左下格挡，右掌置于腰际，随即右掌向前插击，掌心向下与喉部同高（不收回），左手变拳置于下颌，两眼目视前方（见图 6－24）。要求：上挑、下压、踢腿迅猛连贯。

图 6－24

8. 侧踹横踢

动作要领：右掌变拳置于下颌，同时右脚向前垫步，起左腿侧踹，接右横踢，右脚落步，出左直拳（不收回），两眼目视前方；左后转身 180 度成格斗式，目视前方（见图 6－25）。要求：侧踹快，横踢猛。

图 6－25

9. 前蹬弹踢

动作要领：右前蹬，接左腿弹踢，左脚落步，出右直拳（不收回），目视前方（见图 6－26）。要求：前蹬猛，弹踢快，重心稳。

图 6－26

10. 直摆勾击

动作要领：进步左直拳，接右摆拳，接左色拳（不收回），两眼目视前方（见图 6－27）。要求：击打迅猛连贯。

图 6－27

11. 接腿涮摔

动作要领：身体左转，右抄抱，左手抓右手腕；右脚向右后撤一大步，成右弓步的同时，两手经膝前向右上划弧，与肩同高，两眼目视左下方（见图 6－28）。要求：撤步、划弧快、猛。

图 6－28

12. 摆拳侧踹

动作要领：右摆拳，接左直拳，接左侧踹，左脚落步，出右直拳（不收回），两眼目视前方（见图 6-29）。要求：击打迅猛，重心稳。

图 6-29

13. 抱腿撞裆

动作要领：进步的同时，身体下潜，两腿弯曲，两手变掌下插，左手在上（与膝同高），右手在下（与小腿同高），掌心相对；身体向右后转体 270 度的同时右脚上步，两掌变拳上提后拉于胸前，上体前俯，随即左膝下跪，左拳下击与左膝同高，右拳置于下颌，两眼目视下方（见图 6-30）。要求：上步抱腿快，转摔猛。

图 6-30

14. 绊腿跪裆

动作要领：起身左抄抱的同时，右脚进步，脚尖内扣（左脚跟上）；左脚向右脚后背步，右腿向后绊的同时身体向左下旋压，左手成拳，拳心向内，置于颌下，右手成八字掌，掌心向下，置于左胸前（见图 6-31）。要求：背步、绊腿、旋压迅猛连贯。

图 6-31

15. 格挡弹踢

动作要领：身体向右后转体的同时，右上格挡；左腿弹踢，左脚落步，出右直拳（不收回），目视前方（见图 6－32）。要求：格挡到位，弹踢快。

图 6－32

16. 肘膝连击

动作要领：左横击肘，接右横击肘，随即两拳变八字掌前插，与肩同高，两手下拉，同时右冲膝；右脚落步，左后转体 180 度，成格斗式（见图 6－33）。要求：肘击、冲膝迅猛连贯。

图 6－33

思考题

1. 军训人员有哪些着装、仪容、举止规定？

2. 阅兵的顺序有哪些？

第七章　轻武器射击

轻武器又称“轻兵器”，是指枪械及其他各种单兵或班组携带武器的统称。轻武器主要装备，对象是陆军步兵，也广泛装备于其他军种、兵种和民兵预备役人员，是当今世界各国装备数量最多的装备种类。具有体积小、重量轻、杀伤力强、性能稳定的特性，是士兵在近战中杀伤敌人的主要兵器。按用途可分为手枪、步枪、冲锋枪、轻机枪、手榴弹、火箭筒、榴弹发射器和火箭发射器，此外还有轻型燃烧武器和单兵导弹等，本章重点介绍 81 式、95 式自动步枪的基本常识、射击原理、操作方法及实弹射击的有关规则等。

第一节　轻武器常识

一、81－1 式自动步枪的性能、构造

81－1 式自动步枪于 1981 年设计定型，1985 年开始装备部队，是一种近距离消灭敌人的自动武器。

(一) 战斗性能

战斗性能是指武器在作战作用上所具有的特性和能力。通常是指武器的用途、射程、战斗射速及射击能力等。

81－1 式自动步枪对单个目标在 400 米射击效果最好，也就是有效射程 400 米，集中火力可射 500 米内的敌人的飞机、伞兵以及集团目标，弹头在 1500 米处仍有杀伤力，最大射程 2000 米。其主要射击方式为 2～5 发短点射或 6～10 发长点射和单发射。战斗射速有点射（每分钟 90～110 发），单发射（每分钟 40 发）。在 100 米距离上，使用 56 式普通弹，可射穿 6 毫米厚的钢板、15 厘米厚的砖墙、30 厘米厚的土层或 40 厘米厚的木板（见图 7－1）。

图 7－1

(二) 机件组成及用途

81－1 式自动步枪主要由枪刺、枪管、瞄准具、导气装置、机匣、枪机、复进机、击发机、弹匣和枪托十大部件组成，另有一套附品。

各部机件主要用途：

(1) 枪刺：用以刺杀敌人。

(2) 枪管：用以赋予弹头的飞行方向。

(3) 瞄准具：由表尺和准星组成，用以瞄准。

(4) 导气装置：用以调节和承受火药气体的压力，推压枪机向后。

(5) 机匣：用以容纳枪机和复进机，固定击发机和弹匣。

(6) 枪机：用以送弹、闭锁、击发和退壳，并能使击锤向后成待发状态。

(7) 复进机：用以使枪机回到前方位置。

(8) 击发机：用以与枪机相互作用形成待发和击发。

(9) 弹匣：用以容纳和托送子弹。

(10) 枪托：用以操枪、据枪。

(11) 附品：包括擦拭杆、鬃刷、铳子、附品盒、通条、油壶、背带和匣袋，用以分解结合、擦拭上油和排除故障。

二、95 式自动步枪

95 式自动步枪全称是 1995 年式 5.8 毫米自动步枪，它是我国自行研制的新一代 5.8 毫米班用枪族的武器之一，它与所用的弹药、瞄准镜、刺刀及下挂式榴弹发射器构成武器系统。于 1997 年正式装备驻港部队。采用了无托结构，具有长度短、重量轻，射击精度高，造型美观，便于操作等特点（见图 7－2）。

图 7－2

95 式自动步枪的口径为 5.8 毫米，全枪长 746 毫米，全枪重 3.3 千克，弹匣容量为 30 发，有效射程为 400 米，表尺射程为 500 米，初速为 930 米/秒，理论射速为每分钟 650 发，直射距离为 370 米，单发射每分钟 40 发，连发射每分钟 100 发，有效射程为 400 米（见图 7－3）。

图 7－3

三、自动原理

扣动枪的扳机，击锤打击击针，撞击子弹底火，使起爆药发火，火焰通过导火孔引燃发射（弹）药，产生大量火药气体，在膛内形成很大压力，迫使弹头脱离弹壳，沿膛线旋转加速前进，弹丸一经过导气孔，火药气体涌入导气箍，冲击活塞推动推杆，使枪机向后压缩复进簧，完成开锁、抛壳，并使击锤成待发状态；枪机退到后方时，由于复进簧的伸张，使枪机向后运动，推送下一发子弹上膛、闭锁；自动步枪（冲锋枪）射击时，如保险机定在连发位置，扳机未松开，击发阻铁不能卡住击锤，击锤再次打击击针，形成连发；如保险机定在单发位置，击锤被阻铁卡住不能向前，若再次发射，必须松开扳机，再扣扳机。

四、子弹

子弹主要由弹丸、弹壳、底火和发射药组成。弹丸用以杀伤敌人的有生力量；弹壳用以容纳发射药，安装弹丸和底火；发射药用以燃烧后产生火药气体，推动弹丸运动。

子弹种类比较多，除普通弹以外，常用的还有曳光弹，主要用以试射和指示目标，曳光距离可达 800 米，弹头标识为绿色；燃烧弹，主要用以引燃易燃物体，弹头标识为红色；穿甲燃烧弹，一般供高射机枪或重机枪使用，主要用于对付轻型装甲目标，并能在穿透装甲后引燃易燃物，弹头标识为黑色有一道红圈。此外，还有不带弹头的空包弹、没有底火和火药的教练弹、空炸弹等供训练用的辅助子弹。

第二节　射击原理

一、发射与后坐

（一）发射

火药气体压力将弹头（火箭弹、炮弹）从膛内推送出去的现象，叫发射。

1. 发射过程

击针撞击子弹底火，使起爆药发火，火焰通过导火孔引燃发射药，产生大量火药气体，在膛内形成很大的压力，迫使弹头脱离弹壳，沿膛线旋转加速前进，直到推出枪口。发射的过程时间极短促，现象却很复杂，整个过程可分为四个阶段。

第一阶段（准备阶段）：由发射药开始燃烧起至弹头开始运动时止。在此阶段，发射药在密闭的固定容积内（弹壳内）燃烧并产生气体，气体逐渐增加，从而使压力逐渐增大，当气体压力足以克服弹头运动阻力（弹壳口对弹头的摩擦力及阻止弹头嵌入膛线的抗力）时，弹头即从静止转为运动，脱离弹壳，嵌入膛线。弹头完全进入膛线所需要的气体压力，称为起动压力。各种枪的起动压力为 250～500 千克/平方厘米。

第二阶段（基本阶段）：自弹头开始运动到发射药燃烧完为止。在此阶段内，发射药在迅速变化的容积内燃烧，膛内压力随气体的增加迅速加大，弹头运动速度随之加快。当弹头在膛内前进 6～8 厘米时，膛内的压力最大，此压力称为膛压。各种枪的最大膛压为 1400～3400 千克/平方厘米。由于弹头加速前进，弹头后面的空间迅速扩大，扩大的速度超过了气体增加的速度，因而，压力开始下降。但到发射药燃烧完毕时，火药气体仍保持一定的压力，而弹头的速度随着火药气体对弹头作用时间的增长还在不断增加，使弹头继续加速前进。

第三阶段（气体膨胀阶段）：发射药燃烧完到弹头底部脱离枪口前切面时止。在此阶段内，弹头是在高压灼热气体膨胀作用下运动的。虽然没有新的火药气体产生，但原有的气体仍储有大量的能，继续做功使弹头加速运动，直到脱离枪口。弹头脱离枪口瞬间的气体压力，称为枪口压力。各种枪口的压力为200～600千克/平方厘米。

第四阶段（火药气体作用的最后阶段）：弹头底部脱离枪口前切面时起到火药气体停止对弹头作用时止。弹头飞离枪口时，火药气体形成一股气流，从膛内喷出，其速度比弹头的速度大得多。因此，在距枪口一定距离上（各种枪为5～50厘米）火药气体仍继续对弹头底部施加压力，并加大弹头的运动速度，直到火药气体压力与空气阻力相等时为止。此时，弹头飞行的速度最大，从发射的四个阶段可知，膛压的变化规律是：从小急剧增大，而后逐渐下降。弹头速度的变化规律是：由静到动，由慢到快，始终是加速运动。

2. 初速及其实用意义

弹头脱离枪口前切面瞬间的速度，称为初速。决定初速大小的条件有弹头的重量、装药的重量、枪管的长度和发射药燃烧的速度。

（1）弹头的重量：在其他条件相同的情况下，弹头轻，初速大；弹头重，初速小。同时装药的重量，在其他条件都相同的情况下，装药量多，所产生的火药气体多，压力大，弹头的初速也就大。通常情况下，弹头的初速度为700～950米/秒。

（2）枪管的长度：在其他条件都相同的情况下，用同样的子弹，在一定限度内加大枪管的长度，则初速增大。因为枪膛长能延长火药气体对弹头的作用时间，使火药气体做更多的有效功。

（3）发射药燃烧的速度：在其他条件都相同的情况下，发射药燃烧的速度越快，火药气体对弹头的压力增加也就越快，从而使弹头在膛内运动的速度加快，初速也就大。初速是判定武器战斗性能的重要因素之一。弹头相同，其初速越大，实用意义也就越大。主要表现在：一是能增加弹头的飞行距离；二是弹道更为低伸，使命中率提高；三是能减少外界条件对弹头飞行的影响；四是能加大弹头的侵彻力（贯穿力）和杀伤力。

3. 枪管的堪抗力和寿命

膛壁承受枪膛内一定火药气体压力而不变形的能力，称为枪管堪抗力。枪管的堪抗力取决于膛壁的厚度和枪管所用材料的质量。枪管都具有一定的备用堪抗力，使它能承受比最大膛压大半倍到一倍的压力。自动步枪的最大膛压为2900千克/平方厘米，而枪管堪抗力为5500千克/平方厘米，超过最大膛压近一倍。显然，射击时，若枪管内塞有杂物（如布条、沙子、泥土、弹头等）就会影响弹丸的运动，使膛压超过枪管的堪抗力，枪管就会发生膨胀或炸裂现象。

枪管能正常发射一定数量子弹的能力，称为枪管寿命。超过此数量，枪膛就会磨损而导致射弹散布显著增大，初速减小，弹头飞行不稳定，命中率降低。据测定，半自动步枪枪管寿命可发射6000～10000发弹，冲锋枪可发射15000～20000发弹。为防止枪管膨胀或炸裂，延长枪管的寿命，必须注意爱护枪膛，做到射击前认真检查枪膛内有无杂物，射击后及时将枪膛内的烟渣擦拭干净。

(二) 后坐及其对命中的影响

1. 后坐及其形成

发射时武器向后运动的现象，叫后坐。发射药燃烧时，产生的气体同时作用于各个方向，作用于膛壁周围的压力为膛壁所抵消；向前作用于弹头后部的压力推送弹头前进；向后作用于弹壳底部的压力经过枪机传给整个武器，使武器向后运动，形成后坐。武器的后坐和弹头的运动是同时开始的。在弹头脱离枪口瞬间，大量的火药气体随弹头后部从膛内向外喷出，形成了反作用力，使武器后坐更加明显。

2. 后坐对命中的影响

后坐对单发（连发首发）射击的命中影响极小。因为弹头在膛内运动的时间极短（约0.001秒），并且枪比弹头重得多（冲锋枪、半自动步枪400倍以上），所以弹头在脱离枪口以前，枪的后坐距离只有1毫米多，而且是正直向后运动的，加之衣服和肌肉的缓冲，射手是感觉不出来的。射手感觉到的后坐，主要是弹头在脱离枪口的瞬间，火药气体猛烈向枪口外喷出形成的反作用力造成的。此时，弹头已脱离枪口。因此，后坐对单发（连发首发）射击的命中影响极小。后坐对连发射击的命中有一定的影响。因为连发射击时，第一发子弹发后，由于枪的明显后坐变动了原来的瞄准线，所以对第二发以后的射弹命中有一定的影响。但只要射手据枪要领正确，适应连发武器射击时的后坐规律，就能减小后坐对连发命中的影响，提高射击精度。

二、弹道及其实用意义

(一) 弹道

1. 弹道及其形成

弹头运动过程中，其重心所经过的路线，叫弹道。弹头在空气中飞行时，一面受到地心吸引力的作用，逐渐下降；一面受到空气阻力的作用，越飞越慢。因此，形成了一条不均等的弧线。升弧较长较直，降弧较短较弯曲。

2. 弹道要素（见图 7－4）

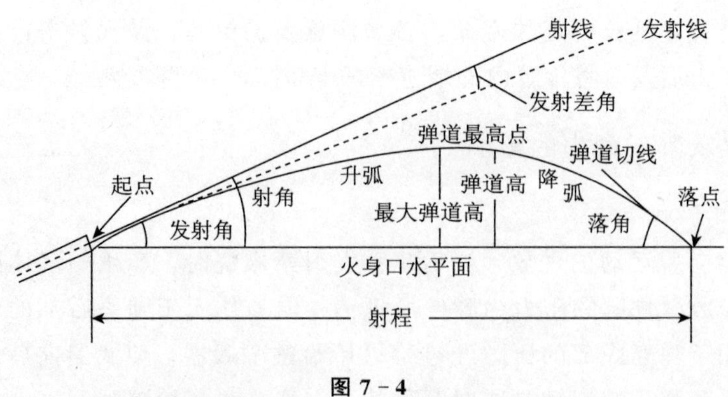

图 7－4

（1）起点：火身口中心点。

（2）火身口水平面：通过起点的水平面。

（3）射线：发射前火身轴线的延长线。

（4）射角：射线与火身口水平面之间的夹角。

（5）发射线：发射瞬间火身轴线的延长线。

（6）发射角：发射线与火身口水平面之间的夹角。

（7）落点：弹道降弧与火身口水平面的交点。

（8）弹道最高点：火身口水平面上弹道最高的点。

（9）升弧：由起点到弹道最高点的弹道。

（10）降弧：由弹道最高点到落点的弹道。

（11）弹道高：弹道上任何一点到火身口水平面的垂直距离。

（12）最大弹道高：弹道最高点到火身口水平面的垂直距离。

（13）弹道切线：弹道上任何一点的切线。

（14）落角：落点的弹道切线与火身口水平面的夹角。

（15）射程：起点到落点的水平距离。

（二）低伸弹道和弯曲弹道

1. 低伸弹道

用小于最大射程角（能获得最大射程的角，称为最大射程角）的射角射击时，所获得的弹道称为低伸弹道（各种枪的最大射角为 30°～50°）。低伸弹道，由于弹道低伸，危险界大，杀伤目标的可能性和杀伤目标的区域纵深就大，测量距离的误差对杀伤目标的影响也就小。如高 1 米的侧面跑步目标距射手 300 米，但射手误测距离为 400 米，如用重机枪装定标尺“4”瞄准目标中央射击时，在 300 米处的弹道高为 0.31 米，从瞄准点到目标顶点高为 0.5 米，没有超过目标高，目标仍能被杀伤。

2. 弯曲弹道

用大于最大射程角的射角射击时，所获得的弹道称为弯曲弹道。迫击炮射击时所获得的弹道为弯曲弹道（60 迫击炮的最大射角为 45°）。

由于弹道弯曲，能有效地杀伤遮蔽物后的各种目标，既能在自己分队之后随时实施超越射击，以不间断的火力支援步兵战斗，又能在遮蔽物后占领发射阵地，避开正面敌低伸弹道火力的杀伤，以间接瞄准杀伤敌人（见图 7－5）。

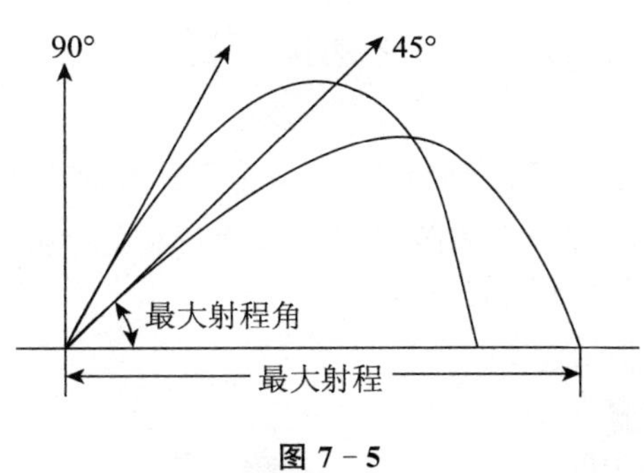

图 7－5

（三）直射及其实用意义

1. 直射和直射距离

瞄准线上的弹道高在整个表尺距离上不超过目标高的射击，叫直射。这段表尺距离叫直射距离。

直射距离的大小，取决于目标的高低和弹道的低伸程度。目标越高，弹道越低伸，直射距离就越大；目标越低，弹道越弯曲，直射距离就越小。因此，直射距离可根据武器在瞄准线上的最大弹道高与目标高相比较求出自动步枪、班用轻机枪对人头目标的直射距离为 200 米，对人胸目标为 300 米，对半身目标为 400 米。

2. 直射的实用意义

（1）对在直射距离内的目标射击时，瞄准目标下沿，不变更表尺分划即可进行连续射击，以增大战斗射速，提高射击效果。

（2）可以弥补测量距离的误差对命中的影响。

（3）指挥员运用直射的原理，组织侧射、斜射、短兵射击和夜间标定射击均能获得良好的射击效果。

（4）反坦克火器在直射距离内对敌装甲目标射击，效果更好。

（四）危险界、遮蔽界和死角

1. 危险界

危险界分为表尺危险界和实地危险界。瞄准线上的弹道高没有超过目标高的部分，称为表尺危险界；在实际地形上弹道高没有超过目标高的一段距称为实地危险界。决定实地危险界大小的条件主要有以下三个方面。

(1) 弹道形状：对同一地形上的同一目标射击时，弹道越低伸，危险界就越大；反之越小。

(2) 目标高低：用同一武器对同一地形上的不同目标射击，目标越高，危险界越大；反之越小。

(3) 目标所在位置的地貌：用同一武器对同一种目标射击，目标所在位置的地貌与弹道形状越相一致，危险界越大；反之越小。

2. 遮蔽界和死角

从弹头不能射穿的遮蔽物顶端到弹着点的一段距离，叫遮蔽界。目标在遮蔽界内不会被杀伤的一段距离，叫死角。遮蔽界内包括死角和危险界（见图 7-6）。

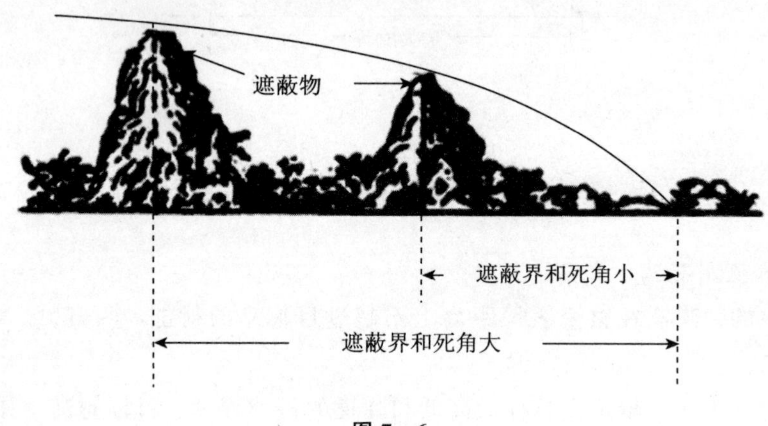

图 7-6

遮蔽界和死角的大小是由遮蔽物的高低和落角的大小决定的。死角的大小还决定于目标的高低。同一弹道，同一目标，遮蔽物越高，遮蔽界和死角就越大；反之越小。同一遮蔽物，同一目标，落角越小，遮蔽界和死角就越大；反之越小。同一遮蔽物，同一弹道，目标越高，死角越小；反之越大。

三、瞄准

（一）瞄准具的作用

由于地心引力和空气阻力的作用，如果用枪管瞄向目标射击，射弹就低打近。为了命中目标，必须将枪口抬高，使火身轴线与瞄准线之间形成一定的角度，即瞄准角。瞄准具的作用，就是对一定距离上的目标射击时赋予武器相应的瞄准角和射向。射击时，只要按照目标的距离装定相应的表尺分划瞄准射击，就能命中目标。

(二) 瞄准要素 (见图 7－7)

(1) 瞄准基线：缺口的上沿中央到准星尖的直线。

(2) 瞄准线：视线通过缺口上沿中央和准星尖的延长线。

(3) 瞄准点：瞄准线所指向的一点。

(4) 瞄准角：射线与瞄准线的夹角。

(5) 瞄准线上弹道高：弹道上任何一点到瞄准线的垂直距离。

(6) 弹着点：弹道与目标表面或地面的交点。

(7) 高低角：瞄准线与火身口水平面的夹角。

(8) 表尺距离：起点到落点的距离。

(9) 实际射击距离：起点到弹着点的距离。

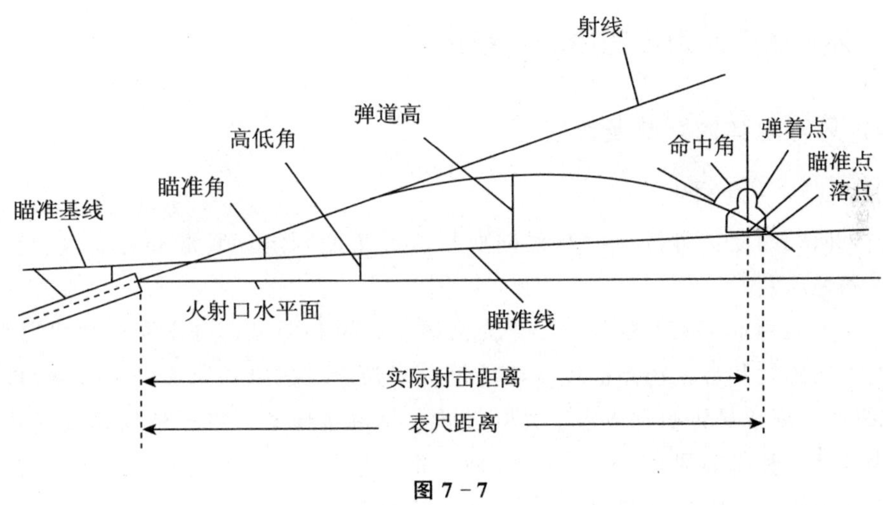

图 7－7

(三) 选定表尺分划和瞄准点

为准确地命中目标，射手应根据目标距离、目标大小和弹道高，选定适当的表尺分划和瞄准点。其方法如下：

(1) 定实际距离表尺分划，瞄目标中央。目标距离几百米，装定表尺几，瞄准目标中央。如自动步枪对 100 米距离人胸目标射击时，定表尺“1”，瞄准目标中央射击，即可命中目标中央。

(2) 定大于或小于实际距离表尺分划，适当降低或提高瞄准点。目标距离不是几百米整数时，通常选定大于实际距离的表尺分划，适当降低瞄准点射击。也可选定小于实际距离的表尺分划，适当提高瞄准点射击。

(3) 定常用表尺分划，小目标瞄下沿，大目标瞄中央。目标在 300 米的距离内，通常装定常用表尺（表尺“3”），小目标瞄下沿，大目标瞄中央，即可命中。

（四）观察弹着和修正偏差

射击时，由于测距、瞄准的误差和外界条件对射击的影响，以及射手操作不正确等原因，会使射弹产生偏差。因此，射手（副射手）应注意观察弹着，及时修正偏差，以提高射击效果。

（1）观察弹着：观察弹着时，应根据射弹击起的尘土、水花的位置，曳光迹和目标状况的变化等情况，判断射弹是否命中目标或偏差量的大小。

（2）修正偏差：发现偏差时，应认真分析，找出原因。如是武器、风造成的偏差，偏差多少就修正多少。修正方向偏差时，瞄准点（横表尺）向弹着偏差相反的方向修正（用横表尺修正时，瞄准点不变）；修正高低偏差时，可以升降瞄准点或增减表尺分划。

四、外界条件对射击的影响及修正

（一）风对射弹的影响及修正

1. 风向和风力的判定

（1）风向的判定：可按风向与射向所形成的角度判定，通常分为横风、斜风、纵风（顺风和逆风）。

（2）风力的判定：风力按其大小分为强风、和风和弱风。可用测风仪等器材测出，也可根据人的感觉和常见物体被风吹动的情况来判定。强风的风速 8～12 米/秒，相当于 5～6 级风。现象是旗帜刮成水平并哗哗响，草倒于地面，粗树枝摇动，烟被吹成水平并很快散开。和风的风速为 4～7 米/秒，相当于 3～4 级风。现象是旗帜展开并飘动，草不停地摆动，细树枝晃动，烟被吹斜但未散开。弱风的风速为 2～3 米/秒，相当于 2 级风。现象是旗帜微微飘动，草微动，细树枝微动，烟稍斜上升。

2. 风对射弹的影响及修正

（1）横（斜）风对射弹的影响及修正：横（斜）风会使射弹产生方向偏差，风力越大，距离越远，偏差就越大。射击时，为了准确地命中目标，必须根据射弹受风影响的偏差量，将瞄准点或横表尺向风吹来的方向修正。修正时，以横方向的和风修正量为准，强风加一倍，弱风减一半。斜方向的强（和）风，应按横方向的强（和）风修正量减一半。修正量从预期命中点算起。横表尺修正后，瞄准点不变（见图 7－8）。

（2）纵风对射弹的影响及修正：纵风能影响射弹的飞行距离。顺风会使射弹打远（高）；逆风会使射弹打近（低）。但风速小于 10 米/秒时影响较小，对 400 米内的目标射击不必修正。如对远距离的目标射击时，可稍降低或提高瞄准点。修正时，应注意风向、风力的不断变化，灵活运用。

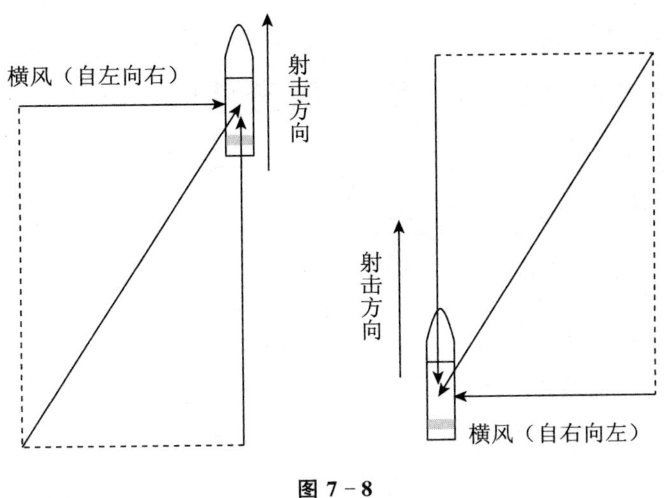

图 7－8

（二）阳光对瞄准的影响及克服方法

1. 阳光对瞄准的影响

在阳光下瞄准时，由于阳光的照射作用，缺口部分产生虚光，形成三层缺口：虚光部分、真实缺口、黑实部分。若用虚光瞄准，射弹就偏向阳光照来的方向；若用黑实部分瞄准，射弹就偏向阳光照来的相反方向。

2. 克服的方法

射手应多在不同方向的阳光照射下练习瞄准。练习时，可采取遮光瞄准不遮光检查，或不遮光瞄准、遮光检查的方法，反复区别，确实辨清真实缺口的位置和正确瞄准的景况。瞄准时间不宜过长，以免眼花而产生偏差。平时应注意保护好瞄准具，不使其磨亮而反光。

（三）气温对射弹的影响及修正

1. 气温对射弹的影响

气温变化时，空气密度也随之改变，因而影响射弹的飞行速度。气温升高时，空气密度减小，对射弹飞行的阻力也相应减小，射弹就打远（高）；气温降低时，空气密度增大，对射弹飞行的阻力也相应增大，射弹就打近（低）。

2. 修正方法

由于各地区和各季节的气温不同，很难与标准气温条件相符。因此，应在当时当地的气温条件下矫正武器的射效，并以矫正射效时的气温条件为准。射击时，若气温差别不大，在 400 米（重机枪 500 米）内对射弹命中的影响较小，不必修正。若气温差别很大或对远距离目标射击时，应适当提高或降低瞄准点射击。气温降低时，提高瞄准点或增加表尺分划；气温升高时，降低瞄准点或减少表尺分划。

第三节　射击动作

一、验枪

验枪是一项保证安全的重要措施。使用武器前后及必要时，均应验枪，认真检查弹膛、弹匣和教练弹中有无实弹。验枪时，严禁枪口对人。

口令："验枪""验枪完毕"。

动作要领：听到"验枪"口令后，以右脚掌为轴，身体半面向右转，左脚顺势向前迈出一步（两脚约与肩同宽，同时右手移握上护木，将枪向前送出（背带从肩上脱下），左手接握下护木，左大臂紧靠左肋，枪托贴于右胯，准星约与肩同高，打开保险，卸下弹匣，使弹匣口向后交给左手握于护木右侧，右手移握机柄。当指挥员检查时，拉枪机向后。验过后，自行送回枪机，装上弹匣，扣扳机，关保险，移握枪颈。

听到"验枪完毕"口令后，左手反握上护木，两手协力将枪倒置于胸前，右手拇指挑起背带，身体半面向左转，在右脚靠拢左脚的同时，两手协力将枪送上右肩，恢复肩枪姿势。

二、射击准备

1. 卧姿装退子弹及定复表尺

口令："卧姿——装子弹""退子弹——起立"。

动作要领：听到"卧姿——装子弹"口令后，右手将枪提起稍向前倾，左脚向右脚尖前迈出一大步（也可右脚顺脚尖方向迈出一大步），左手在左（右）脚尖前支地，顺势卧倒，以身体左侧、左肘支持全身，右手将枪向目标方向送出，左手接握表尺下方，枪托着地，右手拉枪机到定位。解开弹袋扣，取出一夹子弹，插入弹夹槽，以食指或拇指将子弹压入弹仓，取出弹夹，送弹上膛，将弹夹装入弹袋并扣好（冲锋枪装弹时，左手握弹匣，使弹匣口朝上，挂耳向左前，右手将子弹放于弹匣口，两手协力将子弹压入弹匣内）。右手拇指和食指捏压游标卡笋，移动游标，使游标前切面对正所需要的表尺分划。右手移握枪颈，全身伏地，两脚分开约与肩同宽，身体与射向约成30度角，枪刺离地，目视前方，准备射击（见图7-9）。

图7-9

听到“退子弹——起立”口令后，稍向左侧身，右手解开弹袋扣，打开弹仓盖，接住落下的子弹，装入弹袋，拇指拉机柄向后，余指接住从膛内退出的子弹，送回枪机，将子弹装入弹袋并扣好，关上弹仓盖，打开保险，扣拉机，关保险，复表尺，移握上护木，将枪收回，同时左小臂向里合，屈左腿于右腿下。以左手和两脚撑起身体，右脚向前一大步，左脚再向前一步，在右脚靠拢左脚的同时，恢复持枪姿势。

2. 跪姿装退子弹及定复表尺

口令：“跪姿——装子弹”“退子弹——起立”。

动作要领：听到“跪姿——装子弹”口令后，右手将枪提起，左脚向右脚前方迈出一步，右手将枪向目标方向送出，左手接握表尺下方，同时右膝向右跪下，臀部坐在右脚跟上，左小腿略垂直，两腿约成 90 度角，左小臂放在左大腿上，枪刺尖约与眼同高。然后，按要领装子弹，定表尺，右手移握枪颈，目视前方，准备射击。听到“退子弹——起立”口令后，按要领退出子弹，打开保险，扣扳机，关保险，复表尺，右手移握上护木，左脚尖向外打开同时起立，在右脚靠拢左脚的同时，恢复持枪姿势（见图 7 - 10）。

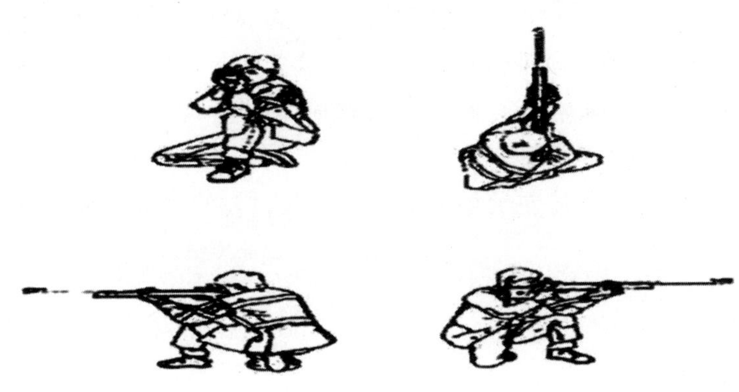

图 7 - 10

3. 立姿装退子弹及定复表尺

口令：“立姿——装子弹”“退子弹”。

动作要领：听到“立姿——装子弹”口令后，右手将枪提起，以右脚掌为轴，身体大半面向右转，左脚顺势向前迈出一步（两脚与肩同宽，成外八字），体重落在两脚上，右手将枪向目标方向送出，左手接握表尺下方，左大臂紧靠左肋，枪托贴于胯骨，枪刺尖约与眼同高。然后，按要领装子弹，定表尺，右手移握枪颈，目视前方，准备射击。听到“退子弹”口令后，按要领退出子弹，打开保险，扣扳机，关保险，复表尺，右手移握上护木，身体大半面向左转，在右脚靠拢左脚的同时，恢复持枪姿势（见图 7 - 11）。

图 7-11

三、据枪、瞄准、击发

（一）据枪

为了获得更好的射击效果，应力求充分利用地形，实施有依托射击。条件许可时，应构筑依托物。依托物的高度应以射手的身体而定，一般为 25～30 厘米。在紧急情况下，还应善于利用不同高度的依托物实施射击。

卧姿据枪时，下护木（枪刺座或枪管）放在依托物上，身体右侧与枪身略成一线。右手虎口向前紧握握把，食指第一节靠在扳机上，右肘尽量里合着地前撑。左手握弹匣（也可握下护木），左肘着地外撑，两肘保持稳固。胸部挺起，身体稍向前跟（右肘不离地），上体自然下塌，两手用力保持不变，使枪托确实抵于肩窝。头稍前倾，自然贴腮。

掩体内跪姿据枪时，通常跪左膝，右膝靠掩体前崖或右脚向后蹬，也可跪双膝。上体紧靠掩体前崖，两肘抵在臂座上。

掩体内立姿据枪时，上体左前侧紧靠掩体前崖，左腿微屈，右脚向后蹬，两肘抵在臂座上。

（二）瞄准

1. 正确瞄准

右眼通视缺口和准星，使准星尖位于缺口中央并与上沿平齐指同瞄准点，就是正确瞄准。正确瞄准情况，应是准星与缺口的平正关系看得清楚，而目标看得较模糊（见图 7-12）。

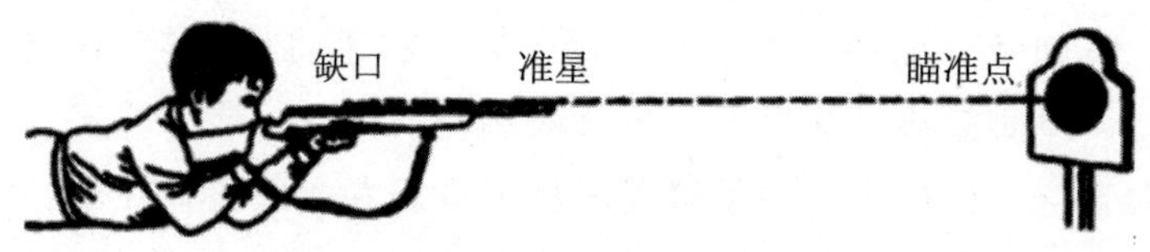

图 7-12

2. 瞄准的方法

据枪后，应首先使瞄准线自然指向目标。若未指向目标，不可迁就而强扭枪身，必须调整姿势。需要修正方向时，可左右移动身体或两肘。需要修正高低时，可调整依托物，前后移动整个身体或两肘里合、外张（连发射击时，右肘不宜外张），也可适当移动左手的托枪位置。瞄准时，应把主要精力集中在准星与缺口的平正关系上。如果把主要精力集中在准星与目标上，就会忽略准星与缺口的平正关系，使射弹产生偏差。

3. 瞄准误差对命中的影响

（1）准星与缺口关系不正确：瞄准时，若准星与缺口的关系不正确，对命中影响很大。准星偏哪，弹着偏哪。如准星尖在缺口内偏差 1 毫米，弹着点在 100 米距离上的偏差量：半自动步枪 21 厘米，冲锋枪 26 厘米。距离增加几倍，偏差量就增加几倍。

（2）瞄准线指向的偏差：瞄准时，若准星与缺口的关系正确，而瞄准线的指向产生偏差时，射弹也会产生偏差。射弹的偏差与瞄准线指向的偏差相一致，如瞄准线指向偏左，射弹也就偏左。

（三）击发

击发时，用右手食指第一节均匀正直地向后扣压扳机（食指内侧与枪应有不大的空隙），余指力量不变。当瞄准线接近瞄准点时，开始预压扳机并减缓呼吸。当瞄准线指向瞄准点时，应停止呼吸，继续增加对扳机的压力，直至击发，击发瞬间应保持正确一致的瞄准。若瞄准线偏离瞄准点或不能继续停止呼吸时，应既不增加也不放松对扳机的压力，待修正或换气后，再继续扣压扳机。

连发武器操纵点射时，应稳扣快松，扣到底松开为 2～3 发。在扣扳机的过程中，应始终保持姿势稳固，操枪力量不变，以提高连发射击命中精度。据枪、瞄准、击发是互相联系和互相影响的动作。稳固协调的据枪正确一致的瞄准，均匀正直的击发，三者正确的结合，是准确射击的关键。因此，必须刻苦学习，熟练掌握。

（四）据枪、瞄准、击发常犯的毛病及纠正方法

1. 抵肩位置不正确

射击时，射手若不能正确地抵肩，会使射弹产生偏差。在通常情况下，抵肩过低易打低；抵肩过高易打高。纠正时，射手要反复体会正确的抵肩位置，并通过他人摸、推的方法检查抵肩位置是否正确。

2. 两手用力不当

射击时，射手为了命中目标，往往以强力控制枪的晃动造成肌肉紧张；用力方向不正，姿势不稳，使枪产生角度摆动，增大射弹散布。纠正时，应强调据枪时正直向后适当用力，使用力方向与后坐方向一致。连发射击时，应保持姿势稳固，操枪力量不变。练习时，可据枪后由协助者向后推枪、拉枪机或射手两手向后引枪等方法，检查用力方向是否正确，发生偏差，及时纠正。自动武器射击应特别注意防止右手上抬、

下压或向后引枪等毛病。

3. 击发时机掌握不好

无依托射击时，有的射手常为捕捉瞄准点，造成勉强击发或猛扣扳机纠正时，应指出瞄准线的指向在瞄准点附近轻微晃动是正常现象，当瞄准线在准点附近轻微晃动时，应适时击发。

4. 停止呼吸过早射击

停止呼吸过早易造成憋气，使肌肉颤动而导致据枪不稳或猛扣扳机。纠正时，应使射手反复体会在瞄准线指向瞄准点或在瞄准点附近轻微晃动时自然停止呼吸的要领。若剧烈运动后无法按正常情况停止呼吸，应进行深呼吸后再停止呼吸。

5. 耸肩、眨眼和猛扣扳机

射击时，由于射手过多地考虑枪响时机、点射弹数、射击成绩等原因，造成心情紧张，产生耸肩、眨眼和猛扣扳机等错误动作，影响射弹命中。纠正时，应强调按要领操作，把主要精力、视力集中在准星与缺口的正确关系上，达到自然击发。

6. 枪面倾斜

瞄准时，如枪面偏左（右），射角减小，枪身轴线指向瞄准点左（右）边，射击时，弹着偏左（右）下。纠正时，强调射手据枪应保持枪面平正。

第四节　实弹射击

自动步枪实弹射击分基本技能射击和精度射击。基本技能射击，要求受训者掌握基本的射击技能，能准确命中目标。精度射击，不但要求受训者掌握基本的射击技能，而且要提高射弹命中的精度。

一、射击条件和成绩评定

（一）射击条件

距离为100米；目标是固定胸（环）靶；使用弹数为5发，5次单发射。

（二）成绩评定

自下达“卧姿装子弹”口令起，5分钟内射击完毕。基本技能射击不报靶，命中3发以上合格；精度射击每射击一次后报靶，命中30环以上及格，40环以上良好，45环以上优秀。

射击中如发生故障，应自行排除或向在场指挥员报告，故障排除后继续射击。如因武器、子弹不良发生故障，可重新射击；打错靶算脱靶，不计成绩，不补射。被打错者，若无法判明射弹时，可重新射击或扣除其靶位上多余的较差命中。

二、实弹射击方法

射击前，射手应做好向弹匣内装填子弹。到达指定射击位置后，根据指挥员的口令，做好卧姿装子弹、定表尺等射击准备动作，迅速做好射击准备后，按照动作要领自行据枪、瞄准、击发。射击过程中，射手应注意观察弹着和修正偏差，以提高射击精度射击完毕后，自行向指挥员报告“×号射手射击完毕”，然后，根据指挥员的口令，统一退子弹起立，并验枪。

三、射击场的组织

射击前，全体人员应熟悉和牢记安全规定和信号；没有指挥员的口令，不得装子弹、射击。

(1) 射击指挥员：负责组织设置场地，派遣勤务，督促全体人员遵守射击场的各项规定和安全措施，指挥射击。

(2) 警戒员：负责射击场的警戒和观察任务。射击前应严密搜索并保证警戒区内无人员和牲畜；射击时严禁人员和牲畜进入警戒区。警戒人员应携带警戒旗，发现险情时应立即发出信号，并向指挥员报告。

(3) 示靶组：负责设靶、示靶和报靶。

(4) 信号（观察）员：根据射击指挥员的指示发出各种信号，并认真观察射击场的安全情况，发现险情立即报告

(6) 发弹员：按照指挥员的命令发给射手规定的子弹，收回剩余的子弹，不准将实弹和教练弹混在一起。

此外，还应有记录员、医务人员。

1. 81－1式自动步枪的主要战斗性能是什么？
2. 验枪的目的及要求有哪些？
3. 瞄准的动作要求有哪些？
4. 实弹射击的要求有哪些？

第八章　地形与战术

地形是地物和地貌的总称。它是战场环境的重要组成部分，是敌对双方一切战争活动的依托，影响作战行动的全过程，是组织指挥作战所依据的重要条件和影响部队作战行动的基本因素。军事地形学，是从军事需要出发，研究识别和利用地形的一门应用科学。研究的内容主要是地形资料的识别和地形分析两部分。地形资料的识别就是识图用图，地形分析就是分析地形对军事行动的影响。

第一节　地图基本知识

地图是按照一定的数学法则，用特定的图式符号、颜色和文字注记，将地球表面的自然和社会要素，经过一定的制图方式综合测绘于平面上的图形。随着计算机图形学、地图数据库和空间信息可视化技术的发展，地图的表现形式除了我们常见的纸质画线地图外，还出现了数字地图电子地图、影像地图等。地图依其表示的内容分为普通地图和专题地图两大类。

地形图是国家经济建设、国防建设和军队作战、训练不可缺少的地形资料，熟练地识别和使用地形图是军训人员必备的一项基本技能。

一、地图比例尺

地形图是比例尺大于或等于1∶100万的普通地图。根据需要和用途，每个国家都有自己的比例尺系列，并有很强的连续性。我国军用地形图比例尺系列为1∶1万、1∶2.5万、1∶5万、1∶10万、1∶25万、1∶50万、1∶100万七种。

（一）地图比例尺的概念

地图是按一定的比例关系将实地缩小绘制而成的，地图比例尺是图上某线段的长与相应实地水平距离之比。即地图比例尺＝图上长/相应实地水平距离＝1/M（M称为比例尺分母）。

地图比例尺的分子通常用1表示，以便了解地图缩小的倍数，如1∶5万即缩小5万倍、1∶10万即缩小10万倍。

(二) 地图比例尺的大小、特点

地图比例尺的大小是按其比值的大小来衡量的，而比值的大小由地图比例尺分母M确定，M小，比值大，比例尺就大；M大，比值小，比例尺就小。即1∶5万大于1∶10万、1∶10万大于1∶25万。

当图幅面积大小一定时，比例尺越大，所包含的实地范围就越小，图上显示的内容就越详细，图上量算精度也就越高；反之，比例尺越小，图号包含的实地范围就越大，图上显示的内容就越简略，图上量算精度也就越低。

(三) 地图比例尺的表示形式

地图比例尺通常绘注在南图廓的下方中央，其常见的表示形式有数字比例尺和直线比例尺。

1. 数字比例尺

用比例式或分数式来表示。例如，1∶5万或1/50000。

2. 直线比例尺

用线段表示图上的长度，并在不同线段长度上注出相应实地水平距离关系的直线，叫直线比例尺（见图8-1）。

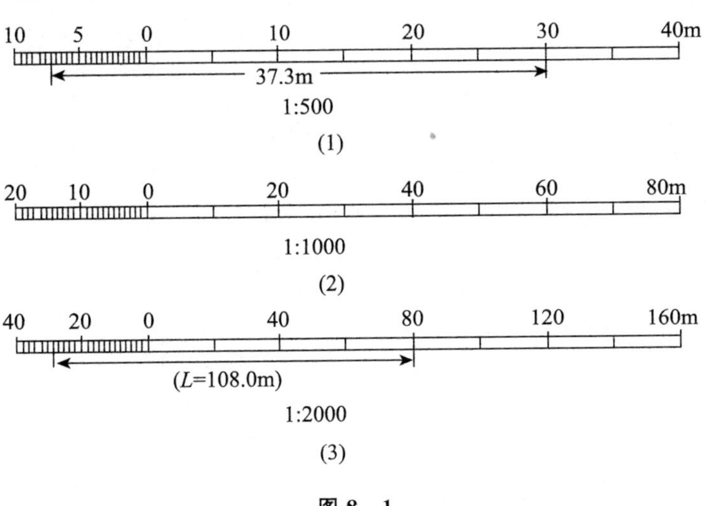

图8-1

(四) 图上距离的量算

1. 用直尺量算

先从图上用直尺直接量取所求两点间的长度，再乘以地图比例尺分母M即可求得两点间的相应实地水平距离。其换算公式为：实地水平距离=图上的长度×比例尺分母 M。

例：在 1∶5 万地图上，甲乙两点的图上距离为 6.4 厘米，则其对应的实地水平距离为：

6.4 厘米×50000＝320000 厘米＝3200（米）

2. 在直线比例尺上比量

直线比例尺上注记的数字表示了相应的实地水平距离。从“0”向右为尺身，注记是千米数，用来量取整千米距离，量读方法是：用两脚线（或直纸条、细线等）量出两点间的长度（间隔，保持其长度不变，先使两脚线脚落在尺身的整千米数上，再使另一脚落在尺头上，则整千米数值加上尺头上的米数，就是两点间的实地水平距离）。

若两点间图上长度大于直线比例尺长度时，可先在坐标线上比量（1∶2.5 万和 1∶5万地形图的方格边长为实地 1 千米，1∶10 万图为实地 2 千米），然后将不足方格边长和剩余部分到直线比例尺上比量。

3. 用量程表量度

在地形图上量取弯曲路段或曲线距离时，使用指北针上的里程表比较方便。里程表由刻度盘、指针、滚轮三部分构成，表盘上刻有 1∶2.5 万、1∶5 万、1∶10 万三种比例尺的里程分划圈，各分划圈上的数字为相应的实地距离的千米数，每一小分划为 1 千米。

量读时，先转动滚轮，使指针归 0，然后右手持里程表，表盘朝胸，把滚轮放在起点上，沿所量线段均匀地滚动至终点，指针在相应比例尺分划圈上所指的分划数即为所求的实地距离。

二、地物符号

物符号是指将地球表面上的固定物体用规定的图形、颜色和注记来表示，这些规定的图形符号就是地物符号。地物符号是构成地图的重要因素，是地图的语言。

（一）地物符号的分类

1. 依比例尺符号（也叫面状符号）

实地面积较大的地物，如居民区、湖泊、水库、森林等，其外部轮廓是按比例尺表示的，在图上可以了解其分布和形状，量算出相应实地的长、宽和面积，这类符号的拐弯点位置准确，常用来判定方位、确定位置和指示目标。

2. 半依比例尺符号（也叫线状符号）

实地上狭长的地物，如道路、城墙、土堤等，其长度是按比例尺表小的而宽度则无法按比例尺表示，在图上只能读取相应实地的长度（m），不能量取宽度和面积。其拐弯点、交叉点位置准确，常用来判定方位和确定位置（见图 8－2）。

铁路类型	大比例尺地图	中小比例尺地图
单线铁路	（车站）	（车站）
复线铁路	（会让站）	
电气化铁路	电气	电
窄轨铁路		
建筑中的铁路		
建筑中的窄轨铁路		

图 8－2

3. 不依比例尺符号（也叫点状符号）

实地对战斗行动有影响或有方位意义的较小地物，如学校、自然村等不能按比例尺缩绘，只能用规定的符号表示。在图上可了解性质和位置，不能量取其大小（见图8－3）。

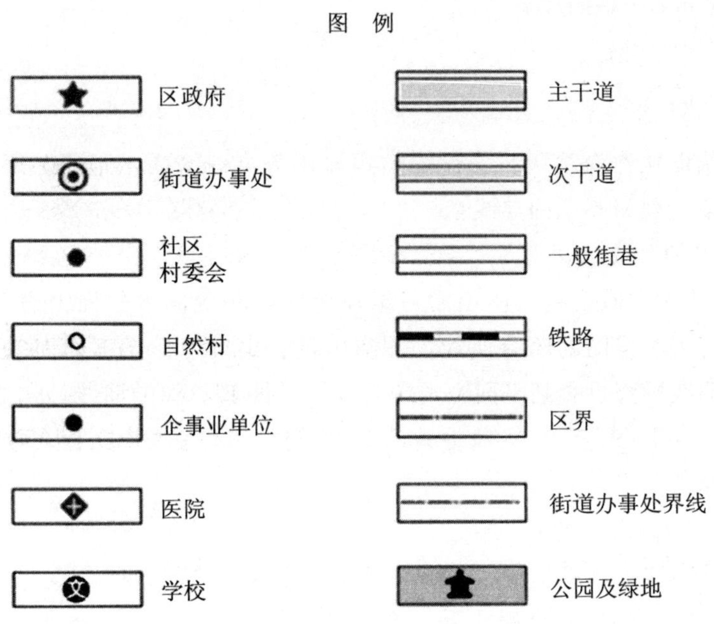

图 8－3

（二）地物符号的有关规定

1. 颜色规定

为了便于识别地图上的地物，使地图层次分明、清晰易读，有较强的表现力，我国目前出版的地图采用不同的颜色。

黑色表示人工地物及部分自然地物。如居民地、独立表示水系要素和与冰雪有关的区域，如江河湖泊、水渠、冰川地物、管线等；蓝色表示天然或人工植被；棕色表示地貌和土质。

2. 注记的规定

由于地物符号，只能表示地物的形状、位置、大小和种类，不能表示其质量、数量和名称。因此，还需用文字和数字予以注记，作为符号的补充和说明。例如，居民地、江河和山的名称，森林的种类，公路的质量等级等用文字注记；山的高程，河宽，水深，桥梁的长、宽与载重量等用数字注记。图上的数字注记分为分数式和单个数字式两种形式。分数式注记中，分子一般表示地物的长度、宽度和高度；分母表示地物的深度，粗度和载重量单个数字注记，一般表示地物的高度、深度、比高，流速里程编号、月份等。

三、地貌的表示与识别

（一）地貌的表示

地表的起伏形状称为地貌。地形图上主要用等高线来表示地貌。所谓等高线，是指由地面上连续高程相等点的连线。

1. 等高线表示地貌的原理

如图 8－4 所示，假设将一座山用一组高差间隔相等的水平面由底到顶去截割它，那么其截口必为大小不同的闭合曲线，并随山背、山谷的形态不同而呈现不同的弯曲形状，再将此曲线垂直投影到平面上，便形成了一圈套一圈的曲线，构成等高线图形，这些曲线的数目，形态完全与实地地貌的高度（差）和起伏状况相一致。这就是等高线表示地貌的原理。

2. 等高线表示地貌的特点

在同一条等高线上各点的高度相等，每条等高线都是闭合的曲线（等高闭合）。在同一幅地图上或同一等高距的条件下，等高线多，山就高；等高线少，山就低（多高少低）；等高线间隔密，实地坡度陡；等高线间隔稀，实地坡度缓（密陡稀缓）。

3. 等高距的规定

相邻两条等高线间的高程差叫等高距。等高距的大小决定着地貌表示的详略。等高距越小，等高线就越多，地貌表示就越详细；等高距越大，等高线就少，地貌表示就越简略。

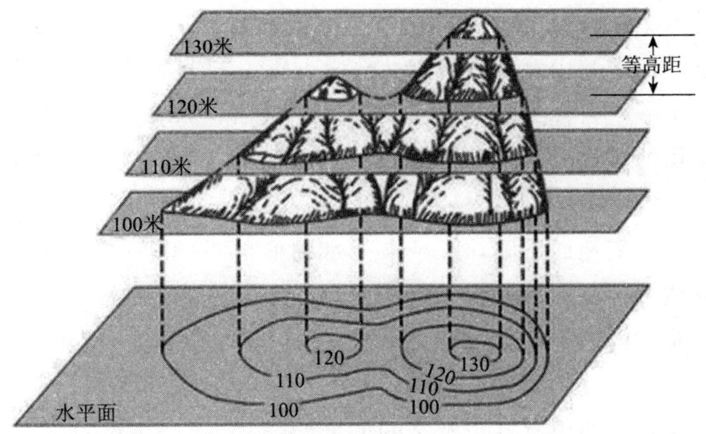

图 8－4

根据我国地貌特征和地图比例尺、地图的用途等因素，对我国基本比例尺地形图的等高距做了规定。

4. 高程注记

地形图的高程注记有三种：点的高程注记，用黑色，字头高线的高程注记，用棕色，字头朝向上坡方向；比高注朝向北图廓；等记与所注要素颜色一致，字头朝向北图廓。通过点的高程注记和等高线高程注记，能判读该点附近任一点的高程。如图8－5所示，山的高程分别是166.0米、168.3米，道路交叉点的高程是102.1米，土堆的比例是5米。

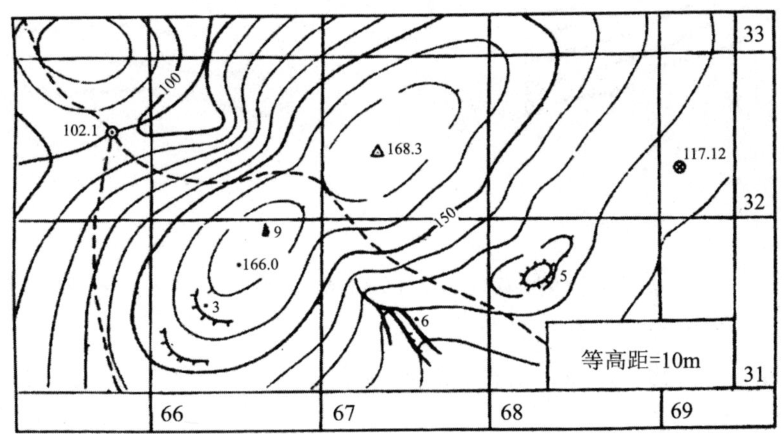

1∶5万

图 8－5

(二) 地貌形态的识别

地貌形态尽管千差万别，多种多样，但它们都是由基本形态构成的。这些基本形态主要包括山顶、凹地、山背、山谷、鞍部、山脊等，学会识别这些地貌形态的要领，将使你提前到达下一个目标点。

(1) 山顶：山的最高部位，有尖顶山、圆顶山和平顶山之分。图上以等高线中最小环圈表示。

(2) 凹地：比周围地面凹陷，且经常无水的低地叫凹地。在地形图上表示凹地的等高线是一个或数个小环圈，并在环圈内绘有示坡线，但内圈高程低于外圈高程。

(3) 山背：是从山顶到山脚向外突出的部分。图 8-6 (a) 表示山背的等高线从山顶起逐渐向外凸出。

(4) 山谷：是相邻两山背、山脊之间的低凹部分。图 8-6 (b) 表示山谷的等高：线与山背相反，以山顶或鞍部为准，等高线向里凹入。

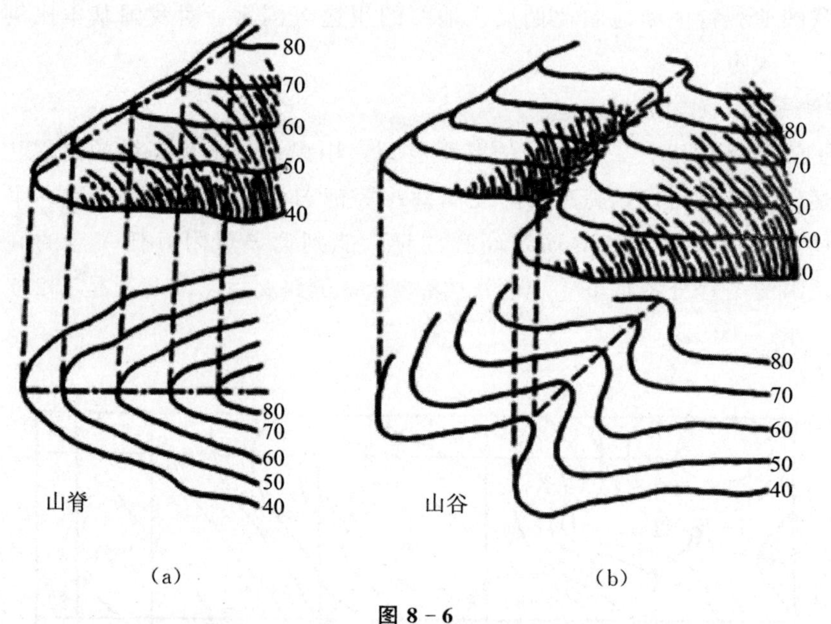

(a)　　　　(b)

图 8-6

(5) 鞍部：是相邻两山顶间的凹下部分，形如马鞍。图 8-7 是用一对表示山背的等高线和一对表示山谷的等高线显示。

(6) 山脊：是由数个山顶、山背和鞍部所形成的凸棱部分。山脊的最高棱线叫山脊线。

要在图上判定现地地势的起伏和上下坡方向时，一般先根据等高线的多少，疏密及河流的位置、流向，再具体分析山顶、鞍部、山谷、山脊的分布和高程注记，详细判明起伏状况。当等高线在河流一侧时，紧靠河流的方向为下坡方向；等高线通过河流时，依河流流向判定地貌的上下坡方向。

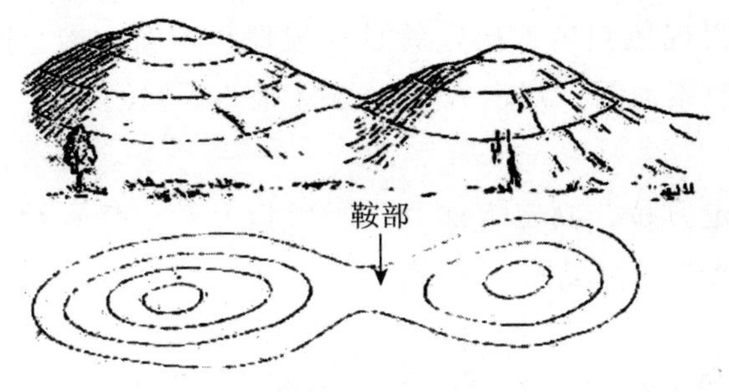

图 8－7

四、坐标

在现代战争中，可向千里之外的目标发射导弹，导弹就像长眼睛似的飞向目标，命中率达百分之百。其中最重要的是预先在图上选定目标，将目标坐标数据输送到导弹飞行系统。掌握地理坐标知识，你就可以把你的位置在地图上精确地找出来。世界通用的经度纬度具有广泛的地理意义，它表示物体在地面上的位置，在地图上是用坐标线表示的，横线叫纬线，纵线叫经线。横线又叫东西方向线，向左为西方向，向右为东方向；纵线又叫南北方向线，向上为北方向，向下为南方向。每条线在地图边缘的空白处都顺序标着数字，每条线间隔的实际距离是 1 千米，在图上确定或指示目标的位置，可用地理坐标和平面直角坐标两种（见图 8－8）。

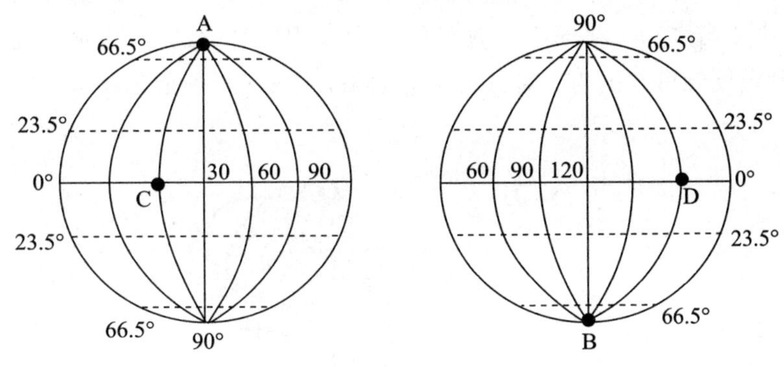

图 8－8

五、现地使用地图

读懂了地图，还要学会实地判定方向和确定站立点在图上的相应位置，这样就可利用地图选定行进路线，顺利地从某一点到达另一目标点。

（一）现地判定方位

现地判定方位也叫现地判定方向，就是在现地辨明东、南、西、北方向。知道了实地方位，才能正确使用地图。判定方位的方法很多，只要判定了一个方向，其他方向就好认了。

（1）用指北针判定方位。判定方法是：平置指北针，待磁针不动后，磁针北端所指方向就是实地的磁北方向（见图 8 - 9）。

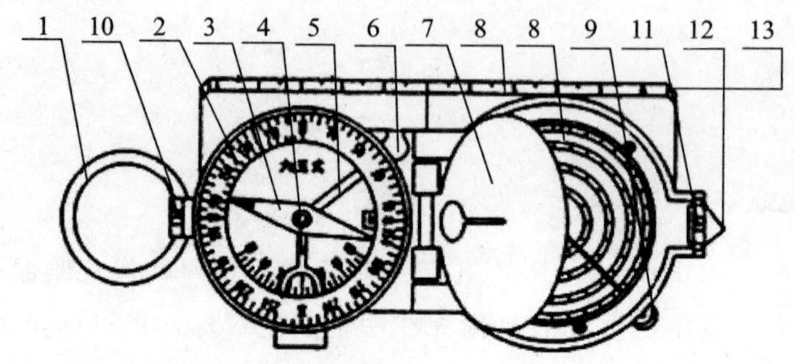

图 8 - 9

1—提环　2—度盘座　3—磁针　4—测角器　5—磁针托板　6—压板　7—反光镜
8—里程表　9—测轮　10—照门　11—准星　12—距离估定器　13—测绘尺

（2）利用太阳和时表判定方位。判定方法是：将时表平放，以表盘中心和时针所指时数（每日以 24 小时计算）折半位置的延长线对向太阳，此时从表盘中心过“12"的方向就是北方（见图 8 - 10）。例如，下午 2 时 40 分（即 14 时 40 分，折半是 7 时 20 分），以表盘中心与“7 时 20 分”的延长线对向太阳，则“2”的方向就是北方。为了便于记忆，判定要领可归纳为“时数折半对太阳，‘12’所指是北方”。

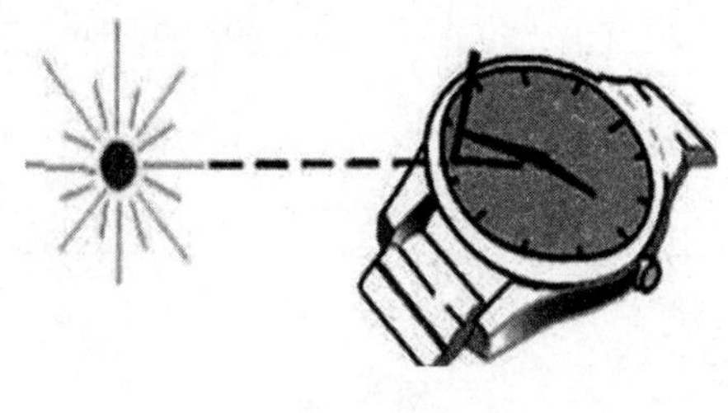

图 8 - 10

（3）利用北极星判定方位。北极星是正北天空一颗较亮的恒星，在晴朗的夜间，找到了北极星，就找到了正北方。北极星位于小熊星座的尾端，因小熊星座除北极星外，其他星较暗，所以通常根据大熊星座和仙后星座来寻找北极星。大熊星座（即北斗七星，俗称勺子星）由7颗亮星组成，形状像一把勺子，将勺端甲、乙两星的连线向勺子口方向延长，约在两星间隔的5倍处有一颗较亮的星即为北极星。仙后星座由5颗亮星组成，形状如“W”，在“W”缺口方向上约为缺口宽度的2倍处，可找到北极星（见图8－11）。

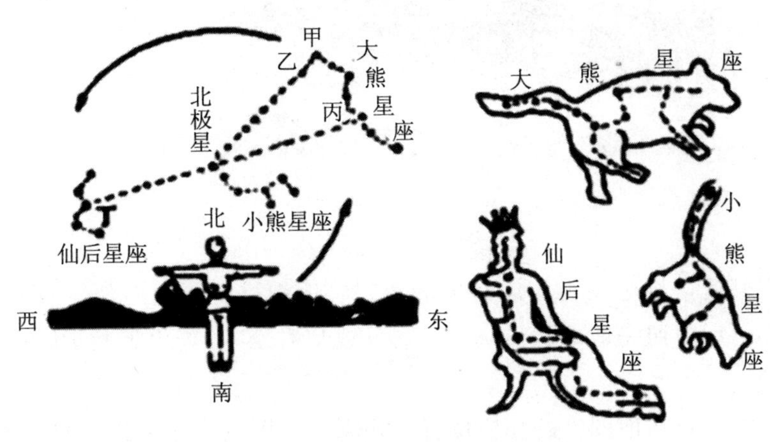

图8－11

此外，还可利用地物特征等判定方位。如独立大树通常南面向阳的枝叶茂密，树皮光滑，而北面背阳的枝叶稀疏，树皮较粗糙，树桩上的年轮南疏北密；庙宇、房屋大都坐北朝南等。

（二）确定站立点

要知道自己站立点在图上相应的位置时，首先要标定地图的方位是：上北、下南、左西、右东。标定地图，就是使地图方位与现地方位相一致，这是现地用图的前提和基础。

标定地图最简便的方法就是利用指北针标定。标定时，使指用指北针的直尺边与地图上的磁子午线或任意一条纵坐标线相切，将指北针准星（前进方向箭头）朝向地图上方（北方）。转动地图，使磁针北端指零，地图的方位与现地的方位就一致了。如果没有指北针，也可用其他方法标定地图，最简单的办法就是先判明实地的方向，然后将地图的上方对向实地的北方，地图就概略标定好了（见图8－12）。

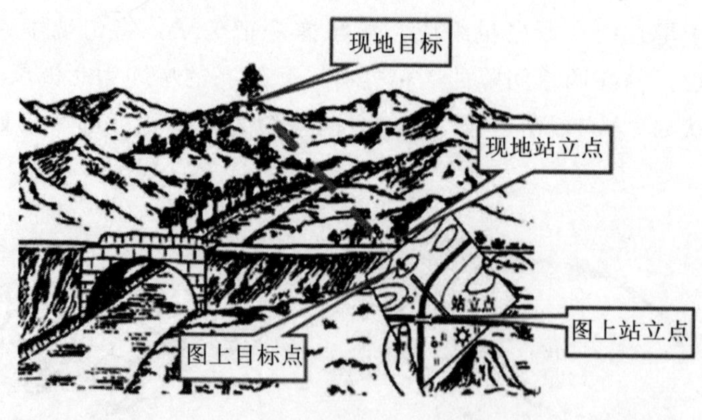

图 8-12

地图标定好后，将地图与相应实地的地物、地貌进行逐一对照。对照时先对照大而明显的地形，后对照一般地形，从左至右（或从右至左），由近及远，由点到面，分段逐片地进行。

确定自己站立点在地图上的相应位置，是现地用图的一个关键。可根据实际情况，采用以下方法来确定：

（1）当站立点在明显地形点上时，从图上找到该地形点的符号，该符号即为站立点在图上的位置。

（2）当站立点在明显地形点附近时，先在图上找到该地形点的符号，再根据站立点与明显地形点的关系位置（主要是方向、距离）即可确定出站立点在图上的位置。

（3）当附近没有明显地形，可用后方交会法确定，即在远方选择两个图上和现地都有的明显地形点，用直尺边分别切准图上两个地形点，先后向现地相应的地形点瞄准并画出两条方向线，两线的交点就是站立点在图上的位置（见图 8-13）。

（4）若站立点在形状地物（道路、水渠等）上，可用截线法确定，即在线状地物的侧方选择一个图上和现地都有的明显地形点，将直尺边切准地图上地形点符号的定位点，向现地相应的地形点瞄准并画方向线，该方向线与线状地物符号的交点，就是站立点在图上的位置（见图 8-14）。

图 8-13

图 8-14

(三) 按地形图行进

掌握以上要领后，就可以按图行进了。为了保证行进的计划性和目的性，一些必要的准备工作不可忽视。一是要根据到达的地点，在图上选择最佳行进路线选择时，力求距离近，起伏小，方位物多，隐蔽和安全乘车行进还要考虑所选的路线车辆能否通行，并将选定的行进路线用彩笔标绘在图上。二是在图上量取里程，计算行进时间。以地貌起伏不大的地形为例，步行的行进速度 4～5 千米/小时，乘车行进速度 2030 千米/小时。如行进路线上地貌起伏较大时，应计算实际距离，行进速度也相应小些。三是熟记行进路线。按行进的顺序，把每段的里程、行进时间、经过的居民地、两侧方位物和地貌特征，特别是道路的转弯处、岔路口和居民地进出口附近的方位及地形特征等记在脑子里。力求做到：胸中有图，未到先知。

在做好准备工作的基础上，就可按图行进了，在出发点上，先标定地图对照地形，判定出发点在图上的位置，明确行进的方向和道路，走好第一步。行进中，随时标定地图，使图上行进路线的方向与现地行进方向相对应、相一致，尤其是到岔路口、转弯点；进入居民地，更应判明方向，做到“人在地上走，图在心中移”。此外，行进中还要考虑到，现地与地图的变化，由于社会发展很快，地图上原有的路，实地已没有了，或者图上没有的路，实地有了。如果发现走错了路，应立即停止行进，重新标定地图，对照现地，判明现在所在的位置及其与预定行进路线的关系，选择近路，插到预定路线上来；也可原路返回，再继续按预定路线行进。

第二节　地形对军队战斗行动的影响

地形对军队战斗行动的影响主要表现在对军队的机动、观察、射击、隐蔽伪装、工程构筑、通信、核化武器防护、组织指挥和后勤保障等方面。

一、山地地形

山地是指地表起伏显著、坡度较陡（大于 30°）、高差超过 200 米的隆起起伏地。我国山地分布很广，约占全国总面积的 33%。

(一) 山地地形的特点

山地地貌起伏显著，群山交错连绵，山高坡陡谷深，其间形成一些盆地，道路稀少、河流湍急、雨天易洪水暴涨。山地地形按地理位置的不同，其地形特点也有差异。

(二) 山地地形对作战行动的影响

山地地形由于起伏大，河谷深切，因此部队机动受限，坦克和其他战斗车辆只能沿公路和平坦的谷地机动；观察，射击受限，死角较多，但易选择制高点、指挥所和观察所；隐蔽条件好，对核、化袭击有一定的自然防护作用，反斜面、冲沟、陡崖等均有较好的防护作用，但谷地、凹地易滞留毒剂，狭窄的沟谷通道易因两侧坡壁倒塌而阻塞；便于构筑坚固的坑道工事，但石质山地不易挖掘；指挥协同困难，不便于变更部署，部队常被分割在不同方向上独立遂行作战任务。从总体上讲，山地易守难攻，在高技术条件下的现代战争，山地仍是以劣抗优的理想地形。

二、丘陵地形

丘陵地形是坡度比较缓和、高差一般在200米以内、没有明显脉络的起伏地。我国有四大丘陵地形——辽东丘陵、山东丘陵、东南丘陵和江南丘陵。此外，还有黄土丘陵和石灰岩丘陵等。约占全国总面积的10%。

(一) 丘陵地形的特点

北方丘陵地形，高地相对独立，山顶圆浑、谷宽岭低坡度，较多为黄土质，山谷为耕地或梯田。南方丘陵地形，山丘坡陡，山背狭窄，谷地多是稻田。居民地散居山坡山脚。道路多为山村小路，溪流较多，丘陵地形在结构上呈现：山岭、脊线脉络不连贯，居民地坐落于丘谷交错的宽坦谷地，道路依谷构成网状，河流顺谷汇成河系。

(二) 丘陵地形对作战行动的影响

丘陵地形的结构特点决定了，防御时，以居民地为中心，高地为依托，以丘制谷，以点制面的战术原则，依托高地构筑互为依托、相互支援、纵深梯次的支撑点式防御阵地。进攻时，利用遮蔽谷地选择配置地域，通过高地间隙实施多路、多方向的穿插迂回、分割包围，各个击破的战术，总之，丘陵地形既利于攻，也利于防，战场容量大，适合大兵团作战。

三、平原地形

平原地形是指高差在50米以下、坡度在3°以内的宽广低平的地面。我国平原的面积约占全国总面积的2%。主要有东北平原、华北平原和长江中下游平原。

(一) 平原地形的特点

北方平原，地势平坦开阔，起伏和缓，多为旱作地。南方平原，地形平坦开阔，除公路外，乡村路窄而弯曲，且多桥梁。江河、湖泊多，沟渠纵横，原地形在结构上呈现：以城市为中心，以县镇为依托，村庄散布其间；铁路为干线，其他道路补充构网，江河、运河绕居民地而过的平坦沃野景观。

(二) 平原地形对作战行动的影响

平原地区作战，便于机动，便于指挥，尤其是北方平原，更能发挥机械部队机动作战的优势。展望良好，视界、射界宽广，便于观察射击，能较好发挥各种火器的效能；但不易选择观察所，很难找到足以瞰制战场的制高点直射火器，不便超越射击，炮兵不易选择良好的遮蔽阵地。冬春两季，隐蔽、伪装困难，军队开进、集结和机动容易暴露；夏秋两季，高秆作物繁茂，便于隐蔽伪装，但观察、射击又受限制。总之，平原地形利攻不利守，且制空权和伪装优势显得特别重要。

四、城市居民地地形

以非农业人口为主，具有一定规模的工业商业、交通运输业聚集的建筑区域叫城市。以其为中心，涉及四周卫星城镇与瞰制地形的广大地域，称为城市居民地地形。

(一) 城市居民地地形的特点

该地形以广泛分布的密集房屋建筑为主要特征。在结构上呈现：大、中城市为核心，卫星城镇为依托，连接它们的道路形成密集网络。对城市本身，密集的房屋建筑为其分布特征，街道是其骨架，它既是划分街区的依据，又是将街区联系为有机整体的纽带；外围城镇和高地，形成城市的屏障。

(二) 城市居民地地形对作战行动的影响

城市居民地地形，以市区内稠密的建筑物、街道网和地下工程设施以及外围有数制、依托作用的地形，对作战行动产生影响。建筑物的障阻性，使地面机动受到极大限制，密集的建筑物使观察、射击条件受限，直视和直射距离通常只有几百米，观察所只能看清邻近地域，且目标具有稍纵即逝的特点。城市居民地战斗指挥困难。城市外围地形，对作战影响极大。

五、高海拔地形

以我国青藏高原为例，青藏高原属高海拔地形，它介于昆仑山、阿尔金山、横断山与喜马拉雅山之间，面积约 50 万平方千米。其整体形态，相对于四周为骤然升起的“台地”，面积广阔，顶面起伏相对和缓，地理学上称为“高原”。

(一) 高海拔地形的特点

青藏高原地势高亢，平均海拔 420 米以上，素有“世界屋脊”之称。由此形成了气候寒冷、温差大、气压低、严重缺氧的恶劣自然条件，它既限制了诸地形要素的形成与发展，又对作战行动产生特殊影响。

(二) 高海拔地形对作战行动的影响

高原缺氧、气压低，直接影响部队的战斗力，初上高原会出现胸闷、气喘、呼吸困难、心跳过速、头昏、恶心和失眠等现象，称为高山反应，一般需适应 7～10 天才恢复正常，但感觉乏力，容易疲劳，作战能力下降。高原地形不便机动，高原地形视射界开阔，但受变化不定的风力、风向影响，火炮射击误差大；隐蔽、伪装困难，但利用沟壑、地褶仍能起到一定作用；对核、化袭击的防护程度，北中部地区介于平原与丘陵地形之间，东南部峡谷地区相对较好，但易滞留毒剂；工程构筑难度大，材料缺乏；指挥协同不便，无线电通信受到一定影响，部队宿营、补给和技术保障都很困难，部队常被分割在不同谷地方向独立遂行作战任务。所以，此种地形一般不适宜重装备、大兵团作战。

第三节　战斗类型和战斗样式

战斗是敌对双方兵团、部（分）队为了达成一定的战术目标，在较短时间和较小的空间内进行的有组织的直接武装冲突，是达成战役或战争目的的基本手段，具有丰富多彩的表现形式。战斗通常按两个层次进行划分。第一，按性质划分战斗类型，其基本类型是进攻战斗和防御战斗。第二，按不同的战场情况将战斗类型进一步划分为各种战斗样式，如按空间划分战斗类型，可分为地面（陆上）战斗、海上战斗和空中战斗；按对战军兵种划分，可分为单一兵种战斗、诸兵种合同战斗和诸军兵种联合战斗等。

一、战斗类型

战斗类型，是按照作战行动的性质对各种作战所作的基本分类。进攻战斗和防御战斗是最基本的两种类型。

(一) 进攻战斗

进攻战斗是主动攻击敌人的战斗。现代进攻战斗，是在信息化条件下进行的诸军兵种一体化联合作战。进攻战斗将面临各种现代化兵器的严重威胁，并在激烈的电子对抗、信息对抗、远程火力打击环境下，于地面和空中、前沿和纵深同时展开，紧张、快速、变化地连续进行，具有更大的坚决性、突然性、立体性和速决性。为克敌制必须灵活地运用袭击、强攻或强攻与袭击相结合的战法，善于疏散、隐蔽，迅速地接近敌人，集中兵力火力，突然勇猛冲击，坚决消灭敌人。

(二) 防御战斗

防御战斗是抗击敌人进攻的战斗。现代防御战斗，也将是诸军兵种一体化联合作战，在海陆空全空间和防御全纵深同时展开，连续实施，使防御战斗行动的快速性、机动性明显增强，隐蔽防御企图保存有生力量、指挥与协同更加困难。为达成防御目的，必须充分发挥兵力、火力和有利地形、障碍的作用，建立稳定的防御体系，加强伪装防护措施，隐蔽防御企图，保存有生力量，以顽强积极的战斗行动，挫败敌人的进攻。

(三) 进攻战斗与防御战斗的关系

进攻和防御两种战斗类型，是战斗中最基本的一对矛盾，具有相互对立、相互统一的辩证关系。进攻和防御的对立，表现为二者的相互区别和相互排斥。在战斗目的上，进攻是为了歼灭敌人，攻占重要地区或目标防御是为了保存力量，坚守重要地区或目标。在战斗行动上，进攻是为了突破对方的防御，防御是为了阻止对方的进攻。进攻和防御的统一，表现为二者相互依存、相互渗透和相互转化。进攻和防御都不是孤立的，它们在运动中互为前提，互为存在条件，没有进攻就无所谓防御，没有防御也就不存在进攻；进攻和防御都不是单一的状态，而是相互包含，相互贯通，攻中有防，防中有攻。进攻和防御的地位不是一成不变的，在一定条件下，二者可以相互转化。当进攻达到顶点或失去相应条件时则会转入防御，当防御具备了条件也会转入进攻。进攻和防御的矛盾运动，推动它们不断由低级形态向高级形态发展。

二、战斗样式

战斗样式是指战斗的式样和形式，是在战斗类型基础上所作的进一步分类。参照标准不同，战斗样式的划分也不尽相同。通常按照敌情、地形、战斗形式等情况，进行战斗样式的划分。信息化条件下的战斗，由于作战对象的多元性和战斗行动的多样性，战斗样式的划分，与过去有较大变化。

(一) 进攻战斗样式

进攻战斗样式，主要根据敌人行动的性质和进攻战斗行动方式进行区分。依敌人行动的性质和态势，通常区分为对防御、驻止、运动之敌的进攻。对防御之敌进攻，由于敌防御组织的完善程度和方式不同，可区分为对阵地防御、机动防御、立足未稳之敌进攻。对运动之敌进攻，由于进攻部队的战斗行动方式不同，通常区分为伏击战斗、遭遇战斗、追击战斗。由于战斗地区的地形气象条件不同，又可区分为一般条件下的进攻战斗和特殊条件下的进攻战斗。特殊条件下的进攻战斗，按照战场地形条件，可区分为登陆、城市、山地，荒漠草原、渡江河、水网稻田进攻等；按照战场气象条件，可区分为高寒地区和热带山岳丛林地进攻等；按照战斗时间，可区分为昼间进攻和夜间进攻等。

（二）防御战斗样式

防御战斗样式，主要根据战斗目的、任务、阵地性质和准备时间进行区分。依据战斗目的、任务和手段的不同，分为阵地防御、运动防御和机动防御；按阵地性质的不同，分为野战阵地防御和坚固阵地防御；根据准备时间的不同，分为预有准备防御和仓促防御；由于作战地形、气象和时间的不同，又可区分为一般条件下防御战斗和特殊条件下防御战斗。特殊条件下防御战斗，按照战场地形条件，可区分为山地、平原地、高原地、城市、山林地、荒漠草原地、海岸、岛屿、江河、水网稻田地防御等；按照战场气象条件，可区分为热带地区和严寒地区防御等；按照作战时间，可区分为昼间防御和夜间防御等。

第四节　单兵战术动作

为了在战场上有效地杀伤敌人、保存自己，躲避敌人火力杀伤和消灭对方，士兵应熟练地掌握和灵活运用战术基础动作。单兵战术动作是指单兵在战斗中采用的基本姿势和运动方法，是单兵进行战斗的基本技能，熟练掌握单兵的基础动作，是正确利用地形、迅速隐蔽运动的前提。基础动作主要包括持枪卧倒、起立，直身、屈身前进，匍匐前进，滚进、跃进和对地形地物的利用等几个动作。

一、持枪

持枪对士兵来说意味着生命，它是杀伤敌人的主要武器，当战场上发现目标时应迅速持枪射击。这就要求士兵在战斗中，持枪时既要便于运动观察，又要便于迅速射击。持枪的方法很多，可单手持枪，也可双手持枪。在不同的地形和距离条件下，根据敌情和任务应采用不同的持枪动作。

1. 单手持枪

右臂微屈，右手虎口正对上护木握枪（背带上挑压于拇指下），用五指的握力将枪身固定，枪身轴线与地面略成45°，枪身距身体约10厘米。左臂自然下垂运动时自然摆动，发现目标迅速举枪射击。

2. 双手擎枪

右手正握握把，食指微接扳机，左手托握下护木或弹匣弯曲部，将框置于身体的右侧，枪口向上，枪面向后，右大臂向里合，枪托贴于右肋，背带自然下垂，身体与射向略成30°，目视前方，发现目标迅速举枪射击。

3. 双手端枪

左手托握枪下护木或握弹匣弯曲部，右手握握把，食指微接扳机，将枪身置于胸前，枪口向前，枪身略成水平，背带自然下垂或挂在后颈上。

二、卧倒、起立

在战场上，士兵如突然遭到敌火力袭击，应迅速卧倒，防止敌人的火力杀伤。

1. 卧倒

卧倒是隐蔽身体，减少敌火杀伤的一种最低姿势，是单兵在战斗中最常用的动作。

口令："卧倒"。

要领：左脚向右脚尖前迈出一大步并弯曲，上体前倾，两眼注视前方。左手顺左脚方向伸出，掌心向下，手指稍向右，以左膝、手、肘的顺序着地，迅速卧倒。左小臂横贴于地面，右手腕压在左手腕上，两手握拢，手心向下，两腿伸直，两脚分开与肩同宽，脚尖向外。卧倒时也可右脚向前卧倒。

2. 起立

口令："起立"。

要领：听到口令时，转身向左，两眼注视前方，屈左腿于右腿下，左小臂稍向里合，以左手、左膝、左肘的支撑力将身体撑起，右脚向前一大步，左脚再向前一大步，右脚靠拢左脚的同时，成立正姿势。携枪时，转身向右的同时右手提枪并握背带，然后按徒手要领起立，成持枪或者背枪立正姿势。

三、直身、屈身前进

直身和屈身前进用于隐蔽运动，通常在地形隐蔽，敌观察、射击不到时采用。横越公路、街道时，也可直身或屈身快跑通过。

1. 直身前进

直身前进是在距敌较远、地形隐蔽、敌观察射击不到时采用的运动方法。

口令："向×××直身前进!"

要领：目视前方右手持枪，大步或快步前进。

2. 屈身前进

屈身前进是在遮蔽物略低于人体时采用的运动方法。

口令："向×××屈身前进!"

要领：目视前方，右手持枪，头部不要高出遮蔽物，两腿弯曲（屈伸程度视遮蔽物高低而定）大步或快步前进。

四、匍匐前进

匍匐前进是士兵在战场上，遭敌火力威胁，且发现附近有地形和遮蔽物可利用时，采用匍匐前进的运动姿势向其靠近，以减少敌火力杀伤，保存自己更有效打击敌人。根据地形和遮蔽物的高低，可采取低姿匍匐、侧身匍匐和高姿匍匐、高姿侧身匍匐前进四种姿势。

1. 低姿匍匐

低姿匍匐是在遮蔽物高约40厘米时采用的一种运动方法。

口令："向×××低姿匍匐，前进!"

要领：腹部贴于地面，屈回右腿，伸出左手，用右脚内侧的蹬力和左手的扒力使身体前移，在移动的同时，屈回左腿，伸出右手，用左脚内侧的蹬力和右手的扒力使身体继续前移，依次交替前进。携冲锋枪时，右手掌心向上，枪面向右，虎口卡住机柄，并握住背带，枪身紧靠右臂内侧。右手虎口向上握枪的上背带环处，食指卡住枪管，将枪置于右小臂上。

2. 高姿匍匐

高姿匍匐是在遮蔽物高约60厘米时采用的运动方法。

口令："向×××高姿匍匐，前进!"

要领：用两小臂和两膝支撑身体前进。携枪（筒）方法同低姿匍匐，有时可将枪托（筒尾）向右，两手托握枪（筒），火箭筒副射手可背背具或以两小臂托背具的方法前进。

3. 侧身匍匐

侧身匍匐是在遮蔽物高约60厘米时采用的运动方法。

口令："向×××侧身匍匐，前进!"

要领：身体左侧及左小臂着地，左大臂向前倾斜支撑上体，左腿弯曲，右腿收回，右脚靠近臀部着地，右手握枪（筒），用左臂的支撑力和右脚跟的蹬力使身体前移，火箭筒副射手可将背具夹于右肋或右手拉背具前进。

4. 高姿侧身匍匐

高姿侧身匍匐通常是在遮蔽物高80～100厘米时采用的运动方法。

口令："向×××高姿侧身匍匐，前进!"

要领：左手和左小腿外侧着地，右手提枪（筒）以左手的支撑力和右脚掌的蹬力使身体前移。

五、跃进、滚进

1. 跃进

跃进是在敌火下迅速通过开阔地时采用的运动方法。做到：跃起快、前进快、卧倒快。跃进前，先观察前方地形，选择好前进路线和暂停位置，再突然迅速地前进。

口令："向×××跃进!"

要领：由跃起、前进、卧倒三个动作组合而成。跃起按起立的动作进行前进为屈身快跑，跃起后可左右移动，以迷惑敌人。

时机：通常在敌火中断，减弱或转移射向等有利时机进行。跃进的距离和速度应根据敌火力和地形而定，敌火力越猛烈，地形越开阔，每次跃进的距离应越短，速度应越快，通常为 15～30 米。当到达暂停位置或遭敌火猛烈射击时，应迅速隐蔽或卧倒。

卧倒时按前面讲的卧倒要领进行。如有射击任务，应据枪实施射击，跃起应先关保险再跃起。如无射击任务，则不出枪，做好再次跃起的准备。

2. 滚进

滚进是在卧姿时，为避开敌人观察、射击而左右移动或通过棱线时采用的运动方法。

口令："向×××滚进！"

要领：关上保险，左手握枪表尺上方，右手握枪颈附近或两手握上护木，枪面向右，顺置于胸腹前抱紧，两臂尽量向里合，两脚腕交叉或紧紧并拢，全身用力向移动方向滚动。

运动中也可在卧倒的同时向移动方向滚进。其要领是：左（右）脚向前大步，左手在左脚前着地，身体尽量前倾下塌，右手将枪置于右小臂内侧，身体向右（左）倒，枪面向右，在右（左）臂肩着地的同时，向右（左）滚进，滚进时，右（左）脚伸直，左（右）脚弯曲，滚进距离长时可将两腿夹紧。

六、对地形地物的利用

地形地物对防敌火力袭击有较好的遮蔽效果。利用地形地物时，要根据遮蔽物的高低、大小、形状、敌火力的威胁程度等情况，采取适当的姿势利用地形防护。利用地形地物进行防护应做到：快速接近，细致观察，隐蔽防护敌火力减弱时，应视情况灵活地变换位置。

1. 对堤坎、田埂的利用

由于堤坎、田埂是横向地物，应利用背敌斜面，根据地物的高低采取不同姿势隐蔽防护。田埂低，应横向卧倒，身体紧贴田埂。堤坎高，也可采取跪蹲、坐、立等姿势进行防护。如要射击，可利用堤坎的右侧或顶部。

2. 对土堆、坟包的利用

身体要紧趴在土堆的背敌斜面上；如果土堆比较小，身体可纵向趴在地上，头紧靠土堆；如土堆较大，也可横向卧倒。要射击时，可利用土堆的右侧和顶部。

3. 对坑、沟渠的利用

通常利用其前沿和底部；纵向沟渠利用弯曲部；根据敌情和坑的大小、深度，可采取跳、滚、匍匐等方法进入。在坑里可采取卧、跪、仰等各种姿势实施防护。敌火力减弱时才能实施观察和射击。

4. 对树木的利用

树木尤其是较大的树木，可以有效防敌直瞄和间瞄火力的杀伤。利用树木防护时通常利用其背敌面，树干直径在50厘米以上可采取卧、跪、立各种姿势；树干较细，通常采用卧姿。

5. 对建筑物的利用

坚固的建筑物对敌空、炮火力打击具有一定的防护作用，当收到敌空、炮火力袭击警报和号令时，应利用墙根、房角、床、桌等物体，采取蹲、跪或倒姿势进行防护，但要尽可能避开易倒塌、易燃烧建筑物，不要在独立明显或敌可能会重点攻击的建筑物内隐蔽防护，以免造成间接伤害。例如，发现敌精确制导武器向防护的建筑物袭来时，士兵应迅速脱离开建筑物进行躲藏，并利用其他地形实施防护。在建筑物内防护需要射击时，应尽可能靠近门窗口，采取适当姿势射击。应注意的是，由于空中火力可以不断地变换攻击方向，因此士兵在防护的同时要不断观察空中情况，及时调整防护的方向，在条件允许的情况下，也可按统一的命令，集中火力打击敌飞机。

思考题

1. 在1∶25万的地形图上，甲地到乙地的水平距离为36厘米，问甲两地的实地距离是多少千米？

2. 当你在实地迷失了方向，怎样用简易方法判定方位？

3. 怎样确定你在某点的地理坐标？

4. 战斗的基本样式有哪些？

5. 卧倒的基本要领是什么？

6. 匍匐前进的四种方式分别应用于什么样的战场环境？

第九章　综合能力训练

综合能力训练的目的在于全面提高军事人员的基本军事素养，同时增强其应对各种复杂环境下的生存应急能力。

第一节　行军与宿营

行军与宿营，是部队有组织的移动和驻止。行军，是部队沿指定路线有组织地移动，是机动的基本方法，目的是转移兵力，争取主动，形成有利态势。按方式，分为徒步行军和摩托化行军；按强度，分为常行军、急行军和强行军。行军目标暴露，隐蔽困难，对道路依赖性大。必须查明情况，确定行军部署，并按前卫、本队（通常编组若干梯队）、后卫顺序编成行军序列。通常徒步行军平均时速 4～5 千米；日行程 25～35 千米；摩托化行军平均时速 20 千米，日行程 150～250 千米。行军中，必须保持充分的战斗准备，严密组织对空防御等各种保障，适时组织休息和宿营。

宿营，是部队行军或战斗后的临时住宿，分为舍营、露营以及两者结合的宿营。宿营前，要预先组织侦察，派出设营队勘察，选择便于隐蔽和防护、便于抗击敌突然袭击、便于行军和随时投入战斗、有充足的水源和良好进出道路的宿营地域。宿营时，必须充分利用地域隐蔽疏散配置兵力兵器，加强侦察、警戒、防空、工程、伪装等措施。宿营部署力求与战斗部署一致，以便紧急情况下可随时投入战斗。

一、行军拉练的组织准备

1. 正确选定行军路线

受领行军任务后，要研究行军路线，沿途地形状况，确定行军序列，拟制各种情况下的处置方案，进行行军动员，明确分工，提出完成任务的要求和克服困难的方法，鼓舞士气，保证行军任务的完成。

2. 规定行军拉练任务

规定任务时，主要明确本部的任务、行军路线、里程、宿营及大休息地点、出发和到达时间；着装规定，集合地点和行军序列；完成行军准备的时间；指挥联络信号，夜间识别信号和号令。

3. 最终行军拉练保障

出发前，要检查食品、饮水、器材、着装、防暑或防冻、防疫药品的准备情况。

通常分队还要指定卫生员和体质较好的人员组成收容组，在本队后尾收容伤病员，组织掉队人员跟进。

二、着装与紧急集合

紧急集合是在紧急情况下迅速进行的集合，是应对突然情况的一种紧急行动。指军队、警察或其他准军事化组织在非常规状态下或演习情形下突然实行集合。通常以警报、哨声等为信号，在急短的时间内对所属部队或一定范围内的人员按备勤要求进行集中（往往在五分钟以内），一般要求集合人员按规定着装，佩带相关武器或装备。

1. 着装

通常着训练服。白天进行紧急集合时，一般就按当时的训练着装进行。如果从新规定着装，应立即换装。夜间实施紧急集合时，人员应迅速起床，按照帽子、上衣、裤子、袜子的顺序进行穿戴。

2. 打背包

背包宽为30～35厘米，长40～45厘米，竖捆两道，横压三道。米袋捆于背包上端或两侧。

3. 装具携带

装具分为全副武装和轻装。学生军训时主要携带的装具和方法：背挎包，左肩右肋；扎腰带；背水壶，右肩左肋；背背包。

4. 集合

着装和装具携带完毕后，迅速跑到班集合地点，向班长报告。全班到齐后，班长带领全班迅速赶到集合场，并向排长报告。紧急集合时要做到：迅速，肃静，确实，完整，安全，便于行动。这就要求平时应按规定放置武器、弹药、装具和衣物，这样在紧急集合时就便于拿取和穿着，行动才不会慌乱。

三、行军拉练的实施

行军的类型，按行军方式可分为徒步行军、摩托化行军及徒步与摩托化两者相结合的行军；按行军时间可分为昼间行军和夜间行军；按行军方向可分为向敌行军、背敌行军和侧敌行军。

1. 准时集合出发，维持行军拉练秩序

分队在行军中必须严格遵守行军纪律。分队指挥员应严格按照上级规定的序列、时间和位置，组织分队准时通过出发点和调整地区，加入上级行军队形。分队在行军中要保持规定的距离和速度，自觉服从调整哨的指挥。摩托化行军时，如车辆发生故障或损坏，应停在道路的右侧或拖至路边，修复后随尾队行进，待休息时再返回到原行军纵队中的位置。

2. 行军拉练队形及方法

行军队形和序列行军队形，是军队行军时对兵力的区分。行军序列，是行军纵队的各个组成部分在行军队形中的位置和行进顺序。分队行军的队形编成应根据敌情以及在行军纵队中的位置和任务确定。步兵连（排）的行军队形通常分为一路、二路纵队，按前方尖兵、连本队、后方尖兵或侧方尖兵的顺序编队。向敌行军时，连长位于本队前；背敌行军时，连长随队尾。

3. 组织休息

开始行军后 30 分钟休息一次，而后是每 50 分钟休息一次，每次 10 分钟。休息时应靠路边，面向路外侧，保持原来队形，督促士兵整理鞋袜和装具。摩托化行军通常 2～3 小时小休息一次，每次 20～30 分钟。休息时，车辆靠道路右侧，车与车之间距离不小于 10 米，人员应下车并靠道路右侧休息，步兵战车或装甲输送车还应留观察员和值班火器射手，驾驶员应检查车辆。大休息通常在完成当日行程一半以上时进行，休息时间为 2 小时左右。小于一日行程或夜间及严寒季节行军时，通常不进行大休息。休息时应明确出发时间，派出警戒，必要时应指定值班分队占领附近有利地形。连应指定各排疏散到隐蔽位置和集合地点，以连或班为单位迅速组织做饭、吃饭、补充饮水，安排好伤病员，检查武器、弹药、装具和物资，严防丢失，并按时进入行军序列。休息行军的起点。行军时，各部（分）队按规定时间通过的地区，称为调整地区。

四、宿营

宿营是军队在行军或战斗后的住宿。其目的在于使人员得到及时休息和整顿，以便继续行军或做好战斗准备。

1. 宿营地的选择

宿营地域必须具有良好的地形，便于疏散、隐蔽，能减少敌人空袭和核、化学、生物武器袭击的伤害。有充足的水源，便于饮水、用水；有良好的进出道路，便于机动展开和迅速投入战斗。应避开大的集镇、交通枢纽等明显目标；避开山洪水道、油库、高压电源和易崩塌的危险地点，以免造成不必要的伤亡。应避开严重的沾染和传染区，露营地域冬季应向阳避风，夏季应在阴凉避暑的地方。

2. 宿营的方式及要求

宿营分为露营、舍营和两者相结合的宿营。宿营的一般原则：宿营地域的选择。连（排）宿营地域通常由上级确定，单独宿营时，可自行选定。自行选定的方法，视敌情、地形情况可采取预先选择或临时选定两种。预先选择，通常由指挥员先在图上确定宿营位置，然后派出设营组预先进入宿营地区，进行宿营准备。临时选定，一般是在敌情顾虑不大，地形有利或分队战斗后急需休整的情况下实施。

3. 野外简易帐篷的架设

搭宿营棚，可就地取材，充分利用竹竿、树枝、茅草等天然材料，与雨衣等器材结合搭绑成棚。床铺应以树桩、石块等支起，离地 30～50 厘米，以防潮湿染病。宿营棚周围要挖排水沟，铲除杂草，必要时撒些草木灰，以防毒蛇、毒虫侵袭。就地取材时，应注意不要成片砍伐草木，以保护天然伪装。水网稻田地宿营。水网稻田地地形平坦开阔，水陆交通便利，沟渠河道繁多，村镇树木稠密，物产丰富，为分队选择良好的宿营地提供了方便。宿营地应力求避开较大村镇、重要桥梁、堤坝、交通枢纽等明显目标，选择小而分散的村落、土丘、树林、田间空地等有利地形，做到既能有效隐蔽，又能适时机动和集中。连（排）在村镇宿营时，以舍营为主，并以连排为单位，在村镇边缘区配置，注意避开重要交叉路口等有明显方位物的街区。房舍不足时，应组织排（班）轮流进入房舍取暖。露营时，应尽量选择在避风向阳地域。尽可能搭帐篷和草棚，并用干草铺设地铺。班、排力求集中住宿。睡觉时应戴棉帽，穿棉裤，两人合铺取暖。炎热条件下宿营在炎热条件下，宿营地应选在丛林地和阴凉通风的地域，并采取防暑、防毒虫、防雨、防洪、防潮湿等措施。架帐篷时应注意通风，铲除帐篷周围的杂草，撒些草木灰，并在帐篷周围挖好排水沟。根据炎热的天气特点安排好饮食，增加开水供应。

第二节　安全防护知识

一、战场防护

（一）遭敌空袭时的防护

转入战时后，每个人都要密切关注媒体发布的敌方情况和人防部门的指令，准备个人防护必备的应急包。应急包里的物品要齐全，但不宜过多。应急用品包括手电筒、水、急救包、食品、手机、简单的衣服和卧具等，还要携带简易的呼吸道和皮肤防护用品，如口罩、帽子、雨衣，以及消毒剂和饮水净化剂。应急包体积不超过肩宽，重量一般不超过20千克，尽量用双肩背包，这样可以使双手空出来，动作也更灵活，不会给人造成负担。门窗的玻璃贴上“来”字或“井”字的胶带或布条，防止玻璃震碎后伤人。平时还要熟悉周围的防空设施，明确疏散通道和路线。预先警报发出后，立即关闭煤气、熄灭炉火、切断电源，携带应急包，快速、有序地进入指定的防空设施。空袭警报响起或遭遇突然空袭的时候，来不及进入防空设施的人，要根据自己的位置选择隐蔽：

（1）在公共场所，要听从指挥、有序撤离、分散隐蔽。

（2）在室内，可以藏在钢筋混凝土楼房底层的走廊和楼梯下面，或者是厨房和卫生间。当以上条件都不具备的时候，就趴在床或桌子下面，或者蹲在墙角，用头盔、被子、枕头或塑料盆把头部盖住，避开玻璃和易燃易爆的东西，千万不要站在窗口或阳台上。

(3) 如果空袭破坏严重，必须离开室内，要用个人防护器材保护好呼吸道、头部等要害部位。有火灾烟雾威胁时，还要披上浸湿的大衣或毯子，爬行或弯腰通过失火的房间。

(4) 在街上的车辆要靠路边停放，行人要到钢筋混凝土建筑的底层、地下室、地铁车站等地方隐蔽，不要在高压电线、加油站、危险房屋这些地方停留。

(5) 被阻隔在室外或空旷的人，可以就近选择低洼地、土堆、大树、矮墙、花坛、沟渠等有阴影的遮蔽物隐藏，因为它们的阴影可以减轻光辐射和冲击波的杀伤作用。发现炸弹在自己附近投下或爆炸，迅速就地卧到，卧倒时脸朝下，掩住耳朵，闭眼张嘴，胸腹不要紧贴地面。

解除警报后，市民要配合人防专业队伍抢救抢修，例如救护伤员、扑灭火灾、协助维持治安、消除污染和潜在危险、修复通信、寻找被困人员等。警报解除后，仍然要注意收听广播，了解解除警报后的行动注意事项，如哪类食物和饮水不能食用，哪些道路不能行走，放射性沾染、染毒或带菌情况通报，敌方空袭规模和方式，城市破坏情况通报，以及空袭后的预测，有效地做好预防和准备。

(二) 遭敌核、化学、生物武器袭击时的防护

1. 核武器

由于核武器袭击范围广、杀伤破坏因素多、防护措施复杂，因此，要根据不同情况，采取相应的防护措施进行有效的防护。

(1) 遭核武器袭击前的准备。准备好防护器材（如口罩、毛巾、雨衣、床单等）和必需生活用品。熟悉就近的人防工事的位置、路线等，了解紧急疏散撤离方案。

(2) 遭核武器袭击时的防护。听到警报后，家庭人员应迅速拉断电闸、关闭煤气与电气开关、熄灭炉火、关好门窗、带好个人防嘴护用品和生活用品，迅速有秩序地进入指定的人防工事。来不及进入人防工事的人员要利用地形地物就近隐蔽防护。方法是：背向爆心卧倒，头夹于两臂之间；双手交叉胸下，两腿并拢夹紧；双肘前伸支起，胸部离开地面，重点保护好头部。

利用地形地物防护：利用土丘、山包、土坎、矮墙、花坛等各种高于地面的地形，或利用土坑、弹坑、沟渠等各种低于地平面的地形进行防护，对光辐射、冲击波和早期核辐射有遮挡和削弱作用，可以减轻或避免伤害。

利用开阔地的防护：利用地形地物进行防护时应注意：必须利用地形地物背向爆心的一侧，尽量利用坚固、稳定的地形地物，避开易倒塌、易燃烧、易爆炸的物体，以免间接伤害。

室外的防护：利用建筑物进行防护时，最好利用墙的拐角或沿墙根卧倒，靠墙根越近越好，这样可避免或减少伤害。不坚固的建筑物和门窗不能利用，还应注意避开易倒的建筑物和易燃易爆品，如水塔、大烟囱、高层建筑、大油罐等。

（3）遭核武器袭击后的行动。服用预防药物；及时撤离沾染区；集中处理受染服装，对人员和物品进行洗消。

2. 化学武器

（1）呼吸道防护。配有面具的人员应立即闭眼、停止呼吸，将面具迅速确实地戴好，在睁眼前要呼一口气；没有防毒面具的人员可使用事先自制的浸水、浸碱和包土颗粒的口罩、纱布、毛巾、手帕等简易器材防护呼吸道。这对任何一种毒剂的侵袭都是至关重要的。

（2）皮肤防护。除了穿戴制式防毒衣外，还可利用就便器材进行防护，如需要通过染毒地域时，可利用雨靴对腿部进行防护，也可捆扎塑料布、帆布或毯子进行防护。若要通过染毒树林，可利用雨衣、油布等隔绝材料对全身进行防护。这对神经性毒剂和糜烂性毒剂的侵袭尤为重要。

（3）眼睛防护。在没有面具的情况下，可用自制简易防毒眼镜、改制的防风眼镜等对眼睛进行防护。这对任何一种毒剂的侵袭都是必须的。

根据中毒情况采取不同的救护措施。将中毒人员撤离现场，放置在能吸入新鲜空气的区域。保持中毒人员的安静、温暖。如有昏迷不醒的应该注射强心剂，不可用人工呼吸法，及时护送到医院急救。

3. 对生物武器的防护

受染后要抓紧时间，利用个人消毒包擦拭暴露的皮肤；利用战斗间隙，到洗消站进行洗消，消灭服装、武器和车辆上的生物战剂；服用预防药物，补充接种疫苗，并定期接受医学观察。对污染区要及时标示范围，监视疫情，控制人员通行。发动广大军民对工事、住房、仓库和交通要道，进行消毒、杀虫和灭鼠。加强疫区管理，控制传染病向外传播。发现鼠疫、霍乱、天花等烈性传染病人时，要尽快封锁疫区，组织好检疫工作，检疫时间根据传染病潜伏期确定。传染病人原则上应就地隔离治疗，不作远距离后送，以防传播。

（三）遭敌精确打击、电子干扰、侦察监视防护

1. 防精确打击

精确打击有多种方法，防御的手段都不同，比如红外和雷达就可以用曳光弹和箔条来干扰，GPS也可以用干扰的手段，电视制导可以用激光直接击毁引导头来防御，地图匹配制导可以临时改变所在地地形地貌特征来防御。

2. 防电子干扰

在敌方实施电子对抗的情况下，为保障己方电子设备和系统发挥效能而采取的措施和行动，是电子对抗的组成部分。电子防御包括反电子侦察、反电子干扰和对反辐射导弹的防护。

3. 防侦察监视技术

防侦察监视技术主要有遮蔽技术、综合技术、警告技术、对抗和火力打击技术等。

防侦察监视的作战方法，主要有隐形伪装、佯动欺骗、适时规避、虚假情报等。

二、火灾事故的预防与处置

(一) 发生火灾事故的主要原因

电气原因引起的火灾在我国火灾中居于首位。有关资料显示，2012 年，全国因电气原因引发的火灾占火灾总数的 32.2%。电气设备过负荷、电气线路接头接触不良、电气线路短路等是电气引起火灾的直接原因。其间接原因是由于电气设备故障或者电器设备设置和使用不当所造成的。例如，使用电热扇距可燃物较近，超负荷使用电器，购买使用劣质开关、插座、灯具等；忘记关闭电器电源，等等。吸烟，烟蒂和点燃烟后未熄灭的火柴梗温度可达到 800℃，能引起许多可燃物资燃烧，在起火原因中，占有相当的比重。具体情况，如将没有熄灭的烟头或者火柴梗扔在可燃物中引起火灾；躺在床上，特别是醉酒后躺在床上吸烟，烟头掉落在被褥上引起火灾；在禁止火种的火灾高危场所，因违章吸烟引起火灾事故，等等。

1. 生活用火不慎

生活用火不慎主要指城乡居民家庭生活用火不慎，如家中烧香过程中无人看管，造成香灰散落引发火灾；炊事用火中炊事器具设置不当，安装不符合要求，在炉灶的使用中违反安全技术要求等引起火灾。

2. 生产作业不慎

生产作业不慎主要指违反生产安全制度引起火灾。如在易燃易爆的车间内动用明火，引起爆炸起火；将性质相抵触的物品混存在一起，引起燃烧爆炸；在用气焊焊接和切割时，飞溅出的大量火星和熔渣，因未采取有效的防火措施，引燃周围可燃物；在机器设备运转过程中，不按时添加润滑油，或没有清除附在机器轴承上面的杂质、废物，使机器该部位摩擦发热，引起附着物起火，等等。

3. 设备故障

在生产或生活中，一些设施设备疏于维护保养，导致在使用过程中无法正常运行，因摩擦、过载、短路等原因造成局部过热，从而引发火灾。如一些电子设备长期处于工作或通电状态，因散热不力，最终导致内部故障而引起火灾。

4. 玩火

未成年儿童因缺乏看管，玩火取乐，也是造成火灾发生的常见原因之一。每逢节日庆典，不少人喜爱燃放烟火爆竹或者点孔明灯来增加气氛，被点燃的烟花爆竹或者孔明灯本身即是火源，稍有不慎，就易引发火灾，还会造成人员伤亡。

5. 放火

放火主要是指采用人为放火的方式引起的火灾。一般是指当事人以放火为手段达到某种目的。这类火灾为当事人故意为之，通常经过一定的策划准备，因而往往缺乏初期救助，火灾发展迅速，后果严重。

6. 雷击

雷电导致的火灾原因，大体有 3 种：一是雷电直接击在建筑物上发生热反应、机械效应作用等；二是雷电产生静电感应作用和电磁感应作用；三是高电位雷电波沿着电气线路或者金属管道系统侵入建筑物内部。在雷电较多的地区，建筑物上如果没有设置可靠的防雷保护设施，便有可能发生雷击起火。

（二）火灾时如何展开自救

一是要熟悉安全出口位置。在宾馆客房门的背后，一般都能找到安全疏散示意图，标明房间所在位置和安全出口位置，同时会用红色箭头指明疏散方向。最好亲自沿着路线走一遍，便于一旦遇到火灾事故时，能在最短的时间内疏散到安全出口。一旦发生火灾，而且走道尚未有烟火或烟雾较小时，应迅速疏散到安全出口。逃生时要匍匐前进，并用浸湿的毛巾或衣服捂住鼻口。走道烟火较大，无法向外疏散时，应迅速关好房门，用浸湿的毛巾、床单等堵住门缝，防止烟火进入，同时，要在窗口挥舞毛巾呼救，情况紧急时，可以用床单、窗帘拧成绳，从窗户逃生，但床单、窗帘一定要牢牢固定好，严防高空跌落。如果楼层较高，应退回室内，关闭通往燃烧房间的门窗，并向门窗上泼水或用湿被堵住进烟的门窗，延缓火势发展。同时打开未受烟火威胁的窗户，用力敲击响器，发出求救信号，等待救援，切不可盲目跳楼。不可搭乘电梯，应循着指示标志方向，进入安全通道逃生以毛巾或手帕掩口，浓烟中用低姿势爬行，浓烟中戴透明塑胶袋逃生沿墙面逃生。有效地扑灭初期火灾，把大部分火灾消灭在萌芽状态，有效的降低火灾中的人员伤亡。掌握同火灾斗争的主动权，做好疏散工作和学会自救逃生，有效预防和控制重特大火灾事故的发生。

三、自然灾害的预防与处置

（一）地震的预防与处置

（1）教室内的避震与撤离。在地震来临时要保持镇静，切莫惊慌失措，千万不要匆忙逃离教室，不可乱跑跳楼，在教师的统一指挥下，迅速抱头闭眼躲到各自的课桌下，双手要紧紧抓住课桌的腿，以免课桌震动将课桌震倒。地震后再有组织地迅速撤离教室。疏散过程中要将桌椅放在桌下，让开撤离通道。此时要注意，撤离方向应从前后门有序地行进，位于后边的学生从后门撤离，位于前边的学生从前门撤离。若有同学摔倒，后面的学生要迅速将其扶起，防止踩踏事件发生。下楼过程中，应双手抱头沿楼道两侧行进，不要拥挤，在楼道拐角等狭窄的地方要放慢速度。按照指定路线，双手抱头迅速有序撤离。当安全撤离室外操场或空旷的地带后应听从学校安排，以班为单位双手抱头蹲下，使身体重心位置降低，避免身体过高将身体摔倒引发混乱。待学生集中后，各班要迅速清点人数，然后报告学校相关负责人，以便学校在地震后安排组织救援工作。

(2) 就餐时的避震与撤离。在餐厅就餐时，同样要做到就地避震或者趴倒在地使重心尽可能降低，脸朝下不要压着口和鼻，同时双手抓住身边牢固的物体，防止震动时身体有移动，也可蹲下或坐下。震后在餐厅工作人员的指挥下有序地撤离，撤离时，用餐具顶在头上或双手抱头，后面的同学要与前面的同学保持一定的距离，特别是在门口狭窄的地方要放慢速度。

(3) 宿舍内的避震与撤离。宿舍是学生起居和休息的地方，若地震发生时，下铺的同学要迅速躲到床下或墙角，上铺的同学应立即下床，使身体重心降到最低，尽量蜷曲身体，注意保护头和颈，用身边物体保护头、眼、口，避免灰尘令人窒息，待震后迅速撤离。

(4) 在室外或操场避震。地震发生时，若在室外或操场，应趴下、蹲下或坐下，双手护住头部，避开高大建筑或危险物体，千万不能因忘拿东西返回教室。

(5) 在家里时的避震与撤离。在家里遭遇地震时，应尽可能关掉家中电器，切断电源，关闭煤气，防止次生灾害发生。而后要躲在结实或不易倾倒的物体下或旁边，抓住身边牢固的物品，然后蹲下或坐下，把身体尽量蜷曲起来。也可以躲到卫生间、厨房等空间小的地方避震，千万不能到阳台或乘电梯进行避震。

(二) 雷电的预防与处置

应急预案负责研究和制定本区防御雷电灾害工作安排和雷电灾害应急处置的具体措施和意见；负责雷电灾害的处置、救援、救护和事故善后处理工作；负责雷电灾害的应急保障和应对工作；负责防雷安全联合检查，职能部门负责防雷工程质量监督、验收工作；负责制定防御雷电灾害的工作规划和计划，做好防雷工作总结；负责雷电灾害抢救和救援队伍的建设、管理工作；负责公司应急指挥中心交办的其他工作事项。应急救援指挥机构总指挥（组长）由项目经理担任，其职责为：决定是否存在或可能存在重大紧急事故，要求应急服务机构提供帮助以便实施更高一级应急计划。复查和评估事故可能发展方向，确定其可能的发展过程。有针对性地决定工程的部分停工，并与领导小组的关键人员配合指挥现场人员撤离。与外界应急机构取得联系及对紧急情况的记录作业安排。在紧急状态结束后，组织对受影响地点的恢复，并组织人员参加事故的分析和处理。

第三节 野外生存

野外生存是指在食宿无着的特殊环境中生存与自救的活动。组织野外生存训练时，应做好充分的准备，除必带的装备物品外，还应携带刀具、火柴和打火石、手电筒、绳索、药品（包括止痛药、肠胃药、高锰酸钾、伤口贴、急救包），并应了解和掌握以下基本常识。

一、辨别方向

（1）寻找北极星（夜间）。

（2）植物辨别。南面植物枝叶茂密，松树流出的松脂多且大块。

（3）手表。将手表时针正对太阳方向，此时时针与十二点处之间的夹角平分线指向正北。

（4）立竿法。在一空旷处立一直竿，此时竿有一影，记下影子的顶点位置，做好标志 A，过十分钟左右，影子的顶点变到另一处，记下位置做好标志 B，此时，AB 两点的垂直平分线为正北方向，向太阳的一方为南。

二、寻找水源

在缺水的情况下，水要合理饮用，最初可以不喝水，或者仅湿润口腔、咽喉。当然，也不要勉强忍耐干渴，以致使身体出现失水症状。喝水要得法，应该采用“少量多次”的方法。试验证明，一次饮 1000 毫升水，380 毫升由小便排出；假若分 10 次喝，每次 80 毫升，小便累计才排出 80～90 毫升，水在体内就得到充分利用。每昼夜喝水不超过 500～600 毫升，这在 5～6 天内对人体不会发生有害作用。当随身携带的饮用水快用完时，应积极寻找水源。

（一）寻找地下水

根据地形特点找水：

（1）“撮箕地，找水最有利”。三面环山的撮箕地，地下水集中流向撮箕口，所以在撮箕口附近打井，出水量较多。

（2）“两山夹一沟，沟岩有水流”。两山之间夹一沟谷，在河谷下游两岸的岩层中容易找到水源。

（3）“两沟相交，泉水滔滔”。两沟交汇之处的山嘴下，可能有泉水流露，在这里打井，水源较为可靠。

（4）“山嘴对山嘴，嘴下有好水”。两个山嘴相对、距离相近，两个山嘴之下地势平坦，在锁口之处打井，容易打出水来。

（5）“两山夹孤山，常常水不干”。如果孤山底下的岩层，因岩性的局部变异而成为隔水层时，它就能阻滞地下水的流动，而在孤山的上游打井，便可以出水。

（6）“两沟夹一嘴，下面有泉水”。两边山较长，中间有一短山，在中间山的山嘴处，若是上有透水层，下有不透水层，在倾向低处打井，就能出水。

(7)“大山低嘴下，打井挖泉水量大”。大山连接得很远，向一头倾没，在其倾没端适当地形之处的含水层中，可以找到地下水。

(二) 寻找植物中的水

如芭蕉、扁担藤等以及树汁。

(三) 采集地表水或雨水

清晨可采集植物上的露珠，下雨时，可在地面挖坑，铺上塑料布采集，实在无水情况下，可用小便解渴，实际上小便并不污秽。

三、寻找食物

野外生存获取食物的途径有两种，一种是采集野生植物，另一种是猎捕野生动物。

(一) 识别和采集野生植物

野菜的鉴别：

(1) 取嫩叶少许，品尝是否有苦涩、辛辣及其他怪味，若有，立即吐出，不能食用。

(2) 用开水泡 5～6 小时或煮熟，再尝是否有异味。

(3) 向煮后的汤里加入浓茶，若有大量沉淀，说明含有重金属，不能食用。

(4) 煮后有大量泡沫的，说明含有皂类物质，不能食用。

(5) 一般情况，牲畜能吃的，人也能吃。在无任何器具鉴别时，先吃一小点，8～12 小时后，如无头痛、恶心、头昏、腹泻、腹痛等，可大量食用。

(二) 捕获野生动物

用一些木棍就可以建造一个十分简单的陷阱。陷阱的工作原理无非就是利用机关组合，使动物受伤，窒息，悬挂，缠绊。一些陷阱利用弹力捕捉动物，另外一些简单的陷阱让动物只能在陷阱中挣扎，一旦动物陷入这种简单的陷阱，直到你找到它，它可能仍然活着。

简单的陷阱，顾名思义，陷阱制作十分简单。首先，做一个套索，将另一头固定在一个木棍上，把木棍钉在土里，当动物经过这里的时候，用套索将猎物的头套上，当它在行走的时候，套索会越来越紧，当然，它会垂死挣扎，但是套索会随着它的挣扎变紧。最重要的是，套索要放在猎物经常出现的地方。

当然，简单的陷阱也有它的局限性，在放置陷阱之前，你要确定你要抓什么类型的动物，因为你用只能抓兔子的套索是无法抓住一头鹿的，你的套索最好要比你的猎物的头大上一圈半，套索一定要保持开放，保证动物的头可以进去。在抓捕猎物的时候，千万不要让任何东西妨碍套索变紧。标准的金属线是制作套索的最好选择，如果你用的是麻绳，那么就要用叶片或者细枝固定上边来保证套索始终是打开的。

四、简易方法取火

(一) 弓钻取火

用强韧的树枝或竹片绑上绳子或鞋带做成弓，将弓弦在一根 20 厘米长的干燥木棍上缠绕两圈，将木棍抵在一小块硬木上，来回拉动弓使木棍迅速转动。钻出黑粉末后轻吹或轻扇，使其冒烟而生火点燃引火媒。

(二) 击石取火

找一块坚硬的石头做“火石”，用小刀的背或小片钢铁向下敲击“火石”，使火花落到大火种上。一条边缘带齿的钢锯比普通小刀可产生更多的火星。当火种开始冒烟时，缓缓地吹或扇，使其燃起明火。当然，并不是任何一块石头都能点燃火种的，石头击出的火花必须有一定的热量和持续时间才能点燃火种。

(三) 利用透镜取火

用包食物、方便面的锡箔纸做成凹透镜形状聚焦太阳光生火；用丢弃的罐头盒子或铁皮等光滑和强反光物体做成凹透镜的形状，聚焦太阳光生火。

五、野炊

野外活动中利用地形、地物建野炊灶是野外生存很重要的一种技能，是野炊的基础和必备条件。各种炉灶还要根据所能寻找到的燃料修建。现今，野外生活可以携带汽油炉、煤气炉等现代化设备。但在不具备这些条件时，需修简易、实用的炉灶，用以烧水、做饭等。

(1) 三石炉灶：三石炉灶是最简单且历史最久远的一种炉灶。取三块高度相同的石块呈三角形摆放，锅或壶架放在当中，一般情况下锅底或壶底需距地面 20 厘米左右(高度需视所用燃料确定，如用牛粪燃料高度不宜超过 20 厘米，如用木柴可适当加高)。

(2) 吊灶：找两根上方有杈的树枝平行插在地上，中间横一木棍或树枝、帐篷杆等，将锅或壶吊挂在横木上，下方生火。也可用石块垒一道 U 形墙，在其上架一木棍或树枝，锅或壶吊在木棍上，下方生火。U 形的口应向吹风方向，以利于燃烧。

以上两种炉灶是使用最普遍的，至今，边远地区的少数民族仍沿用此种炉灶。

(3) 木架灶：在森林地区有时找不到合适的石块建灶，可找 4～6 根长 30～40 厘米的粗树枝（最好是新的或湿树枝），一端用刀削尖，按所用的锅或壶的底面积，呈方形或六角形钉在地上，将锅或壶架在木桩上，下方生火。

(4) 坑灶：在既无合适的石块又无树枝的情况下，也可在地上挖一坑灶。在地面上挖一深20～30厘米、长约120厘米、宽30～40厘米的斜形穴坑，坑口向风吹方向，用木棍或帐篷杆架在坑的两边用土堆起的土包上，将锅或壶吊挂在木棍或帐篷杆上（一般掌握在锅底、壶底和坑底之间的距离需在20厘米以上）。

(5) 火塘灶：火塘是篝火的一种，应选择坡坎下避风处，挖一方形或圆形深约20厘米左右的塘坑，上支三脚架以供烘烤食物、烧水、做饭。火塘坑可以较好地保存火种，还可以将食物埋在火塘中烘烤。

六、露宿

找安全、避风、干燥、平整的高处扎营。此时要注意周围的环境，如是否有落石滚石、风向如何、有无动物巢穴或蜂巢等。尽量不要在河畔扎营，除非确定是枯水期，水位不会变化。营地不要紧靠水边，蚊虫较多。

七、救护常识

(一) 被毒蛇咬伤的治疗

被毒蛇咬伤后一般在局部留有牙痕、疼痛和肿胀，还可见出血及淋巴结肿大，其全身性症状因蛇毒性质而不同。急救原则是及早防止毒素扩散和吸收，尽可能地减少局部损害。蛇毒在3～5分钟即被吸收，故急救越早越好。

(1) 绑扎伤肢，在咬伤肢体近侧5～10厘米处用止血带或橡胶带等绑扎，以阻止静脉血和淋巴液回流，然后用手挤压伤口周围或口吸（口腔黏膜破溃者忌吸），将毒液排出体外。

(2) 冲洗伤口，先用肥皂水和清水清洗周围皮肤，再用生理盐水、0.1%高锰酸钾或净水反复冲洗伤口。

(3) 局部降温，先将伤肢浸于4～7摄氏度的冷水中3～4小时，然后改用冰袋，可减少毒素吸收速度，降低毒素中酶的活力。

(4) 排毒，咬伤在24小时以内者，以牙痕为中心切开伤口成“+”或“++”形，使毒液流出，也可用吸奶器或拔火罐吸吮毒液。切口不宜过深，以免损伤血管。若有蛇牙残留宜立即取出。切开或吸吮应及早进行，否则效果不明显。

(5) 药物治疗，常用的解毒抗毒药有上海蛇药、南通蛇药等，还可用半枝莲60克、白花蛇舌草60克、七叶一枝花9克、紫花地丁60克水煎内服外敷。还可用激素、利尿剂及支持疗法，对本病有辅助治疗作用。加强野外作业的防护，掌握毒蛇习性，尽量不要裸露腿足，必要时穿长筒靴，蛇伤即可避免。被毒蛇咬伤后切忌奔跑，宜就地包扎、吸吮、冲洗伤口后速到医院治疗。

（二）昆虫叮咬的防治

被昆虫叮咬或蜇伤时，用冰或凉水冷敷后，在伤口处涂抹氨水。如果被蜜蜂蜇了，用镊子等工具将刺拔出后再涂抹氨水或牛奶。

（三）蚂蟥叮咬的防治

(1) 发现蚂蟥叮咬，不要强行拉它，以防拉断而吸盘仍留于创口，加重伤情。

(2) 采用以下办法使它自动脱离伤口。

①用食醋、酒精或饱和盐水，半棉球浸湿放在蚂蟥的头部。

②用手拍打或针刺，或烟油刺激其头部，使其自动脱开皮肤。

③如喉、鼻腔、消化道、泌尿道被咬时，可用1%～2%丁卡因溶液，或2%～4%得多卡因溶液涂于蚂蟥头部使其麻醉，然后用镊子轻轻取下。

④有出血可用2%麻黄素溶液浸湿棉球压迫止血。

⑤伤口用盐水冲洗，无菌纱布包扎。肌肉注射破伤风抗毒素。

⑥如果病情不严重，即在当地急救处理，如创伤严重即速送医院治疗。

（四）蜇伤

一般只表现局部红肿疼痛，多无全身症状，数小时后即自行消退。若被蜂群蜇伤时，可出现如头晕、恶心、呕吐等，严重者可出现休克、昏迷或死亡，有时可发生血红蛋白尿，出现急性肾功能衰竭。过敏病人则易出现荨麻疹、水肿、哮喘或过敏性休克。可用弱碱性溶液如3%氨水、肥皂水等外敷，以中和酸性中毒，也可用红花油、风油精、花露水等外搽局部。黄蜂蜇伤可用弱酸性溶液，如醋中和，用小针挑拔或纱布擦拭，取出蜂刺。局部症状较重者，也以火罐拔毒和局部封闭疗法，并予止痛剂。全身症状较重者宜速到医院诊疗。对蜂群蜇伤或伤口已有化脓迹象者宜加用抗菌素。

（五）中毒

胃肠型食物中毒多见于气温较高、细菌易在食物中生长繁殖的夏秋季节，以恶心、呕吐、腹痛、腹泻等急性胃肠炎症状为主要特征。呕吐、腹痛明显者，可口服丙胺太林（普鲁本辛）或皮下注射阿托品，亦可注射山莨菪碱。能进食者应给予口服补液。剧烈呕吐不能进食或腹泻频繁者，给予糖盐水静滴。出现酸中毒酌情补充5%碳酸氢钠注射液或11.2%乳酸钠溶液。脱水严重甚至休克者，应积极补液，保持电解质平衡及给予抗休克处理。

（六）中暑

在炎热暑季，人体的体温调节和其他生理机能发生障碍或活动量过大，休息不足，水盐补充不及时，衣服不通气等都会引起中暑。其症状是突然头晕、恶心、昏迷、无汗或湿冷、瞳孔放大、发高烧。发病前，常感口渴头晕，浑身无力，眼前阵阵发黑，此时，应立即在阴凉通风处平躺，解开衣裤带，使全身放松，再服十滴水、仁丹等药。发烧时，可用凉水洗头，或冷敷散热，如昏迷不醒，可掐人中穴、合谷穴使其苏醒。

（七）冻伤

冻伤是人体遭受低温侵袭后发生的损伤。冻伤的发生除了与寒冷有关，还与潮湿、局部血液循环不良和抗旱能力下降有关。一般将冻伤分为冻疮、局部冻伤和冻僵三种。

（1）冻疮：冻疮在一般的低温，如零上 3℃～5℃以及潮湿的环境中即可发生。因此，不仅我国的北方地区，而且在华东、华中地区也较常见。冻疮常在不知不觉中发生，部位多在耳廓、手、足等处。表现为局部发红或发紫、肿胀、发痒或刺痛，有些可起水泡，而后发生糜烂或结痂。

发生冻疮后，可在局部涂抹冻疮膏；糜烂处可涂用抗菌类和可地松类软膏。

（2）局部冻伤：局部冻伤多在 0℃以下缺乏防寒措施的情况下，耳部、鼻部、面部或肢体受到冷冻作用发生的损伤。一般分为四度。

一度冻伤：表现为局部皮肤从苍白转为斑块状的蓝紫色，以后红肿、发痒、刺痛和感觉异常。

二度冻伤：表现为局部皮肤红肿、发痒、灼痛。早期有水泡出现。

三度冻伤：表现为皮肤由白色逐渐变为蓝色，再变为黑色。感觉消失。冻伤周围的组织可出现水肿和水泡，并有较剧烈的疼痛。

四度冻伤：伤部的感觉和运动功能完全消失，呈暗灰色。由于冻伤组织与健康组织交界处的冻伤程度相对较轻，交界处可出现水肿和水泡。

发生冻伤时，如有条件可让患者进入温暖的房间，给予温暖的饮料，使伤员的体温尽快提高。同时将冻伤的部位浸泡在 38℃～42℃的温水中，水温不宜超过 45℃，浸泡时间不能超过 20 分钟。如果冻伤发生在野外无条件进行热水浸浴，可将冻伤部位放在自己或救助者的怀中取暖，同样可起到热水浴的作用，使受冻部位迅速恢复血液循环。在对冻伤进行紧急处理时，绝不可将冻伤部位用雪涂擦或用火烤，这样做只能加重损伤。

（3）冻僵：冻僵是指人体遭受严寒侵袭，全身降温所造成的损伤。伤员表现为全身僵硬，感觉迟钝，四肢乏力，头晕，甚至神志不清，知觉丧失，最后因呼吸循环衰竭而死亡。

发生冻僵的伤员已无力自救，救助者应立即将其转运至温暖的房间内，搬运时动作要轻柔，避免僵直身体的损伤。然后迅速脱去伤员潮湿的衣服和鞋袜，将伤员放在 38℃～42℃的温水中浸浴；如果衣物已冻结在伤员的肢体上，不可强行脱下，以免损伤皮肤，可连同衣物一起放入温水，待解冻后取下。

（八）昏厥

昏厥时，人会突然晕倒，不省人事，有的人还会出现高热、谵语、斑疹、吐衄等症状。人昏厥后，周围的人不要惊慌，应保持冷静，取低脚高姿势卧位缓慢地让他躺下，然后解开衣领，松开裤带或腰带，再针刺人中、内关穴，刺激他，让他恢复清醒。清醒后，还要喂食热茶或糖水。如果人因大出血、心脏病而昏厥，不要采取上述急救方法，要立即送他到医院急救，否则他会出现生命危险。

（九）人工呼吸

若患者无自主呼吸，抢救者应立即对患者实施人工呼吸（见图 9－1）——口对口（鼻）吹气两次。每次吹气时间为 1～1.5 秒钟。每次吹气量应为 800 毫升。

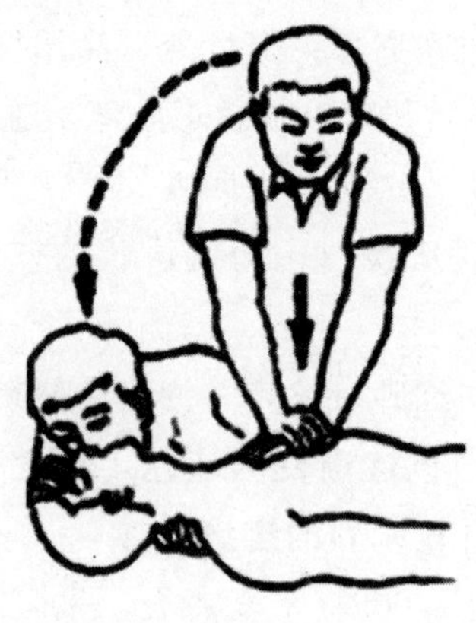

图 9－1

（十）止血

抢救者对有严重外伤者，还应检查患者有无严重出血的伤口，若有，应当采取紧急止血措施，避免因大出血引起休克而致死亡。人体的血液有一定的路线，要准确地止血，就必须掌握主要动脉的压迫点。常用的止血方法主要有以下几种：

（1）加压包扎止血法。用急救包或消毒纱布、棉花、布类做成垫子盖住伤口，再用绷带或三角巾紧紧包扎。多用于静脉、毛细血管或小动脉出血。

（2）指压止血法。用手指或手掌压迫伤口近心端的动脉，阻断血流而达到临时止血目的。多用于头、颈部及四肢的动脉出血。头顶部出血时，在耳前对准下颌关节上方，指压颞浅动脉。面部出血时，用食指（或拇指）压迫同侧下颌骨下缘、下颌角前方约 3 厘米处的面动脉。头颈部出血，用拇指或其他四指压迫同侧胸锁乳突肌之间的颈总动脉，绝对禁止同时压迫两侧。肩、腋部出血，用拇指压迫同侧锁骨上窝中部的锁骨下动脉。前臂与上臂出血，用拇指或其他四指压迫上臂内侧沟处的肱动脉。手部出血时，用两手拇指分别压迫手腕横纹稍上处的尺、桡动脉。下肢出血时，大腿及其以下出血，自救时，可用双手拇指重叠用力压迫大腿上端腹股沟稍下方的股动脉；互救时，可用手掌压迫，另一只手压在其上。足部出血时，用两手指或拇指压迫足背中部近脚腕处的足背动脉和足跟内侧与内踝之间的胫后动脉（见图 9－2）。

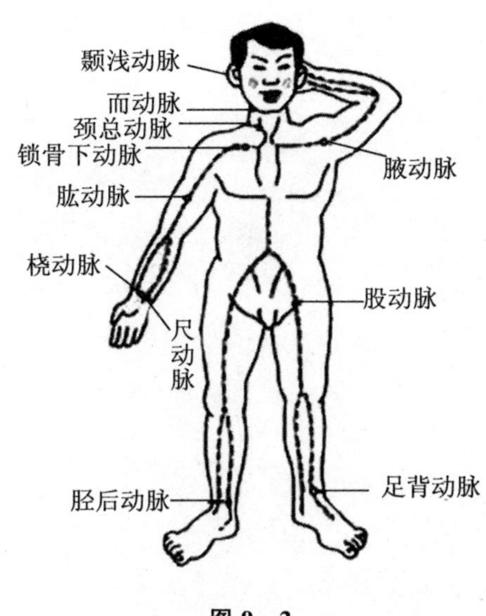

图 9－2

（3）止血带止血法。用于四肢大出血，主要采用勒紧止血法。止血时，先在出血伤口近端动脉上放一块布料或纸卷做的垫子，然后用三角巾叠成带状，或用手帕等就便材料，绕肢体 1～2 圈勒紧打成一活结，或用枪通条、笔杆、小木棒插入其中，一提二绞三固定。使用此法止血时要注意：止血带与皮肤之间要加衬垫；止血带每隔 1 小时（冬季 30 分钟）松开一次，时间 2～3 分钟，以改善血液循环。

（十一）救援

要想获得救援，必须发出信号让他人知道自己的处境和位置。白天可施放烟雾，向友邻叫喊或在开阔地带写字等；夜间可发出灯光、火光、音响等。国际通用求救信号是 SOS，可写在地上，也可用移动电话或电台发出，还可用旗语表示。只要重复三次的行动都可被视为求救，如三堆火、三股浓烟、三次音响、三次光耀闪亮等。在用音响或发光信号时，每组发送三次后，间隔一分钟再重复发出。

思考题

1. 行军的目的与要求是什么？怎么选择宿营地？
2. 在野外如何进行生存与自救？自救互救的作用是什么？
3. 外伤出血有几种？如何判断？

参考文献

[1] 中国军事百科全书编审委员会．中国大百科全书：军事［M］．北京：军事科学出版社，1987.

[2] 毛泽东．毛泽东选集（第1—5卷）［M］．北京：人民出版社，1969—1991.

[3] 毛泽东．毛泽东在延安庆祝"五一"国际劳动节大会上的讲话［N］．新华日报，1939.

[4] 毛泽东．一九四五年的任务［J］．解放日报，1944.

[5] 列宁．列宁选集（第1卷）［M］．北京：人民出版社，1960.

[6] 列宁．列宁选集（第21卷）［M］．北京：人民出版社，1990.

[7] 邓小平．邓小平文选（第2卷）［M］．北京：人民出版社，1993—1994.

[8] 军事科学院军事历史研究部．军事历史［M］．北京：军事科学出版社，2002（4），2007（5），2009（7）.

[9] 王伟．军事理论概要［M］．北京：解放军出版社，2004.

[10] 毛泽东．毛泽东军事文集［M］．北京：军事科学出版社，2003.

[11] 邓小平．邓小平军事文集［M］．北京：军事科学出版社、中央文献出版社，2004.

[12] 林建超．世界新军事变革概论［M］．北京：解放军出版社，2004.

[13] 戴清民，等．信息战概论［M］．北京：解放军出版社，2001.

[14] 伍仁和．信息化战争论［M］．北京：军事科学出版社，2004.

[15] 中央军委．中国人民解放军 内务条令 纪律条令 队列条令．2002.

[16] 毛文戎，兰书臣．国防教育［M］．北京：军事科学出版社，1998.

[17] 张兴业．国防精神［M］．北京：军事科学出版社，2003.

[18] 军事科学院世界军事部．美国军事基本情况［M］．北京：军事科学出版社，2004.

[19] 军事科学院世界军事部．俄联邦军事基本情况［M］．北京：军事科学出版社，2004.

[20] 军事科学院军制研究部．中国军事百科全书（军制分册）［M］．北京：军事科学出版社，1995.

[21] 王曙光，徐立生．陆军反恐怖行动研究［M］．北京：军事科学出版社，2008.

［22］张爱华．非战争行动［M］．北京：解放军出版社，2004.

［23］朱阳明．亚太安全战略论［M］．北京：军事科学出版社，2002.

［24］张召忠，周碧松．明天我们安全吗［M］．杭州：浙江人民出版社，2001.

［25］苗晓平．21世纪的中国军事［M］．北京：党建读物出版社，2002.

［26］王东双．中亚地区安全形势对我国安全的影响及对策思考［M］．北京：国防大学图书馆，2009.

［27］孟亮．全球时代化的国家安全战略筹划［M］．北京：国防大学图书馆，2007.

［28］银明凯．浅析伊朗对我国能源战略的影响［M］．北京：国防大学图书馆，2008.

［29］张效祥，张夷人．现代科技与战争［M］．北京：清华大学出版社，2005.

［30］迈克尔·奥汉隆．高技术与新军事革命［M］．北京：新华出版社，2001.

［31］高俊敏．野外生存与防身自救［M］．北京：军事谊文出版社，2000.

［32］约翰·怀斯曼．生存手册［M］．北京：华文出版社，1999.

［33］总后司令部．军事地形学［M］．北京：解放军出版社，2003.

［34］徐则平，赵永伦，王华．中国国防教育史［M］．贵阳：贵州人民出版社，2005.

［35］鲁杰，蒙悌清．大学生军训概论［M］．北京：国防工业出版社，2007.

［36］姚有志，杨家祺．军事教程［M］．北京：中国人民大学出版社，2007.

［37］姜志保，郑波，胡文华．新概念武器的研究现状与发展方向［J］．飞航导弹，2005.

［38］云南省国防教育办公室．国防教育公民读本［M］．昆明：云南科技出版社，2006.

［39］王澍．大学生军训是实施素质教育的有效途径［J］．长沙：湖南人文科技学院学报，2006.

［40］刘文炳．浅谈高校开展国防教育的意义与作用［J］．福建：福建农林大学学报，2006.

［41］陈时见，刘厚品．大学军事教程［M］．重庆：西南师范大学出版社，2006.

［42］云南省教育厅学校国防教育办公室．军训教育教程［M］．拉萨：西藏人民出版社，2001.

［43］吴温暖．军事理论教程［M］．厦门：厦门大学出版社，2003.

［44］张勇，彭大军．军事课教程［M］．北京：高等教育出版社，2009.

［45］任婉玲，陈子祥．大学生军事理论教程［M］．重庆：重庆大学出版社，2013.

［46］庄雷，李宇卫，陈敏，等．大学生军事理论教程［M］．重庆：重庆大学出版社，2014.

附录一 《中华人民共和国兵役法》

（1984 年 5 月 31 日第六届全国人民代表大会第 2 次会议通过，1984 年 5 月 31 日中华人民共和国主席令第 14 号公布；根据 1998 年 12 月 29 日第九届全国人民代表大会常务委员会第 6 次会议《关于修改〈中华人民共和国兵役法〉的决定》第 1 次修正；根据 2009 年 8 月 27 日第十一届全国人民代表大会常务委员会第 10 次会议《关于修改部分法律的决定》第 2 次修正；根据 2011 年 10 月 29 日第十一届全国人民代表大会常务委员会第 23 次会议《关于修改〈中华人民共和国兵役法〉的决定》第 3 次修正）

第一章 总 则

第一条 根据《中华人民共和国宪法》第五十五条“保卫祖国、抵抗侵略是中华人民共和国每一个公民的神圣职责。依照法律服兵役和参加民兵组织是中华人民共和国公民的光荣义务”和其他有关条款的规定，制定本法。

第二条 中华人民共和国实行义务兵与志愿兵相结合、民兵与预备役相结合的兵役制度。

第三条 中华人民共和国公民，不分民族、种族、职业、家庭出身、宗教信仰和教育程度，都有义务依照本法的规定服兵役。

有严重生理缺陷或者严重残疾不适合服兵役的人，免服兵役。

依照法律被剥夺政治权利的人，不得服兵役。

第四条 中华人民共和国的武装力量，由中国人民解放军、中国人民武装警察部队和民兵组成。

第五条 兵役分为现役和预备役。在中国人民解放军服现役的称现役军训人员；经过登记，预编到现役部队、编入预备役部队、编入民兵组织服预备役的或者以其他形式服预备役的，称预备役人员。

第六条 现役军训人员和预备役人员，必须遵守宪法和法律，履行公民的义务，同时享有公民的权利；由于服兵役而产生的权利和义务，由本法和其他相关法律法规规定。

第七条 现役军训人员必须遵守军队的条令和条例，忠于职守，随时为保卫祖国而战斗。

预备役人员必须按照规定参加军事训练、执行军事勤务，随时准备参军参战，保卫祖国。

第八条 现役军训人员和预备役人员建立功勋的，得授予勋章、奖章或者荣誉称号。

第九条 中国人民解放军实行军衔制度。

第十条 全国的兵役工作，在国务院、中央军事委员会领导下，由国防部负责。

各军区按照国防部赋予的任务，负责办理本区域的兵役工作。

省军区（卫戍区、警备区）、军分区（警备区）和县、自治县、市、市辖区的人民武装部，兼各该级人民政府的兵役机关，在上级军事机关和同级人民政府领导下，负责办理本区域的兵役工作。

机关、团体、企业事业单位和乡、民族乡、镇的人民政府，依照本法的规定完成兵役工作任务。兵役工作业务，在设有人民武装部的单位，由人民武装部办理；不设人民武装部的单位，确定一个部门办理。

第二章　平时征集

第十一条 全国每年征集服现役的人数、要求和时间，由国务院和中央军事委员会的命令规定。

县级以上地方各级人民政府组织兵役机关和有关部门组成征集工作机构，负责组织实施征集工作。

第十二条 每年十二月三十一日以前年满十八周岁的男性公民，应当被征集服现役。当年未被征集的，在二十二周岁以前仍可以被征集服现役，普通高等学校毕业生的征集年龄可以放宽至二十四周岁。

根据军队需要，可以按照前款规定征集女性公民服现役。

根据军队需要和本人自愿，可以征集当年十二月三十一日以前年满十七周岁未满十八周岁的公民服现役。

第十三条 国家实行兵役登记制度。每年十二月三十一日以前年满十八周岁的男性公民，都应当在当年六月三十日以前，按照县、自治县、市、市辖区的兵役机关的安排，进行兵役登记。经兵役登记并初步审查合格的，称应征公民。

第十四条 在征集期间，应征公民应当按照县、自治县、市、市辖区的兵役机关的通知，按时到指定的体格检查站进行体格检查。

应征公民符合服现役条件，并经县、自治县、市、市辖区的兵役机关批准的，被征集服现役。

第十五条 在征集期间，应征公民被征集服现役，同时被机关、团体、企业事业单位招收录用或者聘用的，应当优先履行服兵役义务；有关机关、团体、企业事业单位应当服从国防和军队建设的需要，支持兵员征集工作。

第十六条 应征公民是维持家庭生活唯一劳动力的，可以缓征。

第十七条 应征公民正在被依法侦查、起诉、审判的或者被判处徒刑、拘役、管制正在服刑的，不征集。

第三章　士兵的现役和预备役

第十八条　现役士兵包括义务兵役制士兵和志愿兵役制士兵，义务兵役制士兵称义务兵，志愿兵役制士兵称士官。

第十九条　义务兵服现役的期限为二年。

第二十条　义务兵服现役期满，根据军队需要和本人自愿，经团级以上单位批准，可以改为士官。根据军队需要，可以直接从非军事部门具有专业技能的公民中招收士官。

士官实行分级服现役制度。士官服现役的期限一般不超过三十年，年龄不超过五十五周岁。

士官分级服现役的办法和直接从非军事部门招收士官的办法，由国务院、中央军事委员会规定。

第二十一条　士兵服现役期满，应当退出现役。因军队编制员额缩减需要退出现役的，经军队医院诊断证明本人健康状况不适合继续服现役的，或者因其他特殊原因需要退出现役的，经师级以上机关批准，可以提前退出现役。

士兵退出现役的时间为部队宣布退出现役命令之日。

第二十二条　士兵退出现役时，符合预备役条件的，由部队确定服士兵预备役；经过考核，适合担任军官职务的，服军官预备役。

退出现役的士兵，由部队确定服预备役的，自退出现役之日起四十日内，到安置地的县、自治县、市、市辖区的兵役机关办理预备役登记。

第二十三条　依照本法第十三条规定经过兵役登记的应征公民，未被征集服现役的，办理士兵预备役登记。

第二十四条　士兵预备役的年龄，为十八周岁至三十五周岁，根据需要可以适当延长。具体办法由国务院、中央军事委员会规定。

第二十五条　士兵预备役分为第一类和第二类。

第一类士兵预备役包括下列人员：

（一）预编到现役部队的预备役士兵；

（二）编入预备役部队的预备役士兵；

（三）经过预备役登记编入基干民兵组织的人员。

第二类士兵预备役包括下列人员：

（一）经过预备役登记编入普通民兵组织的人员；

（二）其他经过预备役登记确定服士兵预备役的人员。

预备役士兵达到服预备役最高年龄的，退出预备役。

第四章　军官的现役和预备役

第二十六条　现役军官由下列人员补充：

（一）选拔优秀士兵和普通高中毕业生入军队院校学习毕业的学员；

（二）选拔普通高等学校毕业的国防生和其他应届优秀毕业生；

（三）直接提升具有普通高等学校本科以上学历表现优秀的士兵；

（四）改任现役军官的文职干部；

（五）招收军队以外的专业技术人员和其他人员。

战时根据需要，可以从士兵、征召的预备役军官和非军事部门的人员中直接任命军官。

第二十七条　预备役军官包括下列人员：

（一）退出现役转入预备役的军官；

（二）确定服军官预备役的退出现役的士兵；

（三）确定服军官预备役的普通高等学校毕业学生；

（四）确定服军官预备役的专职人民武装干部和民兵干部；

（五）确定服军官预备役的非军事部门的干部和专业技术人员。

第二十八条　军官服现役和服预备役的最高年龄由《中华人民共和国现役军官法》和《中华人民共和国预备役军官法》规定。

第二十九条　现役军官按照规定服役已满最高年龄的，退出现役；未满最高年龄因特殊情况需要退出现役的，经批准可以退出现役。

军官退出现役时，符合服预备役条件的，转入军官预备役。

第三十条　退出现役转入预备役的军官，退出现役确定服军官预备役的士兵，在到达安置地以后的三十日内，到当地县、自治县、市、市辖区的兵役机关办理预备役军官登记。

选拔担任预备役军官职务的专职人民武装干部、民兵干部、普通高等学校毕业生、非军事部门的人员，由工作单位或者户口所在地的县、自治县、市、市辖区的兵役机关报请上级军事机关批准并进行登记，服军官预备役。

预备役军官按照规定服预备役已满最高年龄的，退出预备役。

第五章　军队院校从青年学生中招收的学员

第三十一条　根据军队建设的需要，军队院校可以从青年学生中招收学员。招收学员的年龄，不受征集服现役年龄的限制。

第三十二条　学员完成学业考试合格的，由院校发给毕业证书，按照规定任命为现役军官、文职干部或者士官。

第三十三条　学员学完规定的科目，考试不合格的，由院校发给结业证书，回入学前户口所在地；就读期间其父母已办理户口迁移手续的，可以回父母现户口所在地，由县、自治县、市、市辖区的人民政府按照国家有关规定接收安置。

第三十四条 学员因患慢性病或者其他原因不宜在军队院校继续学习，经批准退学的，由院校发给肄业证书，回入学前户口所在地；就读期间其父母已办理户口迁移手续的，可以回父母现户口所在地，由县、自治县、市、市辖区的人民政府按照国家有关规定接收安置。

第三十五条 学员被开除学籍的，回入学前户口所在地；就读期间其父母已办理户口迁移手续的，可以回父母现户口所在地，由县、自治县、市、市辖区的人民政府按照国家有关规定办理。

第三十六条 军队根据国防建设的需要，可以依托普通高等学校招收、选拔培养国防生。国防生在校学习期间享受国防奖学金待遇，应当参加军事训练、政治教育，履行国防生培养协议规定的其他义务；毕业后应当履行培养协议到军队服现役，按照规定办理入伍手续，任命为现役军官或者文职干部。

国防生在校学习期间，按照有关规定不宜继续作为国防生培养，但符合所在学校普通生培养要求的，经军队有关部门批准，可以转为普通生；被开除学籍或者作退学处理的，由所在学校按照国家有关规定办理。

第三十七条 本法第三十二条、第三十三条、第三十四条、第三十五条的规定，也适用于从现役士兵中招收的学员。

第六章 民 兵

第三十八条 民兵是不脱产的群众武装组织，是中国人民解放军的助手和后备力量。

民兵的任务是：

（一）参加社会主义现代化建设；

（二）执行战备勤务，参加防卫作战，抵抗侵略，保卫祖国；

（三）为现役部队补充兵员；

（四）协助维护社会秩序，参加抢险救灾。

第三十九条 乡、民族乡、镇、街道和企业事业单位建立民兵组织。凡十八周岁至三十五周岁符合服兵役条件的男性公民，经所在地人民政府兵役机关确定编入民兵组织的，应当参加民兵组织。

根据需要，可以吸收十八周岁以上的女性公民、三十五周岁以上的男性公民参加民兵组织。

国家发布动员令后，动员范围内的民兵，不得脱离民兵组织；未经所在地的县、自治县、市、市辖区人民政府兵役机关批准，不得离开民兵组织所在地。

第四十条 民兵组织分为基干民兵组织和普通民兵组织。基干民兵组织是民兵组织的骨干力量，主要由退出现役的士兵以及经过军事训练和选定参加军事训练或者具有专业技术特长的未服过现役的人员组成。基干民兵组织可以在一定区域内从若干单位抽选人员编组。普通民兵组织，由符合服兵役条件未参加基干民兵组织的公民按照地域或者单位编组。

第七章　预备役人员的军事训练

第四十一条　预备役士兵的军事训练，在现役部队、预备役部队、民兵组织中进行，或者采取其他组织形式进行。

未服过现役预编到现役部队、编入预备役部队和编入基干民兵组织的预备役士兵，在十八周岁至二十四周岁期间，应当参加三十日至四十日的军事训练；其中专业技术兵的训练时间，按照实际需要确定。服过现役和受过军事训练的预备役士兵的复习训练，以及其他预备役士兵的军事训练，按照中央军事委员会的规定进行。

第四十二条　预备役军官在服预备役期间，应当参加三个月至六个月的军事训练；预编到现役部队和在预备役部队任职的，参加军事训练的时间可以适当延长。

第四十三条　国务院和中央军事委员会在必要的时候，可以决定预备役人员参加应急训练。

第四十四条　预备役人员参加军事训练、执行军事勤务的伙食、交通等补助费用按照国家有关规定执行。预备役人员是机关、团体、企业事业单位工作人员或者职工的，参加军事训练、执行军事勤务期间，其所在单位应当保持其原有的工资、奖金和福利待遇；其他预备役人员参加军事训练、执行军事勤务的误工补贴按照国家有关规定执行。

第八章　普通高校和普通高中学生军事训练

第四十五条　普通高等学校的学生在就学期间，必须接受基本军事训练。

根据国防建设的需要，对适合担任军官职务的学生，再进行短期集中训练，考核合格的，经军事机关批准，服军官预备役。

第四十六条　普通高等学校设军事训练机构，配备军事教员，组织实施学生的军事训练。

第四十五条第二款规定的培养预备役军官的短期集中训练，由军事部门派出现役军官与普通高等学校军事训练机构共同组织实施。

第四十七条　普通高中和中等职业学校，配备军事教员，对学生实施军事训练。

第四十八条　普通高等学校和普通高中学生的军事训练，由教育部、国防部负责。教育部门和军事部门设学生军事训练的工作机构或者配备专人，承办学生军事训练工作。

第九章 战时兵员动员

第四十九条 为了对付敌人的突然袭击，抵抗侵略，各级人民政府、各级军事机关，在平时必须做好战时兵员动员的准备工作。

第五十条 在国家发布动员令以后，各级人民政府、各级军事机关，必须迅速实施动员：

（一）现役军训人员停止退出现役，休假、探亲的军训人员必须立即归队；

（二）预备役人员、国防生随时准备应召服现役，在接到通知后，必须准时到指定的地点报到；

（三）机关、团体、企业事业单位和乡、民族乡、镇的人民政府负责人，必须组织本单位被征召的预备役人员，按照规定的时间、地点报到；

（四）交通运输部门应当优先运送应召的预备役人员、国防生和返回部队的现役军训人员。

第五十一条 战时根据需要，国务院和中央军事委员会可以决定征召三十六周岁至四十五周岁的男性公民服现役，可以决定延长公民服现役的期限。

第五十二条 战争结束后，需要复员的现役军训人员，根据国务院和中央军事委员会的复员命令，分期分批地退出现役，由各级人民政府妥善安置。

第十章 现役军训人员的待遇和退出现役的安置

第五十三条 国家保障现役军训人员享有与其履行职责相适应的待遇。现役军训人员的待遇应当与国民经济发展相协调，与社会进步相适应。

军官实行职务军衔等级工资制，士官实行军衔级别工资制，义务兵享受供给制生活待遇。现役军训人员享受规定的津贴、补贴和奖励工资。国家建立军训人员工资的正常增长机制。

现役军训人员享受规定的休假、疗养、医疗、住房等福利待遇。国家根据经济社会发展水平提高现役军训人员的福利待遇。

国家实行军训人员保险制度，与社会保险制度相衔接。军训人员服现役期间，享受规定的军训人员保险待遇。军训人员退出现役后，按照国家有关规定接续养老、医疗、失业等社会保险关系，享受相应的社会保险待遇。现役军训人员配偶随军未就业期间，按照国家有关规定享受相应的保障待遇。

第五十四条 国家建立健全以扶持就业为主，自主就业、安排工作、退休、供养以及继续完成学业等多种方式相结合的士兵退出现役安置制度。

第五十五条 现役军训人员入伍前已被普通高等学校录取或者是正在普通高等学校就学的学生，服役期间保留入学资格或者学籍，退出现役后两年内允许入学或者复学，并按照国家有关规定享受奖学金、助学金和减免学费等优待；入学或者复学后参加国防生选拔、参加国家组织的农村基层服务项目人选选拔，以及毕业后参加军官人选选拔的，优先录取。

义务兵和服现役不满十二年的士官入伍前是机关、团体、企业事业单位工作人员或者职工的，服役期间保留人事关系或者劳动关系；退出现役后可以选择复职复工。

义务兵和士官服现役期间，入伍前依法取得的农村土地承包经营权，应当保留。

第五十六条 现役军训人员，残疾军训人员，退出现役军训人员，烈士、因公牺牲、病故军训人员遗属，现役军训人员家属，应当受到社会的尊重，受到国家和社会的优待。军官、士官的家属随军、就业、工作调动以及子女教育，享受国家和社会的优待。

第五十七条 现役军训人员因战、因公、因病致残的，按照国家规定评定残疾等级，发给残疾军训人员证，享受国家规定的待遇和残疾抚恤金。因工作需要继续服现役的残疾军训人员，由所在部队按照规定发给残疾抚恤金。

现役军训人员因战、因公、因病致残的，按照国家规定的评定残疾等级采取安排工作、供养、退休等方式妥善安置。有劳动能力的退出现役的残疾军训人员，优先享受国家规定的残疾人就业优惠政策。

残疾军训人员、患慢性病的军训人员退出现役后，由安置地的县级以上地方人民政府按照国务院、中央军事委员会的有关规定负责接收安置；其中，患过慢性病旧病复发需要治疗的，由当地医疗机构负责给予治疗，所需医疗和生活费用，本人经济困难的，按照国家规定给予补助。

现役军训人员、残疾军训人员参观游览公园、博物馆、展览馆、名胜古迹享受优待；优先购票乘坐境内运行的火车、轮船、长途汽车以及民航班机；其中，残疾军训人员按照规定享受减收正常票价的优待，免费乘坐市内公共汽车、电车和轨道交通工具。义务兵从部队发出的平信，免费邮递。

第五十八条 义务兵服现役期间，其家庭由当地人民政府给予优待，优待标准不低于当地平均生活水平，具体办法由省、自治区、直辖市人民政府规定。

第五十九条 现役军训人员牺牲、病故，由国家发给其遗属一次性抚恤金；其遗属无固定收入，不能维持生活，或者符合国家规定的其他条件的，由国家另行发给定期抚恤金。

第六十条 义务兵退出现役，按照国家规定发给退役金，由安置地的县级以上地方人民政府接收，根据当地的实际情况，可以发给经济补助。

义务兵退出现役，安置地的县级以上地方人民政府应当组织其免费参加职业教育、技能培训，经考试考核合格的，发给相应的学历证书、职业资格证书并推荐就业。退出现役义务兵就业享受国家扶持优惠政策。

义务兵退出现役，可以免试进入中等职业学校学习；报考普通高等学校以及接受成人教育的，享受加分以及其他优惠政策；在国家规定的年限内考入普通高等学校或者进入中等职业学校学习的，享受国家发给的助学金。

义务兵退出现役，报考公务员、应聘事业单位职位的，在军队服现役经历视为基层工作经历，同等条件下应当优先录用或者聘用。

服现役期间平时荣获二等功以上奖励或者战时荣获三等功以上奖励以及属于烈士子女和因战致残被评定为五级至八级残疾等级的义务兵退出现役，由安置地的县级以上地方人民政府安排工作；待安排工作期间由当地人民政府按照国家有关规定发给生活补助费；本人自愿选择自主就业的，依照本条第一款至第四款规定办理。

国家根据经济社会发展水平，适时调整退役金的标准。退出现役士兵安置所需经费，由中央和地方各级人民政府共同负担。

第六十一条 士官退出现役，服现役不满十二年的，依照本法第六十条规定的办法安置。

士官退出现役，服现役满十二年的，由安置地的县级以上地方人民政府安排工作；待安排工作期间由当地人民政府按照国家有关规定发给生活补助费；本人自愿选择自主就业的，依照本法第六十条第一款至第四款的规定办理。

士官服现役满三十年或者年满五十五周岁的，作退休安置。

士官在服现役期间因战、因公、因病致残丧失工作能力的，按照国家有关规定安置。

第六十二条 士兵退出现役安置的具体办法由国务院、中央军事委员会规定。

第六十三条 军官退出现役，国家采取转业、复员、退休等办法予以妥善安置。作转业安置的，按照有关规定实行计划分配和自主择业相结合的方式安置；作复员安置的，按照有关规定由安置地人民政府接收安置，享受有关就业优惠政策；符合退休条件的，退出现役后按照有关规定作退休安置。

军官在服现役期间因战、因公、因病致残丧失工作能力的，按照国家有关规定安置。

第六十四条 机关、团体、企业事业单位有接收安置退出现役军训人员的义务，在招收录用工作人员或者聘用职工时，同等条件下应当优先招收录用退出现役军训人员；对依照本法第六十条、第六十一条、第六十三条规定安排工作的退出现役军训人员，应当按照国家安置任务和要求做好落实工作。

军训人员服现役年限计算为工龄，退出现役后与所在单位工作年限累计计算。

国家鼓励和支持机关、团体、企业事业单位接收安置退出现役军训人员。接收安置单位按照国家规定享受税收优惠等政策。

第六十五条 民兵、预备役人员因参战、参加军事训练、执行军事勤务牺牲、致残的，学生因参加军事训练牺牲、致残的，由当地人民政府依照军训人员抚恤优待条例的有关规定给予抚恤优待。

第十一章　法律责任

第六十六条　有服兵役义务的公民有下列行为之一的，由县级人民政府责令限期改正；逾期不改的，由县级人民政府强制其履行兵役义务，并可以处以罚款：

（一）拒绝、逃避兵役登记和体格检查的；

（二）应征公民拒绝、逃避征集的；

（三）预备役人员拒绝、逃避参加军事训练、执行军事勤务和征召的。

有前款第二项行为，拒不改正的，不得录用为公务员或者参照公务员法管理的工作人员，两年内不得出国（境）或者升学。

国防生违反培养协议规定，不履行相应义务的，依法承担违约责任，根据情节，由所在学校作退学等处理；毕业后拒绝服现役的，依法承担违约责任，并依照本条第二款的规定处理。

战时有本条第一款第（二）项、第（三）项或者第三款行为，构成犯罪的，依法追究刑事责任。

第六十七条　现役军训人员以逃避服兵役为目的，拒绝履行职责或者逃离部队的，按照中央军事委员会的规定给予处分；构成犯罪的，依法追究刑事责任。

现役军训人员有前款行为被军队除名、开除军籍或者被依法追究刑事责任的，不得录用为公务员或者参照公务员法管理的工作人员，两年内不得出国（境）或者升学。

明知是逃离部队的军训人员而雇用的，由县级人民政府责令改正，并处以罚款；构成犯罪的，依法追究刑事责任。

第六十八条　机关、团体、企业事业单位拒绝完成本法规定的兵役工作任务的，阻挠公民履行兵役义务的，拒绝接收、安置退出现役军训人员的，或者有其他妨害兵役工作行为的，由县级以上地方人民政府责令改正，并可以处以罚款；对单位负有责任的领导人员、直接负责的主管人员和其他直接责任人员，依法予以处罚。

第六十九条　扰乱兵役工作秩序，或者阻碍兵役工作人员依法执行职务的，依照治安管理处罚法的规定给予处罚；使用暴力、威胁方法，构成犯罪的，依法追究刑事责任。

第七十条　国家工作人员和军训人员在兵役工作中，有下列行为之一，构成犯罪的，依法追究刑事责任；尚不构成犯罪的，给予处分：

（一）收受贿赂的；

（二）滥用职权或者玩忽职守的；

（三）徇私舞弊，接送不合格兵员的。

第七十一条　县级以上地方人民政府对违反本法的单位和个人的处罚，由县级以上地方人民政府兵役机关会同行政监察、公安、民政、卫生、教育、人力资源和社会保障等部门具体办理。

第十二章 附 则

第七十二条 本法适用于中国人民武装警察部队。

第七十三条 中国人民解放军根据需要配备文职干部。本法有关军官的规定适用于文职干部。

第七十四条 本法自 1984 年 10 月 1 日起施行。

附 录

1998 年 12 月 29 日第九届全国人民代表大会常务委员会第六次会议审议了国务院、中央军事委员会关于《中华人民共和国兵役法修正案（草案）》的议案，决定对《中华人民共和国兵役法》作如下修改：

一、第二条由“中华人民共和国实行义务兵役制为主体的义务兵与志愿兵相结合、民兵与预备役相结合的兵役制度。”修改为：“中华人民共和国实行义务兵与志愿兵相结合、民兵与预备役相结合的兵役制度。”

二、第十八条由“义务兵服现役的期限：陆军三年；海军、空军四年。义务兵服现役期满，根据军队的需要和本人自愿，可以超期服现役。超期服现役的期限：陆军一年至二年；海军、空军一年。”修改为：“义务兵服现役的期限为二年。”

三、第十九条由“超期服现役的义务兵服现役满五年，已成为专业技术骨干的，由本人申请，经师级以上机关批准，可以改为志愿兵。志愿兵服现役的期限，从改为志愿兵之日算起，至少八年，不超过十二年，年龄不超过三十五岁；军队有特殊需要，本人自愿，经军级以上机关批准，可以适当延长。”修改为：“义务兵服现役期满，根据军队需要和本人自愿，经团级以上单位批准，可以改为志愿兵。志愿兵实行分期服现役制度。志愿兵服现役的期限，从改为志愿兵之日算起，至少三年，一般不超过三十年，年龄不超过五十五岁。根据军队需要，志愿兵也可以直接从非军事部门具有专业技能的公民中招收，具体办法由国务院、中央军事委员会制定。”

四、第二十四条由“士兵预备役分为第一类和第二类。

第一类士兵预备役包括下列人员：

（一）按照本法第三十八条规定编入基干民兵组织的人员；

（二）在不建立民兵组织的单位，经过预备役登记的二十八岁以下的退出现役的士兵；

（三）经过预备役登记的二十八岁以下的专业技术人员。

第二类士兵预备役包括下列人员：

（一）按照本法第三十八条规定编入普通民兵组织的人员；

（二）在不建立民兵组织的单位，经过预备役登记的二十九岁至三十五岁的退出现役的士兵，以及其他符合士兵预备役条件的男性公民。

第一类预备役士兵，二十九岁转入第二类预备役；第二类预备役士兵，三十五岁退出预备役。”修改为：“士兵预备役分为第一类和第二类。

第一类士兵预备役包括下列人员：

（一）经过登记服士兵预备役的三十五岁以下的退出现役的士兵；

（二）经过登记服士兵预备役的三十五岁以下的地方与军事专业对口的技术人员；

（三）其他编入预备役部队和预编到现役部队的二十八岁以下的预备役士兵。

第二类士兵预备役包括下列人员：

（一）除服第一类士兵预备役的人员外，编入民兵组织的人员；

（二）其他经过登记服士兵预备役的三十五岁以下的男性公民。

本条第一类士兵预备役第（三）项所列人员，二十九岁转入第二类士兵预备役；预备役士兵年满三十五岁，退出预备役。”

五、第三十九条修改为：“预备役士兵的军事训练，在民兵组织、预备役部队中进行，或者采取其他组织形式进行。

未服过现役的编入预备役部队、预编到现役部队的预备役士兵和基干民兵，在十八岁至二十二岁期间，应当参加三十天至四十天的军事训练；其中专业技术兵的训练时间，按照实际需要适当延长。

服过现役和受过军事训练的预备役士兵的复习训练，普通民兵和未编入民兵组织的预备役士兵的军事训练，按照中央军事委员会的规定进行。”

六、第四十二条修改为：“预备役人员参加军事训练，由当地人民政府给予误工补贴。具体办法和补贴标准由国务院、中央军事委员会规定；在国务院、中央军事委员会作出规定之前，由省、自治区、直辖市规定。”

七、第五十四条修改为：“义务兵服现役期间，其家属由当地人民政府给予优待，优待的标准不低于当地平均生活水平，具体办法由省、自治区、直辖市规定。”

八、第五十六条修改为：“义务兵退出现役后，按照从哪里来、回哪里去的原则，由原征集的县、自治县、市、市辖区的人民政府接收安置：

（一）家居农村的义务兵退出现役后，由乡、民族乡、镇的人民政府妥善安排他们的生产和生活。机关、团体、企业事业单位在农村招收员工时，在同等条件下，应当优先录用退伍军训人员。荣获二等功以上奖励的，按照本条第（二）项规定安排工作。

（二）家居城镇的义务兵退出现役后，由县、自治县、市、市辖区的人民政府安排工作，也可以由上一级或者省、自治区、直辖市的人民政府在该地区统筹安排。机关、团体、企业事业单位，不分所有制性质和组织形式，都有按照国家有关规定安置退伍军训人员的义务。入伍前是机关、团体、企业事业单位职工的，允许复工、复职。

（三）城镇退伍军训人员待安置期间，由当地人民政府按照不低于当地最低生活水平的原则发给生活补助费。

（四）城镇退伍军训人员自谋职业的，由当地人民政府给予一次性经济补助，并给予政策上的优惠。

（五）义务兵退出现役后，报考国家公务员、高等院校和中等专业学校，按照有关规定予以优待。”

九、第五十八条第一款修改：“志愿兵退出现役后，服现役不满十年的，按照本法第五十六条的规定安置；满十年的，由原征集的县、自治县、市、市辖区的人民政府安排工作，也可以由上一级或者省、自治区、直辖市的人民政府在该地区内统筹安排；自愿回乡参加农业生产或者自谋职业的，给予鼓励，由当地人民政府增发安家补助费；服现役满三十年或者年满五十五岁的作退休安置，根据地方需要和本人自愿也可以作转业安置。”

十、第六十一条修改为：“有服兵役义务的公民有下列行为之一的，由县级人民政府责令限期改正；逾期不改的，由县级人民政府强制其履行兵役义务，并可以处以罚款：

（一）拒绝、逃避兵役登记和体格检查的；

（二）应征公民拒绝、逃避征集的；

（三）预备役人员拒绝、逃避参加军事训练和执行军事勤务的。

有前款第（二）项行为，拒不改正的，在两年内不得被录取为国家公务员、国有企业职工，不得出国或者升学。

战时有第一款第（二）、（三）项行为，构成犯罪的，依法追究刑事责任。”

十一、增加第六十二条：“现役军训人员以逃避服兵役为目的，拒绝履行职责或者逃离部队的，按照中央军事委员会的规定给予行政处分；战时逃离部队，构成犯罪的，依法追究刑事责任。

明知是逃离部队的军训人员而雇用的，由县级人民政府责令改正，并处以罚款；构成犯罪的，依法追究刑事责任。”

十二、增加第六十三条：“机关、团体、企业事业单位拒绝完成本法规定的兵役工作任务的，阻挠公民履行兵役义务的，拒绝接收、安置退伍军训人员的，或者有其他妨害兵役工作行为的，由县级人民政府责令改正，并可以处以罚款；对单位直接负责的主管人员和其他直接责任人员，依法予以处罚。”

十三、增加第六十四条：“扰乱兵役工作秩序，或者阻碍兵役工作人员依法执行职务的，依照治安管理处罚条例的规定给予处罚；使用暴力、威胁方法，构成犯罪的，依法追究刑事责任。”

十四、第六十二条改为第六十五条，修改为：“国家工作人员和军训人员在兵役工作中，有下列行为之一，构成犯罪的，依法追究刑事责任；尚不构成犯罪的，给予行政处分：

（一）收受贿赂的；

（二）滥用职权或者玩忽职守的；

（三）徇私舞弊，接送不合格兵员的。”

十五、第六十三条、第六十四条、第六十五条分别改为第六十六条、第六十七条、第六十八条。

本决定自公布之日起施行。本决定施行前，依照《中华人民共和国兵役法》服现役的义务兵，服现役满二年，原则上退出现役；根据军队需要，部分义务兵可以继续服现役至满三年。

《中华人民共和国兵役法》根据本决定作相应的修改，重新公布。

2009年第二次修改情况：

2009年8月27日第十一届全国人大会常委会第十次会议《关于修改部分法律的决定》这样规定：

一、将《中华人民共和国兵役法》第六十二条第一款修改为：“现役军训人员以逃避服兵役为目的，拒绝履行职责或者逃离部队的，按照中央军事委员会的规定给予处分；构成犯罪的，依法追究刑事责任。”

二、将《中华人民共和国兵役法》第六十四条中的“治安管理处罚条例”修改为“治安管理处罚法”。

三、将《中华人民共和国兵役法》第二十七条中的“中国人民解放军军官服役条例”修改为“《中华人民共和国现役军官法》和《中华人民共和国预备役军官法》”。

附录二 《中华人民共和国国防法》

（1997 年 3 月 14 日第八届全国人民代表大会第五次会议通过）

第一章 总 则

第一条 为了建设和巩固国防，保障社会主义现代化建设的顺利进行，根据宪法，制定本法。

第二条 国家为防备和抵抗侵略，制止武装颠覆，保卫国家的主权统一、领土完整和安全所进行的军事活动，以及与军事有关的政治、经济、外交、科技、教育等方面的活动，适用本法。

第三条 国防是国家生存与发展的安全保障。

国家加强武装力量建设和边防、海防、空防建设，发展国防科研生产，普及全民国防教育，完善动员体制，实现国防现代化。

第四条 国家独立自主、自力更生地建设和巩固国防，实行积极防御战略，坚持全民自卫原则。

国家在集中力量进行经济建设的同时，加强国防建设，促进国防建设与经济建设协调发展。

第五条 国家对国防活动实行统一的领导。

第六条 保卫祖国、抵抗侵略是中华人民共和国每一个公民的神圣职责。

中华人民共和国公民应当依法履行国防义务。

第七条 国家和社会尊重、优待军训人员，保护军训人员的合法权益，开展各种形式的拥军优属活动。

中国人民解放军和中国人民武装警察部队开展拥政爱民活动，加强军政、军民团结。

第八条 中华人民共和国在对外军事关系中，维护世界和平，反对侵略扩张行为。

第九条 国家和社会对在国防活动中做出贡献的组织和个人，采取各种形式给予表彰和奖励。

违反本法和有关法律，拒绝履行国防义务或者危害国防利益的，依法追究法律责任。

第二章 国家机构的国防职权

第十条 全国人民代表大会依照宪法规定，决定战争和和平的问题，并行使宪法规定的国防方面的其他职权。

全国人民代表大会常务委员会依照宪法规定，决定战争状态的宣布，决定全国总动员或者局部动员，并行使宪法规定的国防方面的其他职权。

第十一条 中华人民共和国主席根据全国人民代表大会的决定和全国人民代表大会常务委员会的决定，宣布战争状态，发布动员令，并行使宪法规定的国防方面的其他职权。

第十二条 国务院领导和管理国防建设事业，行使下列职权：

（一）编制国防建设发展规划和计划；

（二）制定国防建设方面的方针、政策和行政法规；

（三）领导和管理国防科研生产；

（四）管理国防经费和国防资产；

（五）领导和管理国民经济动员工作和人民武装动员、人民防空、国防交通等方面的有关工作；

（六）领导和管理拥军优属工作和退出现役的军训人员的安置工作；

（七）领导国防教育工作；

（八）与中央军事委员会共同领导中国人民武装警察部队、民兵的建设和征兵、预备役工作以及边防、海防、空防的管理工作；

（九）法律规定的与国防建设事业有关的其他职权。

第十三条 中央军事委员会领导全国武装力量，行使下列职权：

（一）统一指挥全国武装力量；

（二）决定军事战略和武装力量的作战方针；

（三）领导和管理中国人民解放军的建设，制定规划、计划并组织实施；

（四）向全国人民代表大会或者全国人民代表大会常务委员会提出议案；

（五）根据宪法和法律，制定军事法规，发布决定和命令；

（六）决定中国人民解放军的体制和编制，规定总部以及军区、军兵种和其他军区级单位的任务和职责；

（七）依照法律、军事法规的规定，任免、培训、考核和奖惩武装力量成员；

（八）批准武装力量的武器装备体制和武器装备发展规划、计划，协同国务院领导和管理国防科研生产；

（九）会同国务院管理国防经费和国防资产；

（十）法律规定的其他职权。

第十四条 国务院和中央军事委员会可以根据情况召开协调会议，解决国防事务的有关问题。会议议定的事项，由国务院和中央军事委员会在各自的职权范围内组织实施。

第十五条 地方各级人民代表大会和县级以上地方各级人民代表大会常务委员会

在本行政区域内，保证有关国防事务的法律、法规的遵守和执行。

地方各级人民政府依照法律规定的权限，管理本行政区域内的征兵、民兵、预备役、国防教育、国民经济动员、人民防空、国防交通、国防设施保护、退出现役的军训人员的安置和拥军优属等工作。

第十六条 地方各级人民政府和驻地军事机关根据需要召开军地联席会议，协调解决本行政区域内有关国防事务的问题。

军地联席会议由地方人民政府的负责人和驻地军事机关的负责人共同召集。军地联席会议的参加人员由会议召集人确定。

军地联席会议议定的事项，由地方人民政府和驻地军事机关依照各自的权限办理，重大事项应当分别向上级报告。

第三章 武装力量

第十七条 中华人民共和国的武装力量属于人民。它的任务是巩固国防，抵抗侵略，保卫祖国，保卫人民的和平劳动，参加国家建设事业，全心全意为人民服务。

第十八条 中华人民共和国的武装力量必须遵守宪法和法律，坚持依法治军。

第十九条 中华人民共和国的武装力量受中国共产党领导。武装力量中的中国共产党组织依照中国共产党章程进行活动。

第二十条 国家加强武装力量的革命化、现代化、正规化建设，增强国防力量。

第二十一条 中华人民共和国的武装力量应当适应现代战争的要求，加强军事训练，开展政治工作，提高保障水平，全面提高战斗力。

第二十二条 中华人民共和国的武装力量，由中国人民解放军现役部队和预备役部队、中国人民武装警察部队、民兵组成。

中国人民解放军现役部队是国家的常备军，主要担负防卫作战任务，必要时可以依照法律规定协助维护社会秩序；预备役部队平时按照规定进行训练，必要时可以依照法律规定协助维护社会秩序，战时根据国家发布的动员令转为现役部队。

中国人民武装警察部队在国务院、中央军事委员会的领导指挥下，担负国家赋予的安全保卫任务，维护社会秩序。

民兵在军事机关的指挥下，担负战备勤务、防卫作战任务，协助维护社会秩序。

第二十三条 中华人民共和国武装力量的规模应当与保卫国家安全和利益的需要相适应。

第二十四条 中华人民共和国的兵役分为现役和预备役。现役军训人员和预备役人员的服役制度由法律规定。

国家依照法律规定对现役军训人员和预备役人员实行衔级制度。

第二十五条 国家禁止任何组织或者个人非法建立武装组织，禁止非法武装活动，禁止冒充现役军训人员或者武装力量组织。

第四章　边防、海防和空防

第二十六条　中华人民共和国的领陆、内水、领海、领空神圣不可侵犯。国家加强边防、海防和空防建设，采取有效的防卫和管理措施，保卫领陆、内水、领海、领空的安全，维护国家海洋权益。

第二十七条　中央军事委员会统一领导边防、海防和空防的防卫工作。

地方各级人民政府、国务院有关部门和有关军事机关，按照国家规定的职权范围，分工负责边防、海防和空防的管理和防卫工作，共同维护国家的安全和利益。

第二十八条　国家根据边防、海防和空防的需要，建设作战、指挥、通信、防护、交通、保障等国防设施。各级人民政府和军事机关应当依照法律、法规的规定，保障国防设施的建设，保护国防设施的安全。

第五章　国防科研生产和军事订货

第二十九条　国家建立和完善国防科技工业体系，发展国防科研生产，为武装力量提供性能先进、质量可靠、配套完善、便于操作和维修的武器装备以及其他适用的军用物资，满足国防需要。

第三十条　国防科技工业实行军民结合、平战结合、军品优先、以民养军的方针。

国家统筹规划国防科技工业建设，保持规模适度、专业配套、布局合理的国防科研生产能力。

第三十一条　国家促进国防科学技术进步，加强高新技术研究，发挥高新技术在武器装备发展中的先导作用，增加技术储备，研制新型武器装备。

第三十二条　国家对国防科研生产实行统一领导和计划调控。

国家为承担国防科研生产任务的企业事业单位提供必要的保障条件和优惠政策。地方各级人民政府应当对承担国防科研生产任务的企业事业单位给予协助和支持。

承担国防科研生产任务的企业事业单位必须完成国防科研生产任务，保证武器装备的质量。

第三十三条　国家采取必要措施，培养和造就国防科学技术人才，创造有利的环境和条件，充分发挥他们的作用。

国防科学技术工作者应当受到全社会的尊重。国家逐步提高国防科学技术工作者的待遇，保护其合法权益。

第三十四条　国家根据国防建设的需要和社会主义市场经济的要求，实行国家军事订货制度，保障武器装备和其他军用物资的采购供应。

第六章　国防经费和国防资产

第三十五条　国家保障国防事业的必要经费。国防经费的增长应当与国防需求和国民经济发展水平相适应。

第三十六条 国家对国防经费实行财政拨款制度。

第三十七条 国家为武装力量建设、国防科研生产和其他国防建设直接投入的资金、划拨使用的土地等资源，以及由此形成的用于国防目的的武器装备和设备设施、物资器材、技术成果等属于国防资产。

国防资产归国家所有。

第三十八条 国家根据国防建设和经济建设的需要，确定国防资产的规模、结构和布局，调整和处分国防资产。

国防资产的管理机构和占有、使用单位，应当依法管理国防资产，充分发挥国防资产的效能。

第三十九条 国家保护国防资产不受侵害，保障国防资产的安全、完整和有效。

禁止任何组织或者个人破坏、损害和侵占国防资产。未经国务院、中央军事委员会或者国务院、中央军事委员会授权的机构批准，国防资产的占有、使用单位不得改变国防资产用于国防的目的。国防资产经批准不再用于国防目的的，依照有关法律、法规的规定管理。

第七章 国防教育

第四十条 国家通过开展国防教育，使公民增强国防观念、掌握国防知识、发扬爱国主义精神，自觉履行国防义务。

普及和加强国防教育是全社会的共同责任。

第四十一条 国防教育贯彻全民参与、长期坚持、讲求实效的方针，实行经常教育与集中教育相结合、普及教育与重点教育相结合、理论教育与行为教育相结合的原则。

第四十二条 国务院、中央军事委员会和省、自治区、直辖市人民政府以及有关军事机关，应当采取措施，加强国防教育工作。

一切国家机关和武装力量、各政党和各社会团体、各企业事业单位都应当组织本地区、本部门、本单位开展国防教育。

学校的国防教育是全民国防教育的基础。各级各类学校应当设置适当的国防教育课程，或者在有关课程中增加国防教育的内容。军事机关应当协助学校开展国防教育。

教育、文化、新闻、出版、广播、电影、电视等部门和单位应当密切配合，采取多种形式开展国防教育。

第四十三条 各级人民政府应当将国防教育纳入国民经济和社会发展计划，保障国防教育所需的经费。

第八章 国防动员和战争状态

第四十四条 中华人民共和国的主权、统一、领土完整和安全遭受威胁时，国家依照宪法和法律规定，进行全国总动员或者局部动员。

第四十五条 国家在和平时期进行动员准备，将人民武装动员、国民经济动员、人民防空、国防交通等方面的动员准备纳入国家总体发展规划和计划，完善动员体制，增强动员潜力，提高动员能力。

第四十六条 国家建立战略物资储备制度。战略物资储备应当规模适度、储存安全、调用方便、定期更换，保障战时的需要。

第四十七条 国务院和中央军事委员会共同领导动员准备和动员实施工作。

一切国家机关和武装力量、各政党和各社会团体、各企业事业单位和公民，在和平时期必须依照法律规定完成动员准备工作；在国家发布动员令后，必须完成规定的动员任务。

第四十八条 国家根据动员需要，可以依法征收、征用组织和个人的设备设施、交通工具和其他物资。

县级以上人民政府对被征收、征用者因征用所造成的直接经济损失，按照国家有关规定给予适当补偿。

第四十九条 国家依照宪法规定宣布战争状态，采取各种措施集中人力、物力和财力，领导全体公民保卫祖国，抵抗侵略。

第九章 公民、组织的国防义务和权利

第五十条 依照法律服兵役和参加民兵组织是中华人民共和国公民的光荣义务。

各级兵役机关和基层人民武装机构应当依法办理兵役工作，按照国务院和中央军事委员会的命令完成征兵任务，保证兵员质量。其他有关国家机关、社会团体和企业事业单位应当依法完成民兵和预备役工作，协助兵役机关完成征兵任务。

第五十一条 企业事业单位应当按照国家的要求承担国防科研生产任务，接受国家军事订货，提供符合质量标准的武器装备或者军用物资。

企业事业单位应当按照国家规定，在交通建设中贯彻国防要求。车站、港口、机场、道路等交通设施的管理单位应当为现役军训人员和军用车辆、船舶的通行提供优先服务，按照规定给予优待。

第五十二条 公民应当接受国防教育。

公民和组织应当保护国防设施，不得破坏、危害国防设施。

公民和组织应当遵守保密规定，不得泄露国防方面的国家秘密，不得非法持有国防方面的秘密文件、资料和其他秘密物品。

第五十三条 公民和组织应当支持国防建设，为武装力量的军事训练、战备勤务、防卫作战等活动提供便利条件或者其他协助。

第五十四条 公民和组织有对国防建设提出建议的权利，有对危害国防的行为进行制止或者检举的权利。

第五十五条 公民和组织因国防建设和军事活动在经济上受到直接损失的，可以依照国家有关规定取得补偿。

第十章 军训人员的义务和权益

第五十六条 现役军训人员必须忠于祖国，履行职责，英勇战斗，不怕牺牲，捍卫祖国的安全、荣誉和利益。

第五十七条 现役军训人员必须模范地遵守宪法和法律，遵守军事法规，执行命令，严守纪律。

第五十八条 现役军训人员应当发扬人民军队的优良传统，热爱人民，保护人民，积极参加社会主义物质文明、精神文明建设，完成抢险救灾等任务。

第五十九条 军训人员应当受到全社会的尊重。

国家采取有效措施保护现役军训人员的荣誉、人格尊严，对现役军训人员的婚姻实行特别保护。

现役军训人员依法履行职责的行为受法律保护。

第六十条 国家和社会优待现役军训人员。

国家保障现役军训人员享有与其履行职责相适应的生活福利待遇，对在条件艰苦的边防、海防等地区或者岗位工作的现役军训人员在生活福利等方面给予优待。

国家实行军训人员保险制度。

第六十一条 国家妥善安置退出现役的军训人员，为转业军训人员提供必要的职业培训，保障离休退休军训人员的生活福利待遇。

县级以上人民政府负责安置转业军训人员，根据其在军队的职务等级、贡献和专长安排工作。

接收转业军训人员的单位应当按照国家有关规定，在生活福利待遇、教育、住房等方面给予优待。

第六十二条 国家和社会抚恤优待残疾军训人员，对残疾军训人员的生活和医疗依法给予特别保障。

因战、因公致残或者致病的残疾军训人员退出现役后，县级以上人民政府应当及时接收安置，并保障其生活不低于当地的平均生活水平。

第六十三条 国家和社会优待现役军训人员家属，抚恤优待烈士家属和因公牺牲、病故军训人员的家属，在就业、住房、义务教育等方面给予照顾。

第六十四条 民兵、预备役人员和其他人员依法参加军事训练，担负战备勤务、防卫作战任务时，应当履行自己的职责和义务；国家和社会保障其享有相应的待遇，按照有关规定对其实行抚恤优待。

第十一章 对外军事关系

第六十五条 中华人民共和国坚持互相尊重主权和领土完整、互不侵犯、互不干涉内政、平等互利、和平共处五项原则，独立自主地处理对外军事关系，开展军事交流与合作。

第六十六条 中华人民共和国支持国际社会采取的有利于维护世界和地区和平、安全、稳定的与军事有关的活动，支持国际社会为公正合理地解决国际争端、军备控制和裁军所做的努力。

第六十七条 中华人民共和国在对外军事关系中遵守同外国缔结或者加入、接受的有关条约和协定。

第十二章 附 则

第六十八条 本法关于军训人员的规定，适用于中国人民武装警察部队。

第六十九条 中华人民共和国特别行政区的防务，由特别行政区基本法和有关法律规定。

第七十条 本法自公布之日起施行。